ISBN 978-1-332-64612-8
PIBN 10352709

BEITRÄGE

ZUR

KENNTNISS DER POESIE

DER

ALTEN ARABER

VON

THEODOR NÖLDEKE.

HANNOVER.
CARL RÜMPLER.
1864.

Göttingen.
Druck der Dieterichschen Univ.-Buchdruckerei.
W. Fr. Kaestner.

Meinen lieben Freunden

M. J. de Goeje und W. H. Engelmann

gewidmet.

Vorrede.

Den Stoff dieses Buches habe ich grösstentheils selbst aus den handschriftlichen Schätzen von Leyden, Gotha und Berlin gesammelt. Nur das Werk von Ibn Qutaiba, dessen Einleitung den zweiten Aufsatz ausmacht, habe ich durch gütige Vermittlung des Kgl. Hannoverschen Ministeriums des Auswärtigen von der k. k. Hofbibliothek zu Wien erhalten; ausserdem verdanke ich einige Mittheilungen der Freundlichkeit F. Wüstenfeld's und W. Wright's. Allen denen, die mich bei diesen Arbeiten so unterstützten, spreche ich hiermit meinen wärmsten Dank aus.

Ich hoffe, dass keiner dieser Aufsätze für den Liebhaber der alten Arabischen Poesie ohne Interesse sein wird. Dass ich gerade diese Gegenstände zur Bearbeitung ausgewählt habe, liegt grösstentheils an dem äusseren Grunde, dass ich eben dafür Materialien gesammelt hatte. Bei der schliesslichen Bearbeitung war ich auf diese angewiesen und konnte fast nie auf die Originalquellen zurückgehn, so gern ich das bei manchen Stellen gethan hätte. Eine gewisse Ungleichheit namentlich in allerlei Kleinigkeiten (wie z. B. in der Anführung von Parallelstellen), welche bei der Art meiner Stoffe schwer zu vermeiden war, wird man hoffentlich verzeihen.

Die Natur der Gegenstände bringt es mit sich, dass ich Manches im Unsichern lassen musste. Ich habe mich nie gescheut, es auszusprechen, wo ich Etwas gar nicht oder nicht sicher verstand. Andere werden hoffentlich Manches aufklären, was mir dunkel blieb, und Manches berichtigen, was ich falsch verstanden habe. Die Erfahrung, dass ich zuweilen erst bei der Korrektur der Druckbogen plötzlich die richtige Lesart oder Erklärung einer schwierigen Stelle gefunden habe, bereitet mich darauf vor, dass kundige Leser auch in dem Abdruck noch Vieles werden zu verbessern finden, namentlich wenn ihnen neue handschriftliche Quellen zu Gebote stehn. Uebrigens bitte ich, vor der Lektüre die hinten gegebenen Verbesserungen und Zusätze zu berücksichtigen.

Ferner trage ich noch folgende Verbesserungen nach: S. 53 Anm. 4 lies *B* für *Beide*. — S. 65 Anm. 9 streiche *A*. — Ebend. Anm. 10 lies حارث A. — Zu S. 176 Zeile 22 bemerke: A liest الرسالة für الرشادة. — S. 77 Anm. 3 lies *A* für *Goth.* — S. 78 Anm. 1 lies لبهانة A. — Ebend. Anm. 4 lies مزدجر A. — Zu S. 82 Zeile 5 bemerke: الرّباب A. — Ebend. Anm. 11 streiche يعنى A. — S. 84 streiche Anm 5.

Dass ich in den beiden Aufsätzen, in welchen ich die sämmtlichen uns erhaltenen Lieder einiger Dichter zu sammeln suchte, auch einzelne, zum Theil wegen ihrer Abgerissenheit selbst unverständliche, Verse gegeben habe, wird man hoffentlich nicht tadeln, eben so wenig, wie dass ich zu dem herrlichen Liede As's'anfarâ's trocknes Material von Varianten und Glossen zusammengetragen habe. Bei beiden Fällen kann ich das Beispiel der klassischen Philologie für mich anführen, deren strenges Verfahren mir bei der Bearbeitung orientalischer Texte überall zum Muster dient. Von dem Ersteren konnte ich mich dadurch nicht abhalten lassen, dass meine Sammlungen voraussetzlich später aus anderen Quellen noch Bereicherungen erfahren werden.

Die als Einleitung dienende Abhandlung über Geschichte und Kritik der alten Arabischen Poesie ist aus triftigen Gründen später, als die anderen Aufsätze verfasst und hat daher eine andere Paginierung erhalten. An sie reiht sich der gleichfalls die Arabische Poesie im Allgemeinen behandelnde Abschnitt von Ibn Qutaiba. Streng genommen, geht dieser ein wenig über die Gränzen hinaus, innerhalb derer ich mich in diesem Buche bewegen wollte, da er nebenbei auch von der neueren Dichtung bis zu seiner Zeit spricht.

Mit den hier zusammengestellten Aufsätzen verbinde man den über Laqîṭ in der hieselbst unter Benfey's Redaktion erscheinenden Zeitschrift Orient und Occident, Bd. 1 S. 689ff., ferner die schon seit längerer Zeit unter der Presse befindliche, etwas umfangreichere Sammlung der Gedichte des ʿUrwa b. Alward, welche als Abhandlung der hiesigen Kgl. Societät der Wissenschaften erscheinen wird, so wie eine Abhandlung über die Dîwâne des Abû Ṭâlib und des Abû 'laswad Adduali, den das nächste Heft der Zeitschrift der Deutschen Morgenl. Ges. bringen wird. Ich beabsichtigte Anfangs, auch eine Arbeit über einige alte Völker Arabiens mit der jetzigen Sammlung zu verbinden und diese dann als „Beiträge zur Kenntniss der Geschichte und Poesie der alten Araber" erscheinen zu lassen: doch überzeugte ich mich, dass der Stoff dieser Abhandlung, welche sich wesentlich um die Erklärung alttestamentlicher Angaben dreht, von dem der übrigen zu verschieden ist, und werde sie an einem anderen Orte veröffentlichen.

Man wird mich vielleicht tadeln, dass ich meine Uebersetzungen Arabischer Verse in Prosa gegeben habe. Hätten mir die Musen die Gabe verliehen, mich zierlich in gebundener Rede auszudrücken, so würde ich vielleicht einige Gedichte in Versen übersetzt haben. Auf jeden Fall hätte ich dann aber Deutsche Vers- und Reimweise angewandt. Ich halte es schon für einen grossen Missgriff unserer Dichter, dass sie in unserer accentuierenden Sprache Metra eingebürgert haben, welche dem Hexameter und andern Versmaassen der quantitierenden klassischen Sprachen nachgebildet sind. Was sollte nun aber erst daraus werden, wenn wir mit unsern, in dieser Hinsicht unzulänglichen, Mitteln den prächtigen Ton des Arabischen Ṭawîl oder Kâmil bei uns heimisch machen wollten!

Geschrieben im November 1863.

Der Verfasser.

Zur Geschichte und Kritik der altarabischen Poesie.

Die ersten Erzeugnisse der altarabischen Dichtung, die uns in einigermaassen beglaubigter Gestalt vorliegen, zeigen im Wesentlichen schon dieselben äusseren und inneren Formen, die wir an den Gedichten der Zeitgenossen Muḥammed's erkennen. Wenn wir auch voraussetzen müssen, dass alle Arabische Poesie von den einfachsten jambischen Versen (Rajaz) ausgegangen ist, so liegt die Ausbildung der vollkommneren Formen aus jenen doch vor der sicheren Geschichte; und nur die Art, mit der Amra-alqais davon spricht, dass er einem Vorgänger nachahmt (ed. Slane S. 36, 8), scheint anzudeuten, dass die der Beduinenpoesie eigenthümliche Weise, die Lieder mit einer Klage bei den verlassenen Wohnungen anzufangen, zu seiner Zeit noch verhältnissmässig neu war. Daraus dürfte man, da die Art des Anfangs durchaus wesentlich für den ganzen Bau der Gedichte ist, vielleicht schliessen, dass überhaupt die Form der Qaṣîda zu des Amra-alqais Zeiten noch nicht sehr alt war; wenigstens scheint mir ein solcher Schluss eher erlaubt, als auf Auktorität der Arabischen Sprach- und Litteraturkenner hin diesen oder jenen Dichter als Urheber dieser Dichtungsart anzunehmen. Aber auf der anderen Seite lässt sich nicht verkennen, dass die überlieferten Formen zuweilen schon bei alten Dichtern zu einer Manier führen, welche den Verdacht erweckt, dass sie nicht mehr recht lebendig und schon vor langer Zeit entstanden seien. Doch, wie dem auch sei, wir haben wenigstens keinen Vers mit einigermaassen gesichertem Text, den wir über das Jahr 500 hinaufschieben könnten. Etwas genauer, als den Anfang, können wir das Ende der altarabischen Poesie feststellen. Freilich muss eine solche Abgränzung, wie fast alle litterarhistorischen Abschnitte, etwas Willkührliches haben, da sich natürlich die Veränderungen, deren Hervortreten wir als Anfang einer neuen Epoche ansehn, schon allmählich in der vorigen ausbildeten, und andrerseits die ältere Weise auch noch bei vielen Dichtern der späteren Zeit beibehalten wurde. Aber im Allgemeinen zeigt sich doch ein Wendepunkt in der Poesie wie im ganzen geistigen Leben der Araber bei dem Uebergang der Herrschaft von den Umaiyaden, die man im Ganzen mehr als Vertreter der altheidnisch volksthümlichen Richtung ansehn kann, zu den ʿAbbâsiden, mit denen die Herrschaft des Islâm's erst recht durchdrang. Als letzten namhaften Vertreter der alten poetischen Richtung nennen wir nach dem Vorgange Arabischer Gelehrter den *D*û'rrumma († 117 d. H.). Die durch die allmähliche Veränderung der Sprache und das Eindringen neuer Gedanken und Formen bewirkte Umgestaltung entging übrigens den Dichtern der alten Schule nicht, und so rühmt sich schon ein Dichter aus der 2ten Hälfte des ersten Jahrhunderts, dass sein Gedicht in reiner Sprache und nicht nach der Weise der ungeschickten Neuerer abgefast sei (Dîwân der Hu*d*ailiten nr. 93 v. 50). Der Zeitraum, den wir so deutlich übersehen können, umfasst wenig Mehr, als 2 Jahrhunderte, und zwar gestaltet sich das Verhältniss der auf uns gekommenen Reste dieser Litteraturepoche so, dass auf die erste Hälfte (einschliesslich der Zeit Muḥammed's) im Ganzen die bedeutenderen, auf die zweite aber die zahlreicheren Denkmäler fallen. Den grossen Namen Amra-alqais, Annâbiga, Al'aʿs'â u. a. M. kommen auch die Heroen der zweiten Hälfte, Jarîr, Alfarazdaq, ʿOmar

b. Abî Rabîʿa (vielleicht der Bedeutendste, der aber schon starke Spuren vom Uebergang zu der neueren Dichtungsweise zeigt; übrigens ein rechter Typus der lebenslustigen Quraisʿitischen Aristokratie der Umaiyadenzeit), *D*û'rrumma u. s. w. nicht gleich. Als Ursache dieses Sinkens ist übrigens nicht in *dem* Grade, wie man gewöhnlich annimmt, die neue Religion zu betrachten, wenigstens nicht direkt. Denn diese zeigt noch überaus wenig Einfluss auf die Dichtweise, welche noch während der ganzen Umaiyadenzeit ein halb heidnisches Gepräge behält. Ein grösseres Gewicht möchte ich darauf legen, dass der Schwerpunkt des geistigen Lebens der Araber, seit die Umaiyaden an's Ruder gelangt waren, viel mehr an die Höfe der Fürsten und Statthalter verlegt war, während die alte Poesie, in der freien Wüste erwachsen, ihrer ganzen Art nach nur dem Leben des Beduinen angemessen war, der wohl einmal an den Hof eines der kleinen Fürsten an der nördlichen Gränze Arabiens kommt, aber doch die Wüste als seine Heimath betrachtet. Aber freilich finden wir auch aus der zweiten Hälfte vorzügliche Erzeugnisse der Dichtkunst und zwar oft von Dichtern, die lange nicht so berühmt sind, wie die gefeiertsten Hofdichter.

Es wird übrigens für den Anfang ausserordentlich schwer, uns auf dem Felde der altarabischen Poesie zu orientieren. Alles sieht uns da fremdartig aus, die einzelnen Gedanken, wie die Anordnung der Lieder; und da nun, wie das ganze Leben des Beduinen so einförmig ist, dieselben Gedanken bei den verschiedensten Dichtern immer wiederkehren und zwar gewöhnlich in ähnlichen Verknüpfungen, so bekommen wir leicht den Eindruck, als fehlte den einzelnen Dichtern alle Individualität. Aber wie der Kenner die Verschiedenheit in den Gesichtszügen einzelner Individuen eines Volkes und die feinen, der Schrift unfassbaren, Unterschiede in den

Mundarten zweier benachbarten Orte durchschaut, wo dem Fremden Anfangs Alles ganz gleichartig vorkommt, so stellt die genauere Untersuchung auch den Unterschied in der Auffassung und im Ausdruck der einzelnen Arabischen Dichter heraus. Freilich werden wir es in der feineren Beurtheilung der Gedichte nie so weit bringen, wie die eingebornen Kritiker, noch viel weniger, als je ein Franzose oder selbst Engländer ein so vollständig berechtigtes Urtheil über Deutsche Dichtung aussprechen darf, wie wir selbst. Dazu gehört eben eine Kenntniss von Feinheiten der Sprache und des poetischen Gebrauchs, die sich kein Fremder erwerben kann[1]). Und wie weit sind wir doch noch davon entfernt, dass wir die zartesten Unterschiede des altarabischen Sprachgebrauches durchschauten! Sind wir doch noch überall über das blosse Wortverständniss im Unklaren! Denn wie wenig altarabische Gedichte von einigem Umfang giebt es doch, welche unsere besten Kenner, selbst wo ihnen alte Erläuterungen zu Gebote stehn, nur so gut verstehn, wie man etwa ein Gedicht von Horaz oder Catull verstehn kann. Freilich ist hier von der Zukunft noch Manches zu hoffen. Ausgaben einheimischer Wörterbücher (namentlich des Ṣiḥâḥ) und Erklärungsschriften, ein wirklich brauchbares Lexikon *mit Belegen*, sprachlich-geschichtliche Darstellungen der altarabischen Lebensweise (wie sie der sel. Freytag in seiner, leider ziemlich unbrauchbaren, „Einleitung in das Studium der Arabischen Sprache" zu geben beabsichtigte), Behandlung einzelner bei den alten Dichtern vielfach wiederkehrender Stoffe (wie wir sie zum Theil von Ahlwardt, ohne Zweifel jetzt dem ersten Kenner der Arabischen Poesie, in seinem „Chalef elahmar"

1) Natürlich soll damit durchaus nicht geleugnet werden, dass wir in anderer Hinsicht wieder viel unbefangener über fremde Poesie urtheilen können, als die vielleicht durch falsche Geschmacksrichtungen und andere Umstände irre geleiteten Landsleute.

erhalten haben), Monographien über einzelne Dichter und poetische Richtungen und vor Allem sorgfältige Ausgaben aller noch vorhandenen poetischen Denkmäler dieser Zeit werden spätere Geschlechter von Arabisten in den Stand setzen, Manches richtig zu verstehn, was uns dunkel blieb oder was wir nur halb verstanden. Aber freilich wird auch ihnen Vieles unsicher bleiben in dieser Poesie, welche in einem Leben wurzelt, das uns zeitlich und räumlich so sehr fern steht, und deren sprachliches Verständniss schon den gelehrtesten Sprachkennern des zweiten und dritten Jahrhunderts d. H. viele Schwierigkeiten machte und oft ganz fehlte[1]).

Eine ganz besondere Schwierigkeit für das Verständniss poetischer Stellen liegt oft darin, dass uns dieselben ganz aus dem Zusammenhang gerissen vorliegen. Der Bau der Arabischen Gedichte, welche aus einer Reihe von Bildern bestehn, die dem Leser die verschiedenen Seiten des Arabischen Lebens vorführen, und in denen wieder fast jeder einzelne Vers eine verhältnissmässige Selbständigkeit hatte, begünstigte gar sehr das Aufkommen der Sitte, einzelne Bruchstücke vorzuführen, welche für sich ein gewisses Ganze bildeten, zumal wenn der Hörer (oder Leser) den Zusammenhang kannte. Aber für uns sind begreiflicher Weise solche Fragmente oft ausserordentlich dunkel.

Ueberhaupt würde uns das Verständniss der alten Gedichte oft viel klarer sein, wenn wir sie in ihrer ursprünglichen Vollständigkeit und Textesreinheit hätten.

---

1) Der geneigte Leser wird gebeten, das hier Gesagte zugleich als eine *captatio benevolentiae* zu betrachten, rücksichtlich der Fehler, welche sich in den in diesem Buche gegebenen Texten und Uebersetzungen ohne Zweifel finden werden. Er möge übrigens bedenken, dass manche dieser Texte nur aus schlechten Handschriften genommen werden konnten, und dass ihre Abgerissenheit und der Mangel von Scholien das Verständniss oft sehr erschwerten.

Denn darüber täusche man sich nicht, dass die Bruchstücke der altarabischen Poesie, so wie wir sie besitzen, von ihrer Originalgestalt sehr verschieden sind. Keine Volkslitteratur kann sich lange ohne Hülfe der Schrift in ihrer ursprünglichen Gestalt erhalten. Wie die Masse der Litteratur immer mehr zusammenschmelzen wird, so wird sich auch das Erhaltene immer mehr umgestalten, bis endlich die Schrift die flüchtigen Laute fesselt. Die schriftliche Aufzeichnung fing nun bei der Arabischen Litteratur erst gegen den Schluss der Epoche an, von der wir sprechen, und gar manches Lied ward erst lange nach dem Ende derselben von einem Gelehrten einem gewerbmässigen Ueberlieferer (Râwî) oder irgend einem beliebigen Beduinen[1]) abgelauscht und niedergeschrieben. Ja auch in den Schulen der Litteraturkenner blieb es Sitte, die Gedichte hauptsächlich mündlich zu überliefern; nur wurde hier allerdings ziemlich streng darauf gehalten, dass die Texte nicht willkührlich verändert wurden. Diese Sorgfalt ward aber nur in den Schulen der eigentlichen Gelehrten etwa seit dem Beginn der ʿAbbâsidenherrschaft angewandt; die mehr auf Unterhaltung hoher Gönner bedachten Sammler der früheren Zeit verfuhren dagegen oft mit einem unverantwortlichen Leichtsinn. Freilich ist es aber auch nicht zu verlangen, dass ein Mann wie Ḥammâd Arrâwiya (starb nach der Mitte des zweiten Jahrhunderts) die Tausende von Liedern, welche er auswendig wusste, mit philologischer Gewissenhaftigkeit aus einander gehalten und jedes unverändert auf die Nachwelt gebracht hätte. So lange nun aber die Lieder gar noch bloss im Munde des Volkes

1) Der Wunsch des Dichters ist es, dass seine Lieder weit und breit in der Wüste gesungen werden (Dîw. d. Huḏail. nr. 95, 17). Noch im dritten Jahrhundert konnten die Grammatiker in der Wüste manches Lied aus der Heidenzeit aufzeichnen, das sich bei den Beduinen erhalten hatte.

lebten, waren sie allen Schicksalen einer Volkslitteratur ausgesetzt. Denn so bewundrungswürdig auch die Stärke des Gedächtnisses bei den Arabern, wie wohl bei allen geistvollen, mehr oder weniger schriftlosen Völkern war, eine Stärke, von der wir uns in unserm schreibseligen Zeitalter kaum eine Vorstellung machen können, so konnte doch das beste Gedächtniss nicht verhindern, dass allmählich starke Veränderungen einrissen. Bei dem grossen Reichthum der Arabischen Sprache wurden oft einzelne Wörter oder Redensarten unwillkührlich oder auch wohl des leichteren Verständnisses wegen absichtlich mit anderen vertauscht; klagte doch schon *D*ū'rrumma, dass ihm die Leute oft seine Gedichte verdürben, indem sie für einen Ausdruck, über den er ganze Nächte lang nachgedacht hätte, einen anderen, ganz gewöhnlichen, von gleicher Bedeutung und Quantität setzten, und empfahl daher die Anwendung der Schrift zur Sicherung der Texte. Das lose Gefüge der Arabischen Lieder begünstigte ausserdem gar sehr das Ausfallen und die Versetzung einzelner Verse und ganzer Stellen. Denn wenn die Ordnung der Theile auch nicht so willkührlich und der Zusammenhang nicht so lose ist, wie man gemeinlich glaubt, so hätte doch die jetzige Gestalt der Gedichte, in der oft jeder Faden fehlt, nicht so leicht entstehn können, wenn der Zusammenhang von Anfang an fester gewesen wäre. Wie sehr aber die ursprüngliche Ordnung vor der Aufzeichnung oft verwirrt ist, kann man daraus sehn, dass zwei Texte eines und desselben Gedichts, welche in den Schulen zweier verschiedenen Grammatiker überliefert sind und auf zwei verschiedene Aufzeichnungen zurückgehn, fast immer eine verschiedene Zahl und Anordnung von Versen zeigen.

Einzelne Theile, die man besonders vorzog, konnte man leicht aussondern und andere, vor Allem solche, die zu wenig charakteristisch waren, wie z. B. die zahllosen, einander so höchst ähnlichen, erotischen Stellen im Anfang der Lieder (Nasîb) untergehn lassen. Der Geschmack der Späteren an Anthologien begünstigte sehr die Zerstückelung der alten Gedichte; man glaubte in jenen die Quintessenz der alten Poesie erhalten zu haben, und der Rest konnte nun leicht untergehn. Daher die grosse Menge kleiner Bruchstücke auf diesem Gebiet.

Nicht selten wurden dann wieder einzelne Stücke verschiedenen Ursprungs, wenn Reim und Versmaass es erlaubten und der Inhalt einigermaassen dazu passte, aus Versehen zusammengelegt. So finden wir z. B. in der Muʿallaqa des Amra-alqais 4 Verse (48—51 bei Arnold), die nach dem Zeugniss Assukkarî's (cod. Lugd. 901; vrgl. die Scholien bei Arnold) mit grösserem Recht dem Taabbaṭa-s'arran beigelegt werden. Mehrfach kehrt der Fall wieder, dass ein und derselbe Vers, vielleicht mit kleinen, kaum merklichen Abweichungen, in zwei verschiedenen Gedichten eines oder verschiedener Dichter vorkommt, in welchem Fall wir gewöhnlich anzunehmen haben, dass derselbe an *eine* Stelle mit Unrecht gekommen, oder dass die Stellen durch Verwechslung von Seiten eines Ueberlieferers einander ähnlicher geworden sind, als sie Anfangs waren. Nicht immer haben wir an inneren oder äusseren Merkmalen ein Mittel, das ursprünglich Getrennte wieder zu zerlegen. Ein solches Merkmal giebt uns bisweilen der doppelte Reim ab. Denn ob sich dieser gleich mitunter auch in der Mitte der Lieder findet, so haben wir doch oft an dem Sinn den besten Zeugen dafür, dass der reimende erste Halbvers ein neues Lied beginnt. Ich verweise nur auf des Amra-alqais Muʿallaqa v. 19, mehrere Stellen seines Dîwân's (z. B. S. 26, 14; 49, 5 bei Slane) und ʿAmr's Muʿallaqa v. 9. Und so wird noch manches Lied aus verschiedenartigen Bruchstücken bestehn, bei denen es uns jetzt unmöglich ist, diese aus einander zu halten.

Aber die Arabische Poesie, das Gemeingut eines

weit verbreiteten Volkes, war noch ganz besonderen Gefahren ausgesetzt. Die Sprache der Lieder bildete sich im Munde der Nachkommen und fremder Stämme nach und nach unabsichtlich um, und daneben haben wir doch auch — freilich in sehr beschränktem Maasse — absichtliche sprachliche Veränderungen anzunehmen. Denn wenn auch der Unterschied in der Mundarten des mittleren und nördlichen Arabiens zu Muḥammed's Zeit nicht so gross war, wie man nach der weiten Ausdehnung des Landes und der starken Sonderung der Stämme erwarten sollte, so war er doch gewiss bedeutend genug, um den Späteren, welchen die Arabische Sprache immer mehr als *eine* nach einförmigen Gesetzen geregelte Schriftsprache vorkam, Manches in den Gedichten als solöcistisch erscheinen zu lassen[1]). Wenn nun auch die strenge Versform keine all zu starken Aenderungen erlaubte, wenn ferner auch noch jetzt manches Mundartliche, namentlich im Lexikalischen, übrig geblieben ist, so ist doch vor Allem der feine Unterschied der Aussprache durch die gleichmässige Schreibart, namentlich die 3 Vokalpunkte, auf ewig verwischt.

Noch absichtlicher ist die Aenderung aus religiösen Rücksichten. Zwar waren die alten Araber, wenigstens die Beduinen, kein intensiv religiöses Volk, aber dennoch ist zu erwarten, dass sie ihre Gottheiten in ihren Gedichten öfter erwähnt haben, als wir sie jetzt erwähnt finden. Denn wenn wir auch nicht ganz ohne Verse sind, in denen heidnische Araber ihre Götter nennen[2]), so sind

---

1) Vrgl. unten S. 40.

2) So finden wir im Kommentar zur Ḥamâsa 486 Zeile 18 die Worte: „zum Opferstein der (Göttinn) Alʿuzzâ“; im Dîwân der Hudailiten (cod. Lugd. fol. 145 v.) schwört ein Dichter bei der, wie ein weiblicher Personnenname deklinierten und also entschieden persönlich gedachten, Sonne (*wa Šamsa* ohne Tanwîn und Artikel); ein im Ṣiḥâḥ mehrfach citierter Vers erwähnt die den Gottheiten Alʿuzzâ

diese doch sehr wenig zahlreich. Gewöhnlich haben die Muslime den Anstoss, den solche Aeusserungen des Heidenthums geben könnten, ganz beseitigt, indem sie entweder ganze Verse oder Stellen wegliessen oder muslimische Gottesnamen dafür einschoben. So finden wir z. B. الرحمن im Liede eines alten Heiden (Diw. d. Hudail. cod. Lugd. fol. 133 v.), sicher durch einen Muslim eingeschoben, und so mag auch manchmal in den alten Liedern, wo wir jetzt والله finden, eigentlich والإلاهة (والالاهة, واللات) zu lesen sein. Auch sonst wurden wohl durch leichte Veränderungen muslimische Gedanken in die Gedichte der Heidenzeit gebracht; vrgl. z. B. unten S. 158 Anm. 4; 160, Anm. 4.

Die zuletzt besprochenen Fälle führen uns zu den eigentlichen Fälschungen über. Spätere Dichter legten ihre Lieder früheren in den Mund, um ihnen einen bessern Geleitsbrief zu geben; man schob, um zu erbauen oder zu unterhalten, oder irgend einem Geschlecht zum Ruhm oder zur Schande ganze Gedichte oder einzelne Stellen unter, die man in echte Lieder einfügte. Nicht immer war hierbei eine eigennützige Tendenz thätig; mancher Erzähler suchte bloss seine geschichtlichen Berichte durch Gedichtstücke zu beleben und zu schmücken, die er den handelnden Personen in den Mund legte [1]), oder ein Gedichtüberlieferer konnte dem Reiz nicht widerstehn, in die echten Gedichte einige Verse eigner Mache einzuschieben, welche er für würdig hielt, den Namen des alten Dichters zu führen [2]). Statt aller Beispiele will ich

und Annasr (mit dem Artikel; anders Sûra 71, 23) dargebrachten Opfer; ʿAmr b. Maʿdîkarib schwört in einem unten S. 148 Anm. 1 citierten Verse „bei Alʿuzzâ“ u. s. w.

1) Vrgl. über diese sowie über tendenziöse Fälschungen meinen Aufsatz über den Dîwân des Abû Ṭâlib in der Zeitschr. d. D. M. G. Bd. 18 (augenblicklich noch nicht erschienen).

2) Bekannt ist es, dass Chalaf al'aḥmar manche Gedichte alten

nur eines geben. In der bekannten, eigentlich zu den Muʿallaqât gehörenden, Qaṣîda Annâbiġa's, welche de Sacy in seiner Chrestomathie herausgegeben hat, stehn zwei Verse (v. 22 f.), welche durchaus von einem spätern Dichter herrühren müssen. Denn wenn wir auch zugeben können, dass Annâbiġa Etwas vom König Salomo als dem Erbauer von Palmyra wissen konnte, so ist es doch ganz gegen die Weise der Arabischen Dichter, dass sie einem Könige sagen: „Niemand ist vorzüglicher als Du, mit Ausnahme des alten Königs Salomo, der (wie Dir allerdings bis jetzt nicht bekannt gewesen sein kann) einst auf Gottes Geheiss durch seine Geister die Stadt Palmyra bauen liess". Solche Ausnahmen hätte sich kaum ein muslimischer Fürst gefallen lassen, geschweige ein altarabischer. Man streiche die beiden Verse und der alte Zusammenhang tritt unverletzt wieder hervor [1]). Und so sehen wir noch öfter rein muslimische Anschauungen und Sagen in die alten Lieder eingeschwärzt, so dass wir bei jeder Stelle, in welcher ein uns aus dem Qorân bekannter mythischer Name vorkommt, argwöhnisch über ihre Echtheit werden müssen, obgleich sich allerdings Namen wie ʿÂd u. s. w. auch in entschieden echten alten Versen finden.

Alle diese Schicksale haben natürlich im Ganzen die ältern Dichter mehr getroffen, als die jüngeren, deren Lieder nicht so lange bloss mündlich fortgepflanzt wurden, und über deren gute Erhaltung die Verfasser zum

---

Dichtern unterschob und selbst später, als er seinen Streich offen bekannte, nicht verhindern konnte, dass man sie unter dem Namen dieser weiter überlieferte.

1) Eine andere von Salomo handelnde Stelle, deren Unechtheit mir gleichfalls unzweifelhaft ist, finde ich bei Al'aʿs'â (in der Ḥamâsa Albuḥturî's, cod. Lugd. 889. S. 135). Salomo wird darin ربّ الصوافن genannt (Sûra 38, 30), und auch das Uebrige ist fast ganz aus qorânischen Worten zur Erbauung von guten Gläubigen zusammengesetzt.

Theil gleich von Anfang an mehr wachten. Wie sehr sich aber die Gestalt der älteren Gedichte im Lauf der Zeiten änderte, das kann man am besten an den verschiedenen Texten sehen, in denen uns der Dîwân des berühmtesten aller alten Dichter, des Amra-alqais, überliefert ist. Ja schon die Prüfung einer einzigen Recension desselben kann uns zeigen, wie weit dieselbe von der ursprünglichen Gestalt entfernt ist; denn wir finden hier überall Verse in verkehrter Ordnung, gleichlautende Stellen in verschiedenen Gedichten, Stücke verschiedener Gedichte zusammengefügt und, wenigstens in der Recension Assukarî's, welche uns eine vortreffliche Leydener Handschrift darbietet, auch manches entschieden Falsche beigemengt.

Wenn wir die bis jetzt geschilderten Umstände scharf in's Auge fassen und dabei die alten Gedichte und besonders auch die Redeweise einzelner Dichter und Stämme immer genauer zu erforschen suchen, so werden wir in vielen Fällen zu sicheren oder wahrscheinlichen Ergebnissen über die ursprünglichere Gestalt der auf uns gekommenen Gedichte gelangen. Ein grosser Theil dieser Ergebnisse wird allerdings bloss negativ sein können, indem wir nur einsehn: „*das* kann *nicht* echt, *das* kann *nicht* so von dem Dichter gesagt sein". Ueberhaupt werden diese Ergebnisse immer verhältnissmässig beschränkt sein. Wir können vielleicht bei einigen Gedichten, besonders wo mehrere Recensionen vorliegen, die ursprüngliche Ordnung der Theile herstellen, Falsches aussondern und die alte Gestalt im Ganzen und Grossen restituieren: im *Einzelnen* werden wir aber nie weit über die Ueberlieferung hinausgehn dürfen. Zwischen der Abfassung der Lieder und der Feststellung ihrer Texte in den gelehrten Schulen, welche unsere Handschriften darstellen, liegt ein zu grosser Zwischenraum, und wir sind ausserdem nicht im Stande, aus den wenigen Bruchstücken der ältern Zeit, die uns doch nur erhalten sind, den Sprachgebrauch der einzelnen Dichter so zu bestimmen, wie es nöthig wäre, um im Einzelnen ihre ursprünglichen Texte wiederherzustellen.

Aus diesen Gründen folgt, dass der Herausgeber von Texten alter Dichter unbedingt nur danach zu streben hat, aus der handschriftlichen Ueberlieferung diejenige Gestalt wiederzufinden, in welcher dieselben von einem alten Gelehrten, wie Al'aṣma'î, Assukarî u. s. w. festgestellt sind. Er mag in manchen Stücken viel über seinen Gewährsmann vordringen und kritisch feststellen, dass diese oder jene Lesart, welche er giebt, nicht ursprünglich ist, dass manche Stücke unecht sind oder in falscher Ordnung stehn u. s. w.; diese Untersuchungen kann er alle seinem Leser geben, aber in den *Text* seiner Gedichte darf er ihre Resultate nicht aufnehmen. Dies wäre nach meiner Ansicht nur erlaubt, wenn er im Stande wäre, entweder den ursprünglichen Text ganz oder wenigstens sehr annähernd, oder doch eine ältere Recension zu geben, welche zu irgend einer Zeit vor der Feststellung der jetzt maassgebend gewordenen gegolten hätte. Dies wird ihm aber für irgend umfangreichere Texte gänzlich unmöglich sein. Ein solches „kritisches" Verfahren würde uns nur einen gemischten Text geben, der zu keiner Zeit gegolten hat, während wir in der genauen Befolgung der mit gutem Bedacht und bedeutender Sprachkenntniss von den alten Grammatikern fest gestellten Recensionen doch immer eine höchst bedeutende Auktorität für uns haben. Und was sollte gar daraus werden, wenn man aus den verschiedenen Recensionen eines und desselben Dichters den wahren Urtext herstellen wollte! Man würde in die grösste Willkührlichkeit verfallen und nichts für einen gewissenhaften Philologen Brauchbares zu Stande bringen. Es wird schwer genug halten, *eine* Recension scharf auszuscheiden [1]). Hat man

1) Eine gewisse Willkühr ist leider schon durch die Arabische

das nun ganz oder annähernd erreicht, so muss man sich freilich darum noch keinen Täuschungen darüber hingeben, dass man hier den Urtext der Lieder vor sich habe, wie sie etwa auf dem Markte von ʿUkâẓ oder am Hofe von Alḥîra zum ersten Mal vorgetragen seien [1]).

Leider sind wir zuweilen in der Lage, nicht einmal eine solche Recension herstellen zu können, indem die Handschriften schon verschiedene Recensionen durch einander mischen. Die Abschreiber hatten oft mehrere Texte oder Texte mit beigeschriebenen Varianten vor sich und stellten nun nach ihrem eignen Geschmack einen Text zusammen; oder sie hatten das Lied in einer anderen Gestalt auswendig gelernt, als in der, welche sie abschreiben sollten, und vermischten nun die geschrieben vor ihnen liegende mit der auswendig gelernten, oder

Schrift geboten. Die Vokalisation ist in keiner Handschrift so zuverlässig, wie die Konsonantenschrift; manches Wort kann auf verschiedene Weise ausgesprochen in den Zusammenhang passen, und in solchen Fällen wird man nur selten durch ein ausdrückliches Zeugniss darüber belehrt, dass der oder jener Grammatiker dies Wort so oder so vokalisiert habe. Aehnlich ist es oft mit den diakritischen Punkten.

1) Ein Beispiel aus der klassischen Litteratur wird das hier Gesagte vielleicht deutlicher machen. Es ist gewiss, dass der Alexandrinische Text Homer's sehr weit von der ursprünglichen Form abweicht; man kann mit Sicherheit die Gestalt einzelner der ursprünglichen Lieder *im Ganzen und Grossen* bestimmen; man kann die ältere Aussprache einer Menge von Sprachformen wiederherstellen: und dennoch wäre es thöricht, wollte man diese Ergebnisse der Kritik und Sprachwissenschaft *in den Text* aufnehmen; denn noch viel öfter wird man zu keinem sichern Ergebniss kommen, und ein halb Alexandrinischer, halb (wirklich oder angeblich) ursprünglicher Text würde nur ein Unding sein, das keinem wahren Philologen gefallen könnte. Ich halte schon Becker's (übrigens ja nicht einmal konsequent durchgeführten) Versuch, das Digamma in den Text des Homer wieder einzuschieben, für verfehlt. Das Digamma gehört in den altionischen Text, den wir nicht mehr herstellen können, nicht in den Alexandrinischen, auf den unsere Handschriften zurückgehn.

sie warfen auch zwei verschiedene auswendig gelernte durch einander. So kommt es nun, dass die beigeschriebenen Scholien sich oft auf andere Lesarten beziehen, als die im Text stehenden. Dazu kommen denn noch die zahllosen Fehler, welche die Abschreiber aus Nachlässigkeit in ihre Texte hineingebracht haben. In solchen Fällen ist allerdings der Herausgeber auf ein bloss eklektisches Verfahren angewiesen. Ein Beispiel davon kann man unten in der Abhandlung über die *Lâmîyat al'arab* finden[1].

Ebenso wie die Texte der Lieder sind auch die Ueberlieferungen über den Ursprung und die geschichtlichen Umstände, welche sie veranlassten oder welche auf sie Bezug haben, vielfach entstellt. Sehr viele Gedichte werden bald diesem, bald jenem Dichter zugeschrieben; andere können offenbar nicht von dem herrühren, dem man sie beilegt, ohne dass man darum gleich an eine absichtliche Täuschung zu denken braucht. Die Beduinen mochten von manchen ihrer Gedichte den Verfasser nicht kennen, und den Sammlern konnte es gar leicht geschehen, dass sie, wie die Texte, so auch die Verfasser der so überaus zahlreichen Lieder, die sie auswendig wussten, durch einander mengten. Zuweilen mag sie auch eine falsche Kritik veranlasst haben, ein anonymes Gedicht einem bekannten Dichter beizulegen. So wird erzählt, dass sich einst die Gelehrten von Alkûfa unter Ḥammâd's Vorsitz darüber beriethen, wem man ein Gedicht beilegen sollte, das man eben von einem Beduinen gehört hatte[2]. Offenbar verfuhr man hier nicht ganz

1) Ganz von selbst versteht es sich natürlich, dass der Herausgeber von Sammelwerken, wie der Ḥamâsa u. s. w., nur bestrebt sein muss, die Texte der Gedichte so zu geben, wie sie der Sammler aufnahm, wenn er auch im Stande sein sollte, ältere und bessere Recensionen einzelner von ihnen darzustellen.

2) Ahlwardt a. a. O. S. 20.

willkührlich, aber es ist sehr die Frage, ob die Anhaltspunkte, nach welchen man das Gedicht endlich dem Ṭarafa beilegte, wirklich zwingend waren[1]). Im Ganzen wird man sich daran halten können, dass von zwei verschiedenen Dichtern, welche als Verfasser eines Liedes genannt werden, die Wahrscheinlichkeit für den minder berühmten ist, zumal wenn beide denselben Namen führen, so dass eine Verwechslung gar leicht Statt finden konnte.

Viele Geschichten, welche zur Erklärung eines Gedichtes erzählt werden, sind nur aus falscher Auffassung einzelner Stellen in demselben entstanden, namentlich indem man bildliche Ausdrücke wörtlich nahm. Ein grosser Theil der im Kitâb al'aġânî und sonst von den älteren Dichtern erzählten Geschichten verdankt seinen Ursprung solchen Missverständnissen, wie sie sich ja in den verschiedensten Litteraturen wieder finden (man vrgl. z. B. die aus Missverstand von Sûra 54, 1 und 94, 1 entstandenen Fabeln und so manche haggadische Erzählung, welche sich aus einer falschen Auffassung der Worte des A. T. entwickelte). So führt z. B. die Leydner Handschrift der Gedichte des Amra-alqais zur Erklärung eines Liedes, das beginnt:

„Verrath mich nicht darum, o Rabîʿa, da ich früher auf
Dich glaubte traun zu dürfen“ [2]).

لا تُسلمنى يا ربيعَ لهـذه   وكنت اراني قبلها بك واثقا

mit Benutzung einiger später folgenden Ausdrücke eine ganze aus dem Gedichte selbst geschöpfte Genovefa-Geschichte an, wie der Vater des Dichters ihn durch Rabîʿa habe tödten lassen wollen, wie Letzterer die Augen

1) Es werden wohl Gründe gewesen sein, wie der, dass man wegen der Erwähnung eines hohen Berges in einem Gedichte dasselbe gleich dem Samuel, dem Besitzer des festen Schlosses Al'ablaq, beilegte. Siehe unten S. 64.

2) Nicht in Slane's Ausgabe.

eines Rehkalbes als Zeugniss der That dem Vater vorgelegt habe u. s. w. Ebenso ist die Geschichte von der Art seines Todes nur aus den missverstandenen Ausdrücken des Verses, den er vor seinem Ende gemacht haben soll[1]), verbunden mit einer dunklen Kunde von der Todesart des Herakles, entstanden, und überhaupt ist das Leben dieses Dichterfürsten mehrfach durch Geschichten ähnlichen Ursprungs entstellt. Ein merkwürdiges Beispiel davon, wie poetische Ausdrücke, prosaisch verstanden, zu einer verkehrten Geschichtsbildung Veranlassung geben können, haben wir noch an dem schönen Liede in der Ḥamâsa, das dem Abû Kabîr beigelegt wird (S. 36 ff.). Eine bis in's Einzelste gehende wörtliche (man vergleiche z. B. S. 40 Zeile 4 v. u. mit v. 7 des Liedes) und doch gänzlich falsche Auffassung von v. 5 ff. hat eine lange Geschichte erzeugt, welche gar keinen Glauben verdient, und auch die poetische, dem Arabischen Volksglauben folgende Darstellung v. 2—4 ist von den Scholiasten in reine Prosa aufgelöst und der Mutter des darin gepriesenen Helden in den Mund gelegt[2]). Und so liesse sich noch manches ähnliche Beispiel aufzählen.

Zum Schlusse besprechen wir noch einen Irrthum, der nicht aus dem Texte, sondern bloss aus einer späteren Benennung einiger grossen Gedichte hervorgegangen ist. Es ist dies die Fabel von den *Mu'allaqât*, den sieben an der Kaʿba in Goldschrift auf kostbarem Zeuge aufgehängten Gedichten, die sich, obgleich im Grunde längst wiederlegt, doch aus einem Buche in das andere hinüberschleppt. In Pococke's Specimen S. 165 wird sie

1) Kitâb al'agânî in Slane's Ausgabe S. 16. Schon Rückert hat nach dem Vorgange des Abû'lfidâ' die Nichtigkeit dieser Erzählung eingesehen.

2) Es ist übrigens sehr zweifelhaft, ob dies Loblied (denn ein solches ist es entschieden) wirklich von Abû Kabîr auf seinen Stiefsohn gemacht ist.

noch vorsichtig und zweifelnd besprochen; Reiske findet in der Einleitung zu Ṭarafa's Muʿallaqa noch allerlei Schwierigkeiten darin, und Hengstenberg, ein Mann den gewiss Niemand einer ausschweifenden Kritik beschuldigen wird, hat in der Einleitung zur Muʿallaqa des Amra-alqais die Unrichtigkeit dieser Angabe mit Gründen dargelegt, die im Allgemeinen entschieden stichhaltig sind, (nur dass er zu viel Gewicht darauf legt, dass die Schrift in der Zeit kurz vor Muḥammed's Auftreten noch zu selten gewesen wäre; denn es lässt sich nicht bestreiten, dass einzelne Aufzeichnungen von Verträgen und selbst von Liedern [1]) schon damals vorkamen). Aber es war bequemer, eine so niedlich klingende Erzählung von den Vorgängern zu übernehmen, zumal wenn darunter Auktoritäten wie Herbelot, Reiske, W. Jones und de Sacy waren; und sie wird sich wohl noch lange in allgemeinen Litteraturgeschichten und anderen Werken behaupten, so wenig daran zu zweifeln ist, dass die Wahrheit auch hier endlich durchdringen wird.

Was nun die Sage von der Aufhängung der Gedichte betrifft, so ist zuerst zu bemerken, dass sie ausserordentlich schlecht bezeugt ist. Für mich würde eine solche Ueberlieferung schon dadurch sehr verdächtig werden, dass keiner der *alten* Schriftsteller, welche die Geschichte Mekka's erzählen und welche alle Kleinigkeiten, die sich auf die Kaʿba beziehen, auf das Sorgfältigste behandeln, ein Wort von dieser Sache weiss. Weder Al'azraqî, noch Ibn His̱âm erwähnt sie, und wir haben allen Grund, anzunehmen, dass die Hauptquellen über die Geschichte und Sagen der Araber, Alkalbî und sein Sohn, so begierig sie alles Fabelhafte aufrafften, Nichts davon wussten. Keine Spur von diesem Wettstreit

1) Vergl. das von mir in der Zeitschrift Orient und Occident I, 708 herausgegebene Liedchen des Laqîṭ, welches sich selbst als „Brief auf der Tafel“ oder „dem Blatte“ giebt.

und der Krönung dieser Gedichte finden wir im Qorân oder in der religiösen Ueberlieferung, so nahe es liegen musste, dass sich Muḥammed einmal darüber geäussert hätte, dass solche weltliche Lieder an dem grössten Heiligthum hingen. Eben so wenig spricht davon das Kitâb al'aġânî, oder ein anderes der alten oder auf alten Quellen beruhenden litterarhistorischen Werke. Der erste bekannte Schriftsteller, welcher diese Sage erwähnt, und zwar ohne eine Auktorität für dieselbe anzuführen, und indem er sie selbst kurz als „ganz unbegründet“ verwirft, ist *Aḥmed Annaḥḥâs* († 338 oder 337) [1]. Dann finden wir sie einzeln bei späteren Schriftstellern z. B. in Ibn Chaldûn's Muqaddima III, 357, der sie nach seiner geschichtsphilosophischen Auffassung etwas umbilden muss, bei Assuyûṭî in der eben angeführten Bemerkung bei Kosegarten, und in kurzen, anonymen und ganz auktoritätslosen Angaben, wie in de Sacy's Chrestomathie II, 480 oder in der Ueberschrift der Leydener Handschrift 68 (من مدائح على باب الكعبة). Und auch da wird noch zum Theil durch ein *waqîla* oder dergl. angedeutet, dass diese Angabe keine unbestrittene sei.

Wie kann man nun auf so schwache Zeugnisse hin Etwas für eine Thatsache halten, das so ganz von der altarabischen Sitte abweicht, und wogegen noch bestimmte Angaben viel besserer Auktoritäten sprechen? Schon Andere haben auf die Schwierigkeit hingewiesen, wie man sich die Auserwählung gerade dieser 7 (oder 9) Gedichte aus so vielen zu denken habe. Man müsste anneh-

1) Citiert von *Alchaffâjî* im Kommentar zu Alḥarîrî's Durrat alġauwâṣ (Cod. d. Niederl. Inst. nr. 170, gegen das Ende des Werks). Diese Stelle wird angeführt in einer anonymen Note einer Gothaer Handschrift (siehe Kosegarten's Ausgabe von 'Amr's Mu'allaqa S. 66). Alchaffâjî zeigt auch sonst einige Kritik auf diesem Gebiet. So erklärt er z. B. an einer anderen Stelle, dass die meisten der dem 'Alî beigelegten Gedichte unecht wären.

men, dass man in ʿUkâẓ — denn dahin verlegt man ja die Scene dieses Preiskampfes — ein Preisrichterkollegium oder einen Preisrichter bestellt hätte, um von allen dort vorgetragenen Gedichten die besten auszuwählen. Aber würden sich die feurigen, auf ihren Ruhm so überaus eifersüchtigen Araber, zumal wenn die berühmtesten Dichter die Preisbewerber gewesen, so leicht einem Ausspruch gefügt haben, der für alle Zeiten Einen hoch über seine Nebenbuhler emporgehoben hätte? Und glaubt man wirklich, dass ein in der Gegend von Mekka sitzendes Preisgericht so unparteiisch gewesen wäre, Dichter von Stämmen zu krönen, deren Sitze sehr weit von Mekka entfernt waren, und die sich um die Heiligthümer Mekka's nicht im Geringsten kümmerten[1]? Das hiesse den Stammesstolz der Araber schlecht würdigen! Da von der Goldschrift und dem kostbaren Zeuge in keiner Ueberlieferung die Rede ist, so brauchen wir dagegen gar nicht anzukämpfen: das sind reine Phantasien Europäischer Gelehrter. Aber überhaupt ist uns von einer Sitte, Etwas *zur Auszeichnung* an (oder in) der Kaʿba aufzuhängen, Nichts bekannt.

Nun wird uns aber durch Ibn Annaḥḥâs ausdrücklich berichtet, der schon genannte Ḥammâd Arrâwiya habe die 7 Muʿallaqât gesammelt[2]). Nicht die alten Araber, sondern Ḥammâd hat die 7 Gedichte aus allen den zahllosen Qaṣîden ausgewählt und für die vorzüglichsten erklärt, und diesem Urtheil pflichteten zwei kompetente Richter, Alumfaḍḍal und Abû ʿUbaida, bei. In der Jamharat asʿʿâr alʿarab (Berlin; cod. Spreng. 1215) lesen wir Folgendes: وقال المفضّل القول عندنا ما قاله ابو عبيدة فى ترتيب طبقاتهم

1) Die gangbare Ansicht geht von der irrigen Annahme aus, dass die Kaʿba von allen heidnischen Arabern als höchstes Nationalheiligthum verehrt worden sei.

2) Alchaffâjî an den angeführten Stellen; Ibn Challikân nr. 204.

وهو انّ أوّل طبقاتهم اصحاب السبع معلّقات وهم امرؤ القيس وزهير والنابغة والاعشى ولبيد وعمرو بن كلثوم وطرفة بن العبد قال المفضّل هاؤلاء اصحاب السبع الطوال الّتى تسمّيها العرب بالسموط ومن زعم غير ذلك فقد خالف جمهور العلماء „Almufaddal sagt: hinsichtlich der Anordnung der Dichterklassen halten wir Abû ʿUbaida's Ansicht für richtig, dass nämlich die erste Klasse aus den Verfassern der sieben Muʿallaqât, nämlich dem Amraalqais, Zuhair, Annâbiga, Alʾaʿsʾâ, Labîd, ʿAmr b. Kulṯûm und Ṭarafa b. Alʿabd, bestehe; das sind die Verfasser der sieben langen Lieder, welche die Araber Assumûṭ (die Halsbänder) nennen, und wer eine andere Meinung äussert, der widerspricht der gemeinen Ansicht der Gelehrten[1])". Und diese Ansicht theilt denn auch der Verfasser des Buches (Abû Zaid Muhammed Alqurasʾî), welcher in seiner Auswahl von 7 × 7 Gedichten die 7 Muʿallaqât als erste Klasse voranstellt, der er dann die 6 anderen Klassen mit ähnlichen Namen[2]) folgen lässt. Die

1) Aus den letzten Worten geht hervor, dass es zu Almufaddal's Zeit schon Leute gab, welche das Gedicht des ʿAntara oder des Ḥâriṯ oder beide zu den Muʿallaqât rechneten. Die im Text angegebene Ordnung ist gewiss die ursprünglichere, während es bisher nach der bei Reiske a. a. O. S. VIII angeführten Stelle Attibrîzî's scheinen könnte, als hätte erst Ibn Annaḥḥâs die Gedichte von Annâbiga und Alʾaʿsʾâ zu den Muʿallaqât hinzugefügt. Ibn Chaldûn a. a. O. zählt 9 Muʿallaqât, zu denen er das Gedicht ʿAlqama's rechnet, während er den Ḥâriṯ nicht mit nennt. Dies Schwanken über die zu dieser Sammlung zu rechnenden Gedichte rührt daher, dass spätere Kunstrichter mit dem Urtheil des ersten Sammlers nicht ganz übereinstimmten und daher Lieder, welche sie als besonders ausgezeichnet ansahen, an die Stelle anderer setzten, welche sie nicht so hoch hielten, während noch spätere, um beiden Ansichten Raum zu geben, die Zahl der besten Lieder auf Neun erweiterten.

2) Die zweite Klasse heisst z. B. Almujamharât „die Berühmten", die vierte Almuḏahhabât „die Vergoldeten". Letzterer Name wird von Europäischen Gelehrten, ich glaube mit Unrecht, auch den Muʿallaqât gegeben.

Namen „die Halsbänder“ und „die Aufgehängten“ werden von Ḥammâd herstammen. Der erste Name begreift sich leicht. Der Vergleich von Liedern mit aufgereihten Perlen ist für die Natur des Arabischen Gedichtes höchst treffend und ist daher so beliebt, dass er sogar in den prosaischen Sprachgebrauch übergegangen ist, indem man das Reden in gebundener Form einfach „Naẓm“ d. i. „(Perlen) aufreihen“ nennt. Schwieriger ist es, die Bedeutung der Bezeichnung Muʿallaqât zu finden. Ich habe daran gedacht, dass diese Bezeichnung bloss ein Synonym von „Halsbändern“ oder „Perlenschnüren“ wäre, kann jedoch einen solchen Sprachgebrauch durchaus nicht belegen. Wir bleiben daher besser bei der schon von einigen Arabern angedeuteten Erklärung, „aufgehängt“ bedeute hier so Viel, als wegen seiner Kostbarkeit auf einen Ehrenplatz erhoben.

Aus diesem Namen entstand nun die ganze Fabel. Die Gedichte hiessen vorzugsweise vor allen übrigen „die Aufgehängten“. Wo konnten sie nun wohl anders aufgehängt gewesen sein, als an dem vorzüglichsten Punkt Arabiens, in der Kaʿba? Man wusste, dass man in der islâmischen Zeit und nach der (vielleicht nicht ganz grundlosen) Sage auch schon früher Urkunden, die besonders heilig gehalten werden sollten, hier aufgehängt hatte? warum sollte man nicht eben so mit den besten Gedichten verfahren sein, zumal da ja, wie bekannt, in dem nahegelegenen ʿUkâẓ poetische Wettkämpfe Statt gefunden hatten. Aber diese Gedichte waren ja jetzt nicht mehr in der Kaʿba; auch hierfür hatte man einen leichten Erklärungsgrund: da man wusste, dass Muḥammed am Tage der Einnahme Mekka's die Kaʿba von allen Spuren des Heidenthums gereinigt hatte, schloss man weiter, dass damals auch die Gedichte abgenommen wären[1], obgleich die geschichtlichen Quellen kein Wort

1) De Sacy, Chrestom. II, 480.

hiervon angaben. Und so hatte der *eine* Name einen ganzen Mythus erzeugt [1]).

Wir haben uns bei diesem Falle etwas länger aufgehalten, theils weil es bei ihm recht klar vorliegt, wie hier die Bildung des Mythus vor sich ging, theils wegen der Wichtigkeit der Gedichte, welche er betrifft, und der grossen Verbreitung des Irrthums.

So vielfach nun aber auch die Texte der alten Gedichte verändert und verstümmelt sind, so sehr die Ueberlieferung über sie auch getrübt ist, so weht uns doch aus jenen Bruchstücken ein so frischer Geist an, dass man sieht, die Kraft und Schönheit der Arabischen Wüstenpoesie ist nicht verloren gegangen. Wie uns aus den Gesängen Homers trotz aller Veränderungen, die sie erlitten, trotz aller Dunkelheiten ihres Sinnes doch noch immer „der leuchtende Menschenfrühling und der blühende Himmel von Hellas" entgegenlacht, wie uns die nicht minder entstellten und dunklen Lieder von Beowulf und den Nibelungen einen tiefen Blick in den Geist des altdeutschen Heidenthums werfen lassen, so erhalten wir aus den altarabischen Gedichten eine lebendige Anschauung des alten Araberthums in seinen Vorzügen und seinen Mängeln, in seiner Grossartigkeit und seiner Beschränktheit. Es ist keine Poesie, die dem Uebersinnlichen Gestalt zu geben sucht, die uns bunte Märchen vorführt oder einen reichen Kreis von Gedanken poetisch verklärt: es ist eine Poesie, die es sich zur Hauptaufgabe stellt, das Leben und die Natur, so wie sie sind, zu schildern, mit wenig phantastischer Beigabe; aber innerhalb ihrer Gränzen ist sie gross und schön und dabei von einem Geiste der Männlichkeit und Kraft durchweht, der uns doppelt ergreift, wenn wir ihn mit der sklavi-

1) Der dritte Name „die Langen" bedarf keiner Erklärung. Es giebt wirklich nur wenige alte Gedichte von solchem Umfange. —

schen Gesinnung vergleichen, welche uns in den Litteraturen mancher anderen Asiatischen Völkern entgegentritt. „Ich will die Schmach mit dem Schwerte von mir abwaschen, mag auch Gottes Verhängniss über mich bringen, was es will!“ (Ḥamâsa S. 30), mit solchen Worten geht der freie Araber dem Kampf und Tod entgegen. Diese mannhafte Gesinnung, welche sich durchweg in den Liedern der alten Wüstenbewohner ausspricht, kann auch uns zum Vorbilde dienen. Eben jetzt tritt ja an das Deutsche Volk die Frage heran, ob es gesonnen ist, alte Schmach mit seinem Blute abzuwaschen!

Die Einleitung zu den Dichterbiographien von Ibn Qutaiba aus dem Arabischen übersetzt.

Die Wiener Handschrift N. F. 391[1]) enthält ein Werk von Ibn Qutaiba über Arabische Dichter. Die Handschrift hat keinen Arabischen Titel, und es ist ganz ungewiss, wie dieser lauten müsste. Die طبقات الشعراء liegen uns hier nicht vor; denn erstens ist das Werk nicht in »Klassen« eingetheilt, wie man es bei einem alten Buche dieses Namens erwarten würde, und dann stimmen die Citate aus den Ṭabaqât bei Ibn Challikân mit unserer Handschrift nicht überein. Denn nur eine Stelle (Nr. 788) findet sich in derselben mit geringer Verschiedenheit wieder (f. 99 r), eine andere (Nr. 534 S. 9) ist viel vollständiger, als die entsprechende Stelle in ihr (fol. 111), und die drei anderen Citate Nr. 204 (S. 154), Nr. 557 (S. 59) und Nr. 826 (S. 124) fehlen hier gänzlich. Das Buch für einem Auszug aus den Ṭabaqât zu halten, dazu liegt gar kein Grund vor. Aber auch die اخبار الشعراء von Ibn Qutaiba scheinen nicht dies Werk zu sein, da die bei Ibn Challikân Nr. 383 (am Ende) daraus angeführte Notiz in ihm nicht zu finden ist. Von den übrigen Werken

1) 162 Quartblätter zu 2 × 17 Reihen. Modernes Naschî vom Jahre 1254. Nicht sehr sorgfältige Abschrift eines wahrscheinlich guten Codex. Viele falsche Vokale und sonstige Fehler. Im Anfang des Buches einige wenige Glossen und Varianten, aus der ältern Handschrift herübergenommen. Ob das Werk vollständig, ist nicht ganz gewiss, da die Unterschrift تجز الكتاب keine genügende Sicherheit hierfür giebt.

Ibn Qutaiba's, deren Titel uns bekannt sind, kann aber erst recht keines unserer Handschrift entsprechen.

Wie dem auch sei, dies Buch enthält sehr brauchbare Angaben über eine grosse Anzahl von Dichtern, bestehend in kurzen biographischen Notizen und einzelnen Versen von einem jeden. Wenn dem Verfasser auch im Ganzen eine chronologische Anordnung vorgeschwebt hat, so dass er mit Amra-alqais anfängt und mit den Dichtern der späteren Umaiyadenzeit schliesst, so ist eine solche Ordnung doch durchaus nicht durchgeführt, und sehr oft folgt er in der Anordnung bloss den ihm gerade vorliegenden Quellen. So stellt er z. B. die Hudailitischen Dichter alle zusammen. Das Buch, von dem ich eine vollständige Abschrift genommen habe, verdiente eine Ausgabe, die freilich nicht bloss auf Grund der Wiener Handschrift gemacht werden darf.

Ein besonders interessanter Abschnitt ist die Einleitung, in welcher der Verfasser einige allgemeine Betrachtungen über Dichter und Dichtkunst anstellt. Ibn Qutaiba bewegt sich hier ganz frei in seinem Urtheil und scheut sich nicht, den zu seiner Zeit unter den Gelehrten herrschenden Ansichten geradezu entgegenzutreten. Bedenken wir die Schranken, innerhalb derer er stand, die völlige Unbekanntschaft mit einer andern als der bei allen hohen Vorzügen doch nur sehr einseitig ausgebildeten Arabischen Poesie, so werden wir nicht umhin können, ihm ein in seltenem Grade gesundes ästhetisches Urtheil zuzuschreiben.

Ibn Qutaiba, der nicht abstrakte Regeln entwickelt, sondern lieber Beispiele, Anekdoten und Aussprüche bewährter Dichter und Kritiker für sich reden lässt, hebt besonders den Werth der natürlichen Begabung zum leichten Dichten hervor gegenüber der mühsamen Arbeit, welche das Genie doch nie ersetzen kann. Er erkennt, dass auch das Genie Stimmungen unterworfen ist, welche der Dichtung günstig oder ungünstig sind, und dass gewisse Leidenschaften den Dichtergeist gewaltig anregen; er weiss den belebenden Einfluss der schönen Natur und der Einsamkeit, der stillen Abend- und Morgenstunde auf den Dichter zu würdigen. Er erklärt die Gedichte der Gelehrten, in denen Fleiss und Kenntniss der Sprache und Litteratur das mangelnde Genie ersetzen soll, mit einer einzigen Ausnahme sammt und sonders für ziemlich werthlos, ohne sich durch die Berühmtheit und die grossen Verdienste eines Alchalîl und Al'aṣma'î schrecken zu lassen. Er hält es für ein Vorurtheil, den Werth der Dichter nach der Periode zu beurtheilen, in der sie gelebt hätten, als ob, wie manche stumpfsinnige Gelehrte seiner Zeit meinten, ein Dichter schon darum besser wäre, weil er vor 250 Jahren gelebt hätte, oder als ob ein Dichter der neueren Zeit eben darum werthlos sein müsste. Freilich geht Ibn Qutaiba zu weit, wenn er meint, die Dichtung sei über alle Zeiten und Menschenklassen gleich vertheilt; aber ihm stand ja nur der Ueberblick über wenige Jahrhunderte einer einzigen Litteratur zu, und, wenn der Verlauf der Geschichte bewiesen hat, dass die Arabische Poesie allerdings kurz vor und zu Muhammed's Zeit ihre höchste Blüthe erreicht hatte, und dass die späteren poetischen Perioden im Ganzen und Grossen immer schwächer wurden, so darf doch ein solches Urtheil über die Epochen nicht auch für den einzelnen Dichter als maassgebend angesehen werden, wie denn z. B. ein Genie wie Abû Nuwâs, rein ästhetisch beurtheilt, — mit Weglassung aller sittlichen Gesichtspunkte — den grössten Dichtern der alten Zeit gleich kam. Und so durfte denn Ibn Qutaiba mit Recht fordern, dass man bei der ästhetischen Beurtheilung eines einzelnen Dichters nur seine Gedichte, nicht die Chronologie befragte.

Eine gewisse Befangenheit zeigt er dagegen, wenn er den spätern Dichtern nicht erlaubt, sich von der Weise der ältern loszusagen, so dass sie sich auch im Einzelnen an das Vorbild dieser halten sollten. Aber auch hier müssen wir uns in seinen Gesichtskreis versetzen, um seine Ansicht erklärlich zu finden. Die alte Qaṣîda war etwas in ihrer Art Vollendetes, dem Dichtergeiste des ewig wandernden Wüstenbewohners durchaus Angemessenes. Für das Leben in den üppigen Städten, welche ganz andere Anschauungen, Bedürfnisse und Gefühle erzeugte, passte aber diese Form viel weniger. Da nun aber Niemand daran dachte, ganz neue Formen zu schaffen, so hatte die Forderung eine gewisse Berechtigung, dass man sich dann auch im Einzelnen nach den alten Mustern richten sollte. Veränderungen im Kleinen hätten leicht ganz verkehrte Dinge hervorgebracht. Wollte man einmal mit der Klage bei den verlassenen Wohnsitzen anfangen, so konnte dies natürlich nur bei den Spuren eines Zeltlagers geschehen, nicht bei einem hohen Schloss, das man eben nicht so ohne Weiteres verlässt, wie die Beduinen von einem Platz wegziehn, dessen Weiden aufgezehrt sind; wollte man, wie die alten Bewohner der Wüste, sein Reitthier schildern, so durfte man kein unedles Thier, wie einen Esel oder ein Maulthier, besingen, wenn man auch gewöhnlich darauf zu reiten pflegte; wollte man die Mühsale der Reise beschreiben, so durfte man nicht erzählen, dass man auf gebahnten Strassen durch blumige Auen gezogen, sondern musste nach alter Weise die Reise durch die unwegsame Wüste schildern. Man hätte eben diese alten Formen ganz aufgeben müssen, wozu allerdings einige Dichter entschiedene Schritte thaten.

Die Urtheile Ibn Qutaiba's über einzelne dichterische Stücke werden die Leser vielleicht wenig befriedigen. Namentlich, wenn man die Beispiele zu den 4 ästhetischen Klassen, welche er aufstellt, bloss aus der Uebersetzung kennen lernt, wird man bei mehreren nicht recht einsehen, warum er sie gerade in diese oder jene Klasse gestellt hat. Aber hier müssen wir bedenken, dass unser Urtheil gerade in den Stücken, auf welche die Orientalen am meisten Nachdruck legen, am wenigsten kompetent ist. Wie wenig kennen wir die Feinheiten des Arabischen Ausdrucks, wie wenig wissen wir zu würdigen, welche Worte und Redensarten nach dem Gefühl des Arabischen Aesthetikers mehr oder weniger dem Zusammenhange angemessen waren! Auch in dem *Sinn* entgeht uns noch manche feine Anspielung, und eine Uebersetzung ist durchaus nicht im Stande, einen sichern Anhaltspunkt gerade für die Beurtheilung solcher Feinheiten zu geben. Der Orientale aber hat stets den einzelnen Vers, das einzelne Bild in seiner vollkommenen Darstellung im Auge, während wir immer gleich auf das Ganze sehn. — Ganz übereinstimmen werden wir aber mit des Verfassers verwerfendem Urtheil über gehäufte Wortspielereien und über das Haschen nach seltnen und alterthümlichen Wortformen. Darin liegt allerdings ein Todesurtheil über einen grossen Theil der spätern Arabischen und überhaupt orientalischen Poesie [1]).

Wer ältere Arabische Werke und solche von Ibn Qutaiba in's Besondere kennt, der wird in der Einleitung zu den Dichterbiographien keine systematische Ordnung suchen. Doch findet sich meistens ein Zusammenhang, trotz der eingeschobenen Episoden.

Um Raum zu sparen, geben wir dies Stück nur in einer Uebersetzung wieder, fügen jedoch sämmtliche Verse im Original als Anhang bei, mit einigen Ausnahmen, bei denen es wünschenswerther zu sein schien, sie gleich in die Uebersetzung einzuschalten. Einige Ausdrücke des Originals, die technisch oder sonst besonders bemerkens-

---

1) Interessant ist es, die Ansichten Ibn Qutaiba's über Poesie mit denen zu vergleichen, welches Ibn Chaldûn im 3. Bande der Muqaddima ausspricht. Beide stimmen vielfach überein.

werth sind, oder bei denen wir nicht sicher waren, ob wir sie richtig übersetzt hätten, haben wir gleichfalls in Klammern hinzugesetzt. Alles, was sonst in Klammern steht, sind erklärende Zusätze des Uebersetzers.

Im Namen Gottes des barmherzigen Erbarmers.

Inhalt des Buches.

Dies Buch habe ich über die Dichtung verfasst. Ich habe darin Kunde gegeben von den Dichtern, ihren Perioden, ihrem Werth, ihrer Weise zu dichten (احوالهم في شعرهم), den Stämmen, wozu sie gehören, den Namen ihrer Väter, ihren Beinamen oder Hausnamen (Kunya), soweit sie unter diesen bekannt sind, ferner von interessanten Geschichten der Leute und besonders guten Versen von ihnen, von den Fehlern und Versehen im Ausdruck, die ihnen die Gelehrten vorgeworfen haben, und von den (Gedanken und Wendungen), welche zuerst von älteren Dichtern und dann nach ihrem Muster von jüngeren gebraucht sind. Endlich habe ich darin Kunde gegeben von den Klassen und Rangstufen der Dichtung und den Gesichtspunkten, von denen aus die Gedichte gelobt und schön gefunden werden, und noch einigem Anderen, wovon ich in dieser Einleitung rede. Ich hatte dabei bloss die namhaften Dichter im Auge, welche dem grössten Theil der in den schönen Wissenschaften Bewanderten (اهل الادب) bekannt sind, und aus deren Liedern in der Lehre von den seltnen Ausdrücken (الغريب), in der Grammatik und bei der Auslegung des göttlichen Buchs und der Aussprüche des gesegneten Gottgesandten vollgültige Beispiele genommen werden dürfen. Was aber solche anbetrifft, deren Namen unbekannt ist, die selten erwähnt und deren Gedichte nicht geschätzt werden (كسد), so habe ich aus dieser Klasse nur sehr wenige genannt, da ich von ihnen nur wenige Verse und zu diesen wenigen nicht die geschichtliche Veranlassung kannte; und ich wusste ja, dass Du (o Leser) kein Verlangen danach haben konntest, dass ich Dir blosse Namen von Leuten nennen sollte, von denen mir weder eine geschichtliche Nachricht, noch die Periode oder die Abstammung, noch eine Anekdote (نادرة), noch ein schöner oder origineller Vers bekannt ist. Nun denkst Du aber vielleicht — Gott sei Dir gnädig —, dass der Verfasser eines Buches wie dieses einen jeglichen alten und neuen Dichter erwähnen müsse, und dass das seine Pflicht sei; oder Du bildest Dir ein, dass es mit den Dichtern eben so sei, wie mit den Ueberlieferern der Prophetenaussprüche, den Königen und Grossen, deren Menge beschränkt ist, so dass eine bestimmte Zahl für sie genannt werden kann. Aber die durch ihre Gedichte in ihren Stämmen und Geschlechtern im Heidenthum und im Islâm bekannten Dichter sind zu zahlreich, als dass irgend Einer sie (alle) kennen lernen oder ihre ganze Anzahl umfassen könnte, wollte er auch sein ganzes Leben darauf wenden, nach ihnen zu forschen, und all seinen Fleiss aufbieten, über sie Untersuchungen und Nachfragen anzustellen. Ja ich glaube nicht, dass irgend einer von unsern Gelehrten auch nur die Gedichte eines einzigen Stammes vollständig kennt, so dass er von diesem jeden Dichter ohne Ausnahme nennen und jedes Lied vortragen könnte.

Mir berichtete Sahl b. Muḥammed nach Al'aṣma'î, dass Kirdîn (?) b. Misma' Folgendes erzählt habe: Es kamen einst einige junge Leute noch spät nach Sonnenuntergang zu Abû Ḍamḍam. Da sagte er: »Was bringt Euch hierher, Ihr Elenden?« Als sie sagten, sie wären gekommen, um sich mit ihm zu unterhalten, sprach er: »Nein, Ihr lügt: Ihr meintet, der Alte sei hoch betagt und erliege den Jahren, so dass Ihr vielleicht eine Schwäche an ihm finden würdet«. Da trug er ihnen (um zu zeigen, dass er noch bei vollem Verstande wäre) Gedichte von 100 Dichtern vor, die alle 'Amr[1] hiessen. Al'aṣma'î sagt, er habe mit Chalaf Al'aḥmar nachgezählt, und es nur auf 30 gebracht. — So viele (Gedichte) hatte Abû Ḍamḍam im Gedächtniss, der doch noch gar nicht der grösste aller Litteraturkenner war; und dabei ist anzunehmen, dass es noch mehr Dichter dieses Namens gegeben hat, die er nicht kannte, als die er kannte. Nun rechne man dazu die *den* Araberstämmen angehörigen Dichter, deren Gedichte völlig untergegangen und von keinem Gelehrten und Ueberlieferer auf uns gebracht sind. Abû Ḥâtim (Assijistânî) berichtete mir, nach Al'aṣma'î, dass unter den Banû Sa'd 3 Brüder, Namens Nu*d*air, Munai*d*ir und Mun*d*ir waren, die nie in die Städte gekommen und deren jambische Gedichte völlig verloren gegangen sind. Man behauptet übrigens, dass die Qaṣîda Ru'ba's, welche anfängt وقاتمُ الاعماق (?) eigentlich von Nu*d*air ist.

Ferner berücksichtige ich in diesem Buche nicht die, welche in anderen Dingen ausgezeichneter sind, als in der Dichtung. Ich sehe freilich, dass ein Anderer ein in unser Fach einschlagendes Buch verfasst hat, worin er unter den Dichtern Leute aufzählt, die als Dichter gar nicht bekannt sind und nur ein paar Verse gemacht haben, wie den Qâḍî Ibn Śubruma (um 150) und den Traditionisten Sulaimân b. Qatta[2]. Wollten wir wirklich solche Leute als Dichter nennen, so müssten wir die meisten Menschen aufführen; denn es ist wohl selten, dass Einer nur ein wenig von der Bildung berührt oder von der Natur begabt wäre und nicht einmal einige Verse gemacht hätte[3]. Dann müssten wir nothwendig auch die Genos-

1) 'Amr und Zaid sind die gewöhnlichsten Namen bei den alten Arabern. Nur zwei Dichter dieses Namens, 'Amr b. Kulṯûm und 'Amr b. Ma'dîkarib, sind sehr berühmt.

2) Vrgl. Ma'ârif 245.

3) Tout comme chez nous!

sen des gesegneten Gottgesandten und viele von den Trägern der Wissenschaft, von den Chalifen und Grossen erwähnen und sie unter die Klassen der Dichter stellen.

Bei der Erwähnung der Gedichte jedes einzelnen ausgezeichneten Dichters habe ich mich nicht an die Weise derer gehalten, welche bloss nachsprechen und bewundern, weil Andere bewundert haben. Auch habe ich keinen alten Dichter mit Hochachtung angesehen, bloss weil er alt ist, und keinen neueren mit Geringschätzung, bloss weil er neu ist, sondern habe mit Unparteilichkeit beide Theile angesehen und jedem gegeben, was ihm gebührt, und ihm seinen Werth zuerkannt. Freilich sehe ich, dass einige von unsern Gelehrten ein werthloses Gedicht bloss seines Alters wegen für gut erklären und es unter die auserwählten stellen und dagegen ein vorzügliches Gedicht verächtlich behandeln, obgleich sie keinen Fehler daran wissen, als dass es in ihrer Zeit gemacht ist und sie den Dichter selbst gesehen haben. Aber Gott hat Dichtung, Wissenschaft und Beredtsamkeit (البلاغة) nicht auf einen einzelnen Zeitraum beschränkt, noch einzelne Menschenklassen (قوم) damit allein bevorzugt, sondern hat sie unter seine Knechte allzumal vertheilt, und hat jeden Alten in seiner Zeit neu und jeden Grossen (شريف) bei seinem ersten Auftreten einen Neuling (خارجى) sein lassen. So wurden früher auch Ǵarîr, Alfarazdaq und Al'achṭal zu den neuen Dichtern gezählt, und Abû ʿAmr b. Alʿalâ' sprach öfter: »diese neueren Gedichte sind wahrlich zahlreich und schön, so dass ich daran gedacht habe, mich mit ihrer Ueberlieferung zu befassen«. Dann sind sie bei uns durch die Entfernung der Zeit zu alten geworden, und so wird es nach uns ihren Nachfolgern gehn, wie dem Alchuzaimî, Alʿattâbî, Alḥasan b. Hâni'[1]). Darum haben wir es bei allen (Dichtern) bemerkt, wenn sie sich

1) Gewöhnlich Abû Nuwâs genannt. Alle 3 Dichter blühten unter Hârûn Arras'îd.

durch Gedichte oder Thaten ausgezeichnet haben, und sie dafür gelobt; und bei der Beurtheilung hat die Neuheit des Dichters oder sein jugendliches Alter (حداثة سنّه) ihm nicht geschadet, wie andererseits das schlechte Gedicht, wenn es von einem Alten oder Grossen zu uns kommt, durch die hohe Stellung und das Alter des Dichters in unseren Augen nicht erhöht wird.

Von Rechts wegen hätte ich in diesem Buche von Allem, was folgt, Bericht geben müssen: Von dem hohen Werth der Dichtung, von Dichtern, welche durch ihre Loblieder (die Betreffenden) erhoben und durch Spottlieder erniedrigten, von folgenden Dingen, welche die Araber in die Gedichte eingelegt haben: anregenden Geschichten, berechtigten Ansprüchen auf Ruhm, Weisheitssprüchen, welche den Sätzen der Philosophen gleich kommen, genauer Kunde über die Rosse, über die Sterne, ihre Arten und über ihre Benutzung als Leiter beim Reisen, über die Winde, welche Gutes verkünden und welche drohen, über die Blitze, welche täuschen[1]) und welche Regen bringen, über die Wolken, welche leer und welche voll Regen sind; ferner hätte ich berichten müssen von Gedichten, welche den Geizigen zur Freigebigkeit, den niedrig Denkenden zum Hochsinn und den Feigen zum Kämpfen anregen. Aber ich glaube, dass das, was ich darüber in meinem »Buch der Araber«[2]) gesagt habe, reichlich genügt, und ich habe durch Wiederholung nicht weitläufig werden wollen. Wer daher diese Sachen kennen lernen will, um daran die Süsse und Bitterkeit, den grossen Nutzen und Schaden der Dichtkunst zu begreifen, der sehe in jenem Buche nach, so Gott der Höchste will.

---

1) Welche die Erwartung, dass das Gewitter Regen bringen werde, täuschen.

2) Von diesem Buche ist mir Nichts bekannt. Auch in Flügel's „grammatischen Schulen“ wird kein solches Werk von Ibn Qutaiba erwähnt.

Vier Rangstufen der Gedichte.

Ich habe die Gedichte [1]) gründlich angesehen und gefunden, dass sie in vier Arten zerfallen. *Die erste Art* bilden die, bei denen sowohl die Ausdrücke wie die Gedanken schön sind z. B. wenn Einer sagt:

„In seiner Hand ist ein Rohr, dessen Geruch würzig geworden durch die (es haltende) Hand eines schönen Mannes mit stolz sich erhebender Nase.

„Der aus Bescheidenheit niedersieht, während die Andern aus Ehrfurcht vor ihm niedersehen und ihn nicht anzureden wagen, ausser wenn er lächelt".

Niemand hat je schöner die Ehrfurcht (الهيبة) geschildert. Oder wie Aus b. Ḥajar sagt:

„O Seele, zeige Dich fest im Kummer [2]), denn was Du fürchtest, das ist schon eingetroffen!"

Niemand hat je ein Trauerlied schöner angefangen. Oder wie Abû *D*u'aib sagt:

„Und die Seele ist begierig, wenn Du sie begierig machst; wird sie aber auf Weniger eingeschränkt, so begnügt sie sich auch".

Nach Arriyâšî erklärte Al'aṣma'î diesen Vers für den ausgezeichnetsten, den die Araber gemacht hätten. Oder wie Ḥumaid b. *T*aur sagt:

„Ich sehe, dass mein Blick mich, nachdem ich früher gesund war, täuscht: genug Krankheit ist es doch schon, gesund und wohl zu sein!"

Niemand hat je schöner über das Greisenalter gesprochen. Oder wie Annâbiga sagt:

---

1) Man muss hier unter „Gedicht" kein abgeschlossenes ganzes Lied verstehen, sondern es bedeutet vorwiegend eine einzelne Stelle, ja es braucht nur ein Vers zu sein.

2) Die Feinheit von أَجْمِلى جزعًا lässt sich im Deutschen nicht gut wiedergeben. اجمل wird nämlich nicht mit Wörtern der Trauer, sondern der Fassung (vgl. صبر جميل Sur. 12, 83; Lâmîyat al'arab v. 34 und 35) verbunden; hier aber sagt der Dichter, dass der Kummer jetzt so berechtigt sei, wie sonst die so hoch gerühmte Fassung.

„Ueberlass mich, o Umaima, einem quälenden Kummer und einer Nacht, die ich zu ertragen habe, mit langsamem Sternenlauf [1])“.

Kein alter Dichter hat je ein Gedicht schöner und origineller (اغرب) angefangen. Dergleichen Stellen giebt es in den Gedichten viele, aber es ist unnöthig, hierüber weitläufig zu reden; Du wirst das (unten) bei den Nachrichten über die (einzelnen) Dichter finden.

Die *zweite Art* besteht aus den Gedichten, deren Ausdrucksweise schön und gefällig ist, hinter denen Du aber, wenn Du genauer zusiehst, nichts Besonderes findest, (لم تجد هناك طائلا). Hierher gehören z. B. die Worte des Dichters:

„Und als wir alles Nöthige in Minâ verrichtet und, wer wollte, die Ecken der Kaʿba berührt hatte,

„Und unsere Sättel auf den abgemagerten Mahrischen (Kameelen) befestigt waren, und der, welcher Morgens ging, den nicht mehr sah, der Abends ging:

„Da erfassten wir die Enden der Gespräche unter uns, und es erhoben sich über die Thäler (von Mekka) die Hälse der Lastthiere“.

Diese Worte sind sehr schön in den Anfängen, Ausgängen und Abschnitten (مطالع ومخارج ومقاطع); wenn man aber nachsieht, was darunter steckt (ما تحتها), so findet man (die prosaische Erzählung): „Als wir die Tage in Minâ hingebracht und die Ecken der Kaʿba gegrüsst und unsere mageren Kameele bestiegen hatten, und die Menschen fort eilten, ohne dass, wer Morgens reiste, auf den am Abend Reisenden wartete, da fingen wir an, uns zu unterhalten, und die Kameele zogen im Thale von Mekka einher“. Dergleichen Stellen sind in Gedichten häufig; dahin gehört z. B. die Stelle von Jarîr:

---

1) Die Nacht will gar kein Ende nehmen, da man nicht sieht, dass die Bewegungen der Sterne, welche in der Nacht noch vollendet sein müssen, merklich vorrücken.

„Ja die, welche Deinen Verstand raubten, haben Dir im Auge Wassertropfen gelassen, die immer feucht darin bleiben.

„Sie hielten ihre Thränen ein und sagten mir: „Was ist Dir von Liebe begegnet und uns?"

oder von demselben:

„Wahrlich die Augen, in deren Blick eine Krankheit (ein schmachtender Ausdruck) liegt, haben uns getödtet und dann unsere Todten nicht wieder in's Leben gerufen.

„Sie werfen den Verständigen nieder, so dass keine Bewegung mehr in ihm ist, während sie doch von allen Geschöpfen Gottes die schwächsten sind"[1]).

Bei der *dritten Art* ist der Gedanke gut, aber der Ausdruck demselben nicht gewachsen, wie z. B. bei Labîd:

„Nicht hat der Mann einen Tadler, wie sich selbst; aber den Mann bessert auch der gute Genosse".

Darin ist freilich ein schöner Sinn, aber wenig Redeglanz; ebenso in den Worten Annâbiga's zu Annuʿman:

„Krumme Brunnenhaken an festen Stricken, gezogen von Händen, die nach Dir hin reissen".

Ich sehe nämlich, dass unsere Gelehrten den Gedanken schön finden, während ich nicht finde, dass die Worte denselben klar ausdrücken, da er sagen will: „Du gleichst in Deiner Macht über mich krummen Haken, und ich gleiche dem Eimer, der an diesen Haken emporgezogen wird". Ich freilich kann auch den Sinn nicht schön finden (und kann den Vers also eigentlich nicht einmal in dieser Klasse lassen). Oder, wie Alfarazdaq sagt:

„Und die Grauhaarigkeit dringt in die Jugend (das schwarze Haar) ein, wie an beiden Seiten der Nacht der Tag aufdämmert".

Die *vierte Art* endlich besteht aus den Stücken,

---

1) Siehe Attibrîzî zur Ḥamâsa 436.

deren Gedanken und Ausdrücke zugleich schwach sind, wie z. B. bei Al'aʿšâ:

„Und ihr Mund ist wie eine Kamille, welche beständiger Regen genährt hat

„(Duftend), als wäre Wein mit kühlem Bienenhonig gemischt"

und bei demselben:

„Ja Einkehren und Aufbrechen! und ja, das Reisen, wenn sie fortgehn, hält lange auf.

„O zeichne Gott aus durch Treue und Lob, und wende den Tadel an den Menschen.

„Und die Erde trägt, was Gott ihr auflegt, und weist Nichts ab, was er thut".

„Einen Tag (in der feuchten Zeit) siehst Du sie (bunt) gleich gestreiften Oberkleidern, am andern (in der dürren Zeit, braun) wie Leder oder eine Sohle".

Dies Lied ist untergeschoben; ich kenne daraus keine ansprechende Stelle, als den Vers:

„O Du Bester derer, welche auf Thieren reiten, und der nie einen Becher mit der Hand eines Geizigen trinkt".

Ein Jeder trinkt nach dem Dichter mit seiner eignen Hand; dieser ist nicht geizig, so dass er mit der Hand eines Geizigen tränke. Das ist ein feiner Gedanke. Hierher (zu den im Sinn und Ausdruck schwachen) gehört auch folgende Stelle des Metrikers Alchalîl b. Aḥmed:

„Ja, die Gesellschaft (?) hat sich gespalten[1]: drum flieg mit Deiner Krankheit fort oder fall nieder;

„Wäre nicht die Nähe von vier Schönen mit grossen, schwarzen Augen.

„Umm albanîn, Asmâ', Arrabâb und Bauzaʿ,

„So sagte ich dem Herzen: geh fort, wenn es Dir einfällt, oder lass es".

In diesem Gedichte ist das Gezwungene (التكلّف) klar

1) Oder kann تصدّع hier „sich entfernen" sein? Dann wäre الخليط wie in der folgenden Stelle zu übersetzen.

und der Bau des Ganzen (الصنعة) ist schlecht. So sind alle Gedichte der Gelehrten; in ihnen zeigt sich nirgends ein leichter Fluss der Rede. Man vergleiche z. B. die Gedichte von Al'aṣma'î, Ibn Almuqaffa' und Alchalîl. Ausgenommen ist nur Chalaf Al'aḥmar, denn der hatte von ihnen die beste natürliche Anlage und die meiste Uebung im Dichten. Wäre nun in der eben angeführten Stelle auch weiter Nichts, (zu tadeln), als (die Namen) Umm albanîn und Bauza', so wäre das schon (schlimm) genug. So trug einst Jarîr einem der Umaiyadischen Chalifen seine Qaṣîda vor, deren Anfang ist:

„Der Genosse schied in Râmatân und sagte Lebewohl".
(بانَ الخليطُ برامتَيْن فودَّعا)".

Der Chalif hörte aufmerksam zu und gerieth bei ihr aus Bewunderung in Bewegung, bis er an die Stelle kam:

„Und Bauza' sagt: „Du schleichst ja schon am Stabe".
Warum hast Du nicht Andere als uns verspottet, o Bauza'?"

Da hörte er auf und sprach: „Durch diesen Namen hast Du Dein ganzes Gedicht verdorben" [1]). Denn dem Schönen schadet oft die Hässlichkeit seines Namens; es vermehrt die Verachtung, die Jemanden trifft, sein unangenehmer Name und verursacht der böse Sinn eines Bei- oder Hausnamens, dass der Träger desselben nicht als Zeuge zugelassen wird. So traten einst zwei Männer vor Śuraiḥ († 79 oder 80) (damit er einen Rechtsstreit zwischen ihnen entschiede); da sprach der eine: „Rufe den Abû Kuwaifir (Vater des kleinen Ungläubigen), dass er Zeugniss ablege"; aber Śuraiḥ liess ihn nicht zu und

1) Warum gerade der Name Bauza' so unangenehm ist, weiss ich nicht zu sagen. Aber der Umstand selbst, dass, wo sich die höheren Volksklassen durch grösseren Luxus von den unteren absondern, gewisse Namen als weniger fein gelten, hat gar nichts Auffallendes. Den Namen Umm albanîn habe ich auch sonst wohl in Gedichten gefunden.

fragte ihn nicht, sondern sprach: „Wärst Du ein glaubwürdiger Zeuge, so liessest Du Dir einen solchen Namen nicht gefallen". So fragte auch ʿOmar einmal einen Mann, dessen Hülfe er in irgend einer Sache zu gebrauchen wünschte, nach seinem Namen, und als er sich Ẓâlim b. Sâriq (Frevler, Sohn des Diebes) nannte, sagte er: „Du frevelst und Dein Vater stiehlt!" und gebrauchte ihn nicht. Aehnlich hörte ʿOmar b. ʿAbd-alʿazîz einst, wie ein Mann einen andern „o Vater der beiden ʿOmare" rief; da sagte er: „Wenn er Verstand hätte, so wäre ihm *ein* ʿOmar genug!"

Zu dieser (vierten) Art gehört auch folgender Vers Al'aʿśâ's:

„Wohl bin ich zu der Weinbude gegangen, während mir folgte ein behender, rüstiger, rastloser, ruheloser Koch",

da diese Worte alle dieselbe Bedeutung haben [1]). Hierher gehört auch, was Almuraqqiś sagt:

„Sind die Wohnsitze stumm, zu antworten, wenn ein redender Lebendiger sie anreden würde?

„Die Jugend will keine Unglückfälle leiden, und nicht beneide Deinen Bruder darum, dass er Schiedsrichter genannt wird".

Ich muss mich wundern, wie Al'aṣmaʿî dieses Gedicht zu den besten von ihm rechnen konnte, da es ein Gedicht ohne richtiges Versmaass, ohne Schönheit des Ausdrucks und ohne feine Gedanken ist; ich kenne nichts Rühmenswerthes darin, als den Vers:

„Der Geruch ist (schön wie) Moschus; die Gesichter sind (glänzend wie) Goldstücke; die Fingerspitzen sind (roth wie die Frucht der Pflanze) ʿAnam".

1) Was würde Ibn Qutaiba wohl erst zu den Wortkunststücken der spätern Arabischen, Persischen und Türkischen Dichter gesagt haben? — Einem in solchen Dingen Geübteren gelingt es vielleicht, den Gleichklang in dem Verse vollständiger wiederzugeben, als es mir möglich war.

Auch folgender wird daraus schön gefunden:

„Ueber die Länge des Lebens ist keine Reue statthaft, denn hinter dem Menschen steht, was er weiss (der Tod)“[1]).

Die Menschen pflegten den Vers Al'aʿs'â's zu bewundern: Gelungener Vers und noch gelungenere Nachahmung.

„Wohl hab ich mit Lust einen Becher getrunken und mich mit einem andern von ihm (von den bösen Folgen desselben) geheilt“;

bis dass Abû Nuwâs sprach:

„Lass ab mich zu tadeln, denn der Tadel reizt gerade (noch mehr zum Trinken) an, und heile mich mit dem (Wein), welcher selbst die Krankheit (die Ursache derselben) war“.

Dieser fügte also noch einen Gedanken hinzu, durch den in dem Verse Schönheit am Anfang und Ende vereinigt wird; so hat nun Al'aʿs'â den Ruhm, dass er den Gedanken zuerst aussprach, und Abû Nuwâs den, dass er denselben noch verstärkt hat. (Zu diesem Vers gehört folgende Geschichte:) Arras'îd (der Chalif) sagte einst zu Almufaḍḍal: „Nenne mir einen Vers, dessen tiefen Sinn herauszubekommen man den Verstand anspannen muss; dann lass mich mit ihm beschäftigt allein“. Da sprach er: „Kennst Du einen Vers, dessen Anfang einen Beduinen in seinem schlichten Ueberwurf darstellt, der aus seinem Schlaf erwacht, und gleichsam zu den Leuten der Karawane kommt, auf deren Augen der Schlummer liegt, und sie dann mit der Rauhheit des Wüstenlebens und der Rücksichtslosigkeit des Kameeltreibens (بعنجهية البدو وتعجرف الشدو) aufweckt, und dessen Ende einen zarten Medînenser zeigt, der mit dem Wasser des ʿAqîq genährt ist?“ Als er „nein“ antwortete, sagte jener: „Das ist folgender Vers Jamîl's:

1) Dies ist, nach dem Binnenreim zu schliessen, der erste Vers des Gedichtes.

„O Ihr schlummernden Karawanenleute! auf erwacht!“ (الا ايّها الرَّكْبُ النيامُ ألا هُبّوا)

Dann ergreift ihn die Weichheit der Liebe und er spricht:

„Ich frage Euch, ob den Mann die Liebe tödtet“. (أُسائلكم هَل يَقْتُلُ الرَّجُلَ الحُبُّ)

Dann sagte er (Almufaḍḍal) ihm (Arras'îd): „Kennst Du einen Vers, dessen erste Hälfte den Ak*t*am b. Ṣaifî[1]) in der Tiefe seines Verstandes und der Trefflichkeit seines Rathes und dessen zweite den Hippokrates in seiner Kenntniss der Krankheit und des Heilmittels darstellt?“ Da sprach er: „Du hast mich bange gemacht: wenn ich doch wüsste, für welchen Preis man sich der hinter diesem Vorhang verborgenen Braut nahen darf“ (هوّلتَ عليّ فليت شعرى باىّ مهر تُفْتَرع عروس هذا الخدر). Er antwortete. „Dafür, dass Du gerecht bist und schweigst (بانصافك وانصاتك); es ist der Vers von Alḥasan b. Hâni'[2]):

„Lass ab mich zu tadeln, denn der Tadel reizt gerade an, und heile mich mit dem, welcher selbst die Krankheit war“.

Inhalt und einzelne Theile der Qaṣîda.

Wie ich von einem Gelehrten gehört habe, begann der Verfasser von Qaṣîden (مقصّد القصيد) sie mit der Erwähnung der (verlassenen) Wohnörter, der (vergangenen) Zeit und der Spuren (früherer Bewohner), klagte dann, weinte und redete die Häuser an, bat den Genossen still zu stehn, um darin Veranlassung zu finden, über die von dort weggewanderten Bewohner zu sprechen, da die Zeltbewohner sich im Ansiedeln und Fortwandern von den Bewohnern fester Plätze unterschieden, indem sie den Weiden nachgingen, sich von einem Wasserplatz zum

---

1) Vergl. Wüstenfeld, Register zu den Stammtafeln s. v.; Ma'ârif 153 u. s. w.

2) d. i. Abû Nuwâs.

andern begaben und die Stellen aufsuchten, wo Regen gefallen war; dann knüpfte er (der Dichter) daran den erotischen Theil, beklagte das Liebesleid, den tiefen Schmerz über die Trennung und die Heftigkeit seines Gefühls, um dadurch die Herzen zu gewinnen, die Blicke auf sich zu ziehn und Aufmerksamkeit zu erwecken, da das Liebeslied den Gemüthern nahe geht und die Herzen ergreift, weil Gott seine Knechte nun einmal so erschuf, dass er ihnen die Freude an der Liebe und die Neigung zu den Weibern eingab, so dass nicht leicht Einer zu finden ist, der nicht irgend einen Antheil daran hätte oder irgend wie daran hinge, sei es in erlaubter oder verbotener Weise. Wenn er (der Dichter) nun wusste, dass er sicher war, dass man auf ihn achtete und ihm zuhörte, liess er darauf eine Andeutung dessen folgen, was man ihm schuldig sei; denn er reiste in seinem Gedichte fort, klagte über Müdigkeit, Wachen, Nachtreisen und die Abmagerung seines männlichen oder weiblichen Reitthiers. Nachdem er so wusste, dass er dem, zu welchem er sprach, die Berechtigung seiner Hoffnung und Erwartung von ihm als zwingend dargelegt[1]), und er ihm die ausgestandenen Mühsale der Reise geschildert hatte, fing er das Loblied an, reizte jenen (dadurch) zur Erkenntlichkeit und trieb ihn zur Freigebigkeit an, indem er ihn über alle seines Gleichen erhob und gegen ihn den Werth alles Grossen herabsetzte[2]). Der gute

1) Durch die Mühsale der Reise hat er sich ein Anrecht auf Belohnung von Seiten dessen erworben, dem zu Ehren er diese Mühsale auf sich genommen.

2) Dies ist allerdings der Verlauf unzähliger Qaṣîden; nur muss man sich hüten, zu glauben, dass sie alle genau diesen Gang eingehalten hätten. So ist namentlich in vorislâmischer Zeit der letzte Theil, der den eigentlichen Zweck des Gedichtes zu enthalten pflegt, oft ein ganz anderer, als das Lob eines reichen Gönners, und andererseits fehlt, besonders bei Elegien, oft der erotische Theil ganz. Doch würde es uns zu weit führen, hierüber eingehender zu sprechen.

Dichter ist nun, wer diesen Weg geht und bei diesen Theilen das richtige Maass einhält, indem er weder zu lang wird, um die Hörer zu langweilen, noch zu kurz abbricht und sie durstig nach Mehrerem lässt. So kam einst ein Jambendichter zum Naṣr b. Saiyâr (um 130) nach Churâsân und machte ihm zu Ehre ein jambisches Gedicht, in dem der erotische Theil 100 und der ihn preisende nur 10 Verse enthielt. Da sprach Naṣr: „Bei Gott, Du hast jedes süsse Wort und jeden feinen Gedanken zu Deinem erotischen Theil verwendet und deshalb für mein Lob Nichts übrig gelassen; wenn Du mich loben willst, so sei billiger (فاقتصد)". Nun kam er zu ihm und trug ihm vor:

„Kennst Du das Haus der Umm Alġamr?[1]) Lass das und mache ein schönes Loblied auf Naṣr".

Da sprach aber Naṣr: „Weder so, noch so, sondern zwischen beiden".

Man sprach zum ʿAqîl b. ʿUllafa:[2]) „Warum machst Du Deine Spottlieder nicht länger?"; er antwortete (mit dem Sprichwort): „Dir genügt der Theil des Halsbandes, der um den Hals geht"[3]). Als man dieselbe Frage an den Abû'lmuhauwas' richtete, sagte er: „Ich finde, dass die Sprichwörter nur aus einem einzigen Verse bestehn".

Dem Dichter der spätern Zeit ist es nicht erlaubt, die Weise der Aelteren in Bezug auf diese Theile (der Qaṣîda) zu verlassen, bei einem bewohnten Ort stehn zu bleiben und bei einem gemauerten Gebäude zu weinen, da die Alten bei dem verödeten Ort und den verwischten Spuren stehn blieben; oder auf einem Esel oder Maulthier zu reiten und diese zu schildern, da die Alten auf dem männlichen oder weiblichen Kameel ritten; oder zu süssem, fliessendem Wasser zu kommen, da die Alten zu

1) Hier umfasst das Nasîb also nur einen halben Vers.

2) Vrgl. über ihn Ḥamâsa 445, 646.

3) Freytag, prov. I. pg. 347 (dieselbe Geschichte).

verfaultem, trübem kamen; oder auf der Reise zu dem Gefeierten Länder zu durchwandern, wo Narcissen, Rosen und Myrthen wachsen, da die Alten durch Länder mit Wüstenkräutern (الشِّيح والحَنْوة والعَرارة) wanderten. Chalaf Al'aḥmar erzählte, einst hätte ihm ein alter Mann aus Alkûfa gesagt: „Wunderst Du Dich nicht, dass man dem Dichter erlaubt zu sagen:

„Es (das Land) brachte (die Pflanzen) Qaiṣûm und Jatjât hervor" (انبت [1] قيصوماً وجَثْجاثا),

während man es nicht erlaubte, dass ich sagte:

„Es brachte Pflaumen- und Apfelbäume hervor" (انبت إجّاصًا وتُفّاحا).

So darf man auch nicht beliebig nach Analogie abgeleitete Formen, die sie gebrauchten, ihnen nachbilden. Alchalîl b. Aḥmed erzählt, dass ihm ein alter Mann vorgetragen habe:

„Der Ruhm erhebt sich durch uns und hebt sich" (تَرافعَ [2] العزّ بنا وارتفعا);

als er das entschieden verworfen, habe jener geantwortet: „Warum durfte Al'ajjâj denn sagen:

„Der Ruhm bleibt durch uns zurück und bleibt liegen [3])"
(تقاعَسَ العزّ بنا فاقْعَنْسَسا)

während ich das nicht sagen darf?"

Unterschied der Produkte natürlicher Dichtergabe und mühsamer Arbeit.

Die Dichter zerfallen ferner in die mühsam arbeitenden (المتكلّف) und natürlich begabten (المطبوع). Die mühsam arbeitenden sind die, welche ihre Gedichte durch vieles Feilen (ثقاف) glätten, mit langer Arbeit vervoll-

---

1) Hdschr. قيسوما.

2) Das Anstössige scheint in ترافع zu liegen, welches ungebräuchlich und nur nach Analogie von تقاعس gebildet war.

3) D. h. wohl „er kann nicht schnell weiter kommen, da er an uns zu schwer zu schleppen hat".

kommnen und wiederholte Sorge darauf verwenden, wie z. B. Zuhair und Alḥuṭaia. Al'aṣmaʿî pflegte zu sagen, dass Zuhair, Alḥuṭaia und ihres Gleichen Knechte der Gedichte (عبيد الشعر) seien, da sie dieselben lange bearbeiteten und nicht wie die natürlich Begabten verführen. Alḥuṭai'a sagte nämlich, die besten Gedichte seien die, an welchen ein Jahr lang gebessert und gefeilt sei (الحولى المنقّح المحكك), und Zuhair pflegte die hervorragendsten seiner Qaṣîden „die jährigen" zu nennen (يسمّى كبر قصائده الحوليّات). Suwaid b. Kurâʿ sagt, indem er darüber spricht, wie er an seinen Gedichte arbeitete:

„Ich halte mich Nachts in den Thoren der Reime auf, als wollte ich in ihnen ein Rudel flüchtigen Wildes anlocken.

„Lange habe ich sie im Auge, so dass ich mich erst gegen Morgen oder noch etwas später zur Ruhe niederlege.

„Wenn ich fürchte, dass sie in meinem Namen weiter verbreitet werden möchten, so treibe ich sie hinter die Kehle zurück, aus Angst, dass sie hervorkommen möchten.

„Und die Furcht vor (dem Chalifen ʿO*t*mân,) dem Sohne ʿAffân's zwang mich, sie zurückzuhalten, und ich feilte ein volles Jahr und einen Frühling daran.

„Und wohl hätte ich noch jetzt im Sinn daran zu bessern, aber ich sah keinen Ausweg, als (auf seinen Befehl, die Gedichte vorzutragen,) zu gehorchen und folgsam zu sein" [1]).

ʿAdî b. Arriqâʿ sagte:

„Wohl bin ich lange dabei gewesen, eine Qaṣîda zusam-

---

1) Das Gedicht, aus welchem diese Verse sind, sprach er vor ʿO*t*mân, als er von seinen eignen Stammesgenossen bei diesem angeklagt war. (Vrgl. unser Buch unten f. 130 r).

menzufügen, bis ich ihre Krümmungen und schwachen Stellen [1]) gerade gemacht hatte,
„Wie der Wetzende auf die Knoten seiner Lanze sieht, bis sein Wetzen ihre ungeraden Stellen gerade gemacht hat".

Stimmungen und Umstände, welche den Dichter anregen oder hemmen.

Bei der Dichtung giebt es aber Motive (دواع), welche selbst den Langsamen antreiben und den mühsam Arbeitenden zur Eile aufregen. Dazu gehört das Trinken, die Freude, das Verlangen, der Zorn und die Liebe. Als man Alḥuṭaia fragte, wer der grösste Dichter wäre, steckte er die Zunge aus, indem er sie spitz machte, wie eine Schlangenzunge, und sagte: „diese, wenn sie begehrt". Aḥmed b. Yûsuf bemerkte dem Abû Yaʿqûb, seine Lobgedichte auf Manṣûr b. Ziyâd — nämlich den Schreiber der Barmekiden — wären besser, als seine Trauerlieder auf dessen Tod; da erwiederte er: „Damals dichteten wir in Hoffnung (auf Wohlthaten von ihm), und heute dichten wir aus schuldiger Dankbarkeit (على الوفاء); zwischen beiden (Gefühlen) ist ein grosser Unterschied (in ihrer Kraft, den Dichter anzufeuern)". So verhält es sich nach meiner Ansicht auch mit Alkumait hinsichtlich seiner Lobgedichte auf die Umaiyaden und auf das Haus Abû Ṭâlib's; denn ob er gleich Śîʿit war und sich aus Ueberlegung und Neigung von den Umaiyaden abwandte, so sind seine Gedichte auf Letztere doch besser, als die auf die Ṭâlibiden. Den Grund davon kann ich nur darin sehen, dass die Beweggründe des Verlangens so grosse Kraft haben, und er das vergängliche (Gut) dieser Welt dem ewigen jener vorzog [1]).

Man sagte zu Kuṯaiyir: „Wie machst Du es, o Abû

---

1) سناد ist hier schwerlich der specielle Fehler, der von den Metrikern so genannt wird (Siehe unten).

2) Von den herrschenden Umaiyaden konnte er grössere Belohnungen erwarten, als von den ʿAliden, zu denen er sich aus religiösen Gründen hielt.

Ṣachr, wenn das Dichten Dir schwer wird?" Da sagte er: „Ich wandle durch die verlassenen Wohnungen und die blühenden Auen: dann werden mir die vollkommensten Lieder leicht und strömen mir die schönsten zu". Man sagt auch: „Die flüchtigen Lieder werden durch Nichts so angelockt, wie durch fliessendes Wasser[1]), hohe Erhebungen und üppig grünende, einsame Orte". Als einst ʿAbd-almalik den Arṭâh b. Suhaiya fragte, ob er noch jetzt Gedichte machte, erwiederte er: „Wie sollte ich das wohl, da ich weder trinke, noch froh, noch zornig bin[2]). Die Dichtung aber kommt nur durch eines von diesen dreien". Als As'sʿanfarâ gefangen genommen war, verlangte man von ihm, er sollte Gedichte vortragen; aber er erwiederte, das Vortragen geschähe nur im Zustande der Freude; dann sprach er:

„Begrabt mich nicht; wahrlich mich zu begraben ist Euch unerlaubt; aber verbirg Dich, o Umm ʿÂmir (Hyäne),

„Wenn sie meinen Kopf forttragen, in dem doch das Meiste von mir steckt, und mein übriger Körper dort auf dem Schlachtfelde liegen bleibt.

„Dort hoffe ich auf kein Leben mehr, das mich erfreuen könnte beim nächtlichen Gespräch, wenn ich wegen meiner Frevelthaten ausgeliefert bin"[3]).

Es giebt für das Dichten Zeiten, wo (dem Dichter) das Nahe fern liegt und das Leichte schwer wird. Ebenso ist es ja auch mit prosaischen Aufsätzen bei

1) Man kann sich das Entzücken des Morgenländers über reichliches, namentlich fliessendes, Wasser gar nicht gross genug denken. Wasser ist das Einzige, was der braunen Wüste fehlt, um sofort in eine grüne Au verwandelt zu werden.

2) Dieselbe Geschichte unten s. v. (f. 109 r).

3) Die Annahme, dass diese Verse von As'sʿanfarâ in der Gefangenschaft gemacht seien, ist gewiss unrichtig, obgleich sie sich ebenso Ḥamâsa 244 findet. Zu den Einzelheiten vrgl. den Kommentar ebend. 242 f.

Sendschreiben, Maqâmen[1]) und (rhethorisch stilisierten) Antworten (جوابات). Dafür kennt man keine Ursache, als dass der Natur (الغريزة) durch schlechte Nahrung (سوء غذاء) oder einen sie treffenden Kummer etwas Uebles widerfahren ist. So sprach Alfarazdaq zuweilen: „Ich bin nach dem Urtheile der Tamîmiten selbst der beste Dichter von ihnen; aber zuweilen kommt eine Stunde über mich, wo ich mir leichter einen Zahn ausreissen, als einen Vers machen könnte". Es giebt aber für das Dichten auch Zeiten, in denen (dem Dichter) das Langsame zueilt und das Widerspenstige sich fügt. Dazu gehört der Anfang der Nacht, ehe die Müdigkeit ihn überfällt, ferner der Anbruch des Tages vor dem Frühstück, der Tag, wo er Heilmittel genossen (يوم شرب الدواء), und die Einsamkeit im Zimmer (الخلوة في المجلس) und auf der Reise. Aus diesen Gründen sind die Gedichte eines und desselben Dichters verschieden, ebenso wie die Sendschreiben des (elegant schreibenden) Sekretärs. So sagte man über die Gedichte des Annâbiga Alja'dî: „Er ist ein (völlig verhüllender) Frauenschleier in einem (einzelnen) gelungenen Stück, aber nur ein Mäntelchen mit einem Doppelbesatz in tausend (anderen)" (خمار بواف ومُطْرَفٌ بآلاف)[2]). Ich meine aber, dass es sich mit den andern Dichtern in dieser Hinsicht eben so verhält, wie mit Alja'dî, und glaube nicht, dass irgend einer der Kunstverständigen und Einsichtsvollen, der die Sachen mit unparteiischem Auge ansieht und den Weg des blossen Nachsprechens vermeidet, einen von den alten Dichtern, von denen viele Gedichte übrig sind, einem andern aus einem andern Grunde vorziehen kann,

1) Ich habe das Arabische Wort beibehalten, um eine lange Umschreibung zu vermeiden, und bemerke nur, dass man Maqâma nicht in dem beschränkten Sinne nehmen darf, als bezeichnete es bloss solche Stücke, wie die Maqâmen Alḥarîrî's.

2) Ich will die Richtigkeit dieser Uebersetzung durchaus nicht verbürgen.

als weil er sieht, dass sich in den Gedichten jenes mehr schöne Stellen finden, als in denen dieses. Gott lohne dem, der den (treffenden) Ausspruch that: „Der beste Dichter ist der, mit dessen Gedichten Du an allen Stellen bis zum Ende zufrieden bist". Als Alʿutbî († 228) dem Marwân b. Abî Ḥafṣa († 180)[1] einst Etwas von Zuhair vortrug, erklärte er diesen für den grössten aller Dichter; darauf trug er ihm Etwas von Al'aʿśâ vor, und er sprach: „nein, dies ist der grösste Dichter;" als er ihm aber Etwas von Amra-alqais vortrug, da war es, als hörte er Gesang zum Zechgelage, und er sprach: „Amra-alqais ist bei Gott! der grösste aller Dichter!"

Nothwendigkeit, Gedichte durch mündlichen Vortrag zu lernen.

Bei jeder Wissenschaft ist es nöthig, dass man selbst zuhöre, am meisten aber ist das nöthig bei der Theologie (علم الدين) und darauf bei der Poesie[2]). Dies kommt von den fremdartigen Eigennamen, den verschiedenen Wortformen, den unbekannten Ausdrücken (الكلام الوحشى), den Namen der Bäume, Pflanzen, Orte und Wasserplätze, die sich darin finden. Denn Du kannst z. B. in den Liedern der Hudailiten nicht die beiden Orte Śâba und Sâya unterscheiden, wenn Du es nicht gelernt hast[3]). Ebenso kannst Du Dich bei Namen wie Ḥazm Nubâiʿ[4]), ʿArwânalkarât, Śisâ-ʿAbqar, Löwe von Ḥalya[5]), Löwe von Tarj, Dufâq und Tadâruʿ nicht auf Deinen Verstand verlassen, da so Etwas nicht durch Klugheit und Scharfsinn erkannt werden kann, wie es etwa bei der Ableitung fremdartiger Wörter möglich ist. Man las dem Al'aṣmaʿî einst in einem Gedichte des ʿAbû Duaib vor:

1) Beide waren Dichter.

2) Das wissen wir, die wir die alten Gedichte bloss aus Handschriften nehmen können, leider nur zu gut!

3) Da sie in der Schrift gewöhnlich gleich aussehen, nämlich ساىه oder سَاىَه.

4) Siehe z. B. Dîwân der Hudailiten Gedicht 106 Einleitung.

5) Siehe z. B. ebend. 65,7 (= 128,7) und andere Stellen.

„Am untern Ende von Wâdî-ddair wurde ihr Füllen allein gelassen“ (باسفل وادى الدير أُفْرِدَ جحشها)[1].

Da sagte ein Beduine, welcher der Sitzung beiwohnte: „Du bist völlig im Irrthum, o Vorleser: es heist *D*ât-addabr; das ist nämlich ein Pass (ثَنِيّة) bei uns“. Da nahm Al'asmaʿî fortan diese Aussprache an. Wer ferner die Lieder des Almuʿa*dd*al b. ʿAbd-allâh bloss aus einem Buche nimmt, der wird in dem Verse, wo er sein Pferd beschreibt:

„Ein eilendes, gallopierendes, so das es ist, als ob der es reitende Bursche einen langgestreckten glatten (Wolf) am Zügel lenkte“

(من السُّحِّ جَوَّالًا كأنَّ غُلامَهُ[2] يُصَرِّفُ سمدًا فى العنانِ عَمَرَّدَا)

gewiss lesen سِيدًا d. h. einen Wolf. Aber Abû ʿUbaida sagt: „Viele lesen dies Wort falsch, indem sie aussprechen سيدًا d. h. einen Wolf; wie ja die Dichter wohl das Pferd mit dem Wolfe vergleichen; aber die mündlich überlieferte Lesart ist allein سَبْدًا mit einem ب“. Man sagt nämlich: „Jemand ist ein سِبْدُ أَسْبادٍ“ d. h. „ein ganz schlimmer Kerl“[3]. Ebenso lesen in dem Verse

„Dein Gatte, o Du mit den blanken und wohlgereihten Vorderzähnen und der freien Stirn“

---

1) Von Albakrî, welcher in der Vorrede zu seinem geographischen Wörterbuch diese Anekdote auch erzählt, wird der Vers ergänzt durch die zweite Hälfte

فقد وَلِهت يومَيْن فهى خلوج

„Sie aber hat zwei Tage gejammert und dann vor Kummer ihre Milch vermindert“.

2) Hdschr. غلامة يصرّق.

3) Aber offenbar bedeutet hier سِبْد „glatt“ auch den Wolf, wie أَطْلَس, und die anderen Bedeutungen sind erst von dieser abgeleitet. Die Redensart im Text wäre wohl zu übersetzen: „Jemand ist ein wahrer Wolf“.

(زَوْجِكِ يا ذاتَ الثنايا الغُرِّ والرَّبَلاتِ والجبينِ الحُرِّ)
die Textverderber, welche bloss Bücher benutzen, الرَّبَلات d. h. „den Enden (اصول) der Hüften“, wie man sagt: „Jemand ist عظيم الرَّبَلات“ d. h. „er hat grosse Hüften“, aber es heisst hier الرَّتلات; man sagt von der Lippe, sie sei رَتِل, wenn die Zähne hinter ihnen auseinanderstehn (اذا كان مفلّجًا).

Gründe, warum einige Verse berühmt sind, ohne besonders schön zu sein.

Nicht bei jedem Liede, das ausgewählt und aufbewahrt wird, geschieht dies wegen der Trefflichkeit der Worte und Gedanken, sondern bisweilen auch aus andern Gründen. Dahin gehört ein gelungener Vergleich, wie z. B. ein Dichter vom Monde sagt:

„Sie (die Kameele) brachen mit uns auf, als der Sohn der Nächte (der Mond) einem blanken Schwerte glich, welches die Schmiede geputzt hatten.

„Und so hörte ich nicht auf, täglich seine Jugendkraft abzunutzen, bis er, als die weissen Kameele bei Dir ankamen, ganz winzig geworden war“ [1]).

Oder wie ein Anderer von einem Singenden sagt:

„Es ist, als ob Abû'ssamî, wenn er in ʿAin Šams singt, einem Niesenden nachahmt.

„Bald kaut er seinen Bart, und bald ist's, als ob er mit einem Backenzahn hineinhiebe“.

Oder wie ein Anderer sagt:

„O Tamlik, o Tamlik, komm zu mir und lass ab mich zu tadeln.

„Lass mich mit meinen Waffen allein, dann stecke Du die Hand an die Spindel.

„(Lass mich) mit meinem Pfeil, dessen (breiter) Rücken den Schienbeinen grauer Qaṭâ-Vögel gleicht.

---

1) D. h. ich reiste vom Vollmond bis gegen den Neumond. Das tertium comparationis bei Ersterem ist nur der Glanz, nicht die Gestalt.

„Von mir ist ein Blick nach hinten und einer nach vorn gerichtet.
„Und meine beiden Kleider sind neu, und ich ziehe die Schuhriemen nur lose an.
„Und wenn Du (überhaupt) bist, o Tamlik, so sei edel wie ich“ [1]).

Dies Gedicht gehört zu den von Al'aṣma'î wegen der Leichtigkeit des Reims (بخفّة رويّه) ausgewählten. Hierher gehört auch die Stelle:

„Wenn ich auch wegen meiner Liebe zu Dir (wie) ein betäubter (Vogel) von (dem fernen) China freigelassen würde,
„So wäre ich doch schon bei Tagesanbruch oder, wenn Du das (Morgen-) Gebet hältst, bei Dir.“

Man sagt, المبهوت (der betäubte) sei der Vogel, welcher, noch ehe er sich (in's Netz) verwickelt, freigelassen wird.

Andere Gedichte werden deshalb ausgewählt und aufbewahrt, weil der Dichter kein anderes gemacht, so dass seine Gedichte selten sind. Dahin gehören z. B. die Worte des 'Abd-allâh b. Ubai b. Salûl des Zweiflers:

„Wenn Dein Verwandter Dein Feind wird, so wirst Du unaufhörlich erniedrigt und überwinden Dich die, mit denen Du ringst.
„Schwingt sich denn der Falk anders empor, als mit seinen Flügeln [2])? Werden ihm einmal die Federn beschnitten, so muss er fallen“.

Zuweilen wird ein Gedichtstück auch ausgewählt und aufbewahrt, weil es einen originellen Gedanken enthält, wie z. B. die Worte eines Dichters über ein Gebäude:

---

1) Ich muss gestehen, dass ich den Zusammenhang der einzelnen Verse nicht recht verstehe, so leicht die wörtliche Uebersetzung ist. Die gelungene Vergleichung ist wohl in v. 3 zu suchen.

2) So waren dem Dichter früher seine Geschlechtsgenossen das Werkzeug, sich hoch zu erheben; diese sind (durch Uebertritt zu Muḥammed) von ihm abgefallen: seine Flügel sind ihm beschnitten.

„Der Mann ist kein Mann, von dem keine Erleuchtung ausgeht und der keine Spuren auf Erden hinterlässt[1])".

Oder wie die Worte eines Anderen über einen Magier (Feueranbeter):

„Ich bezeuge Dir, dass Dein Mark rein ist, und dass Du ein Meer von Freigebigkeit und Milde bist,

„Und dass Du der Fürst der Höllenbewohner bist, wenn Du (als Ungläubiger) mit den Frevlern hineinstürzest,

„Als Genosse von Haman in ihrem Schlunde und von Pharao und dem, der nach Alhakam benannt ward[2])".

Bisweilen wird ein solches Stück auch aufbewahrt und ausgewählt wegen der hohen Stellung des Dichters, wie die Worte des (Chalifen) Alma'mûn:

„Ich sandte Dich aus Liebe (als Liebesboten) aus; da erlangtest Du einen Blick (nach ihr) und vernachlässigtest mich, bis ich endlich böse Gedanken über Dich fasste.

„Und Du sprachest heimlich mit meiner Geliebten und wurdest ihr Vertrauter; o wehe doch meiner Seele: wie wenig bedarf sie Deiner Nähe!

„Und Du richtetest den Blick wiederholt auf die Schönheiten ihres Gesichtes und weidetest Dein Ohr an ihrer Stimme Klang.

„Ich sehe eine Spur von ihr in Deinem Auge, die früher nicht darin war: wahrlich Deine Augen haben von ihrem Auge Schönheit gestohlen".

Oder wie die Worte des ʿAbd-allâh b. Ṭâhir:

„Ich wende mich bei der Schutzpflicht (im Nothfall selbst) gegen meinen Vetter und nehme dem leiblichen Bruder, um dem Freunde zu geben.

„Und wenn Du mich als mächtigen König findest, so triffst Du in mir doch den Knecht des Freundes.

---

1) Diese آثار sind hier das betreffende Gebäude.

2) *Abû'lḥakam* ʿAmr b. His'âm, genannt Abû Jahl, Muḥammed's ärgster Feind.

„Ich nehme die Wohlthaten, die ich erzeige, mir weg und verbinde mein Vermögen mit den mir obliegenden Pflichten“.

Dies Lied ist edel durch seinen Verfasser und durch sich selbst.

Fehler des mühsam arbeitenden Dichters

Das mühsam Gearbeitete, wenn es auch schön und nach den Regeln gedichtet ist, kann den Kennern doch nicht verborgen bleiben, da sie deutlich bemerken, wie langes Nachdenken, wie saure Mühe und welchen Schweiss der Stirn es dem Dichter gekostet hat, wie viel Licenzen er anwendet, wie er fortlässt, was der Sinn nothwendig verlangt, und hinzufügt, was für den Sinn überflüssig ist. Hierher gehören z. B. Alfarazdaq's Worte über ʿOmar b. Hubaira:

„Hast Du (o Chalif) das ʿIrâq und seine beiden segensreichen (Ströme) einem Fazâriten mit leichter Hand des Hemdes anvertraut“
(أَوَلَّيتَ العِراقَ ورافِدَيْهِ فَزارِيًّا أَحَذَّ يَدِ القَمِيصِ).

Er wollte sagen, dass er als Betrüger eine leichte (unzuverlässige) Hand hätte (انّه خفيف اليد بالخيانة), und da trieb ihn der Reim dazu, das Hemd hinzuzufügen. „Die segensreichen“ sind der Euphrat und Tigris. Ferner der Vers eines Anderen:

„Von denen, jenen, denjenigen Weibern, welche behaupteten, dass mein Alter hoch sei“.

Und der Vers Alfarazdaq's:

„Und die Unbill einer (bösen) Zeit, o Sohn Marwâns, liess (mir) keinen Besitz als werthlosen oder vernichteter;“
(وَعَضُّ زمانٍ يا ابنَ مَرْوانَ لم يَدَعْ من المال الّا مُسْحَتًا[2] او مُجَلَّفُ)

1) Siehe Ḥamâsa 192 unten Ṣiḥâḥ s. v. رفد.

2) Hdschr. مُسْجَتًا. Aber mit ح in den Scholien zu den Mufaḍḍalîyât (cod. Wetzstein 66 fol. 423), wo dieser Vers von لم يدع an citiert wird mit der Erklärung وهو مجلّف. Im cod. Lugd. 564

wo er am Ende des Verses aus Zwang (des Reimes) den Nominativ gebrauchte und den Grammatikern viele Mühe machte, den verborgenen Grund davon aufzufinden; *die* haben darüber hin und her geredet und doch nichts Brauchbares beigebracht. Welchem einsichtigen Mann kann es noch verborgen bleiben, dass Alles, was sie beibrachten, nur eitel Dunst (احتيال وتمويه) war. Nun fragte einst einer von ihnen den Alfarazdaq selbst, warum er hier den Nominativ gebraucht habe; da schalt er ihn und sprach: „Ich muss die Verse machen, und Ihr müsst die sprachliche Begründung aufsuchen“ (علىّ ان اقول وعليكم ان تحتجّوا).

So missbilligte einst ʿAbd-allâh b. Abî Isḥâq Alḥaḍramî, dass er (Alfarazdaq) in den Worten:

„Entgegengehend dem Syrischen Nordwind, der uns eine Wolke von fliegenden Baumwollenflocken (nämlich feinen Staub) entgegenbläst.

„Die wirft er uns auf unsere Kopfbinden, während unsere Sättel auf Thieren ruhen, die sich langsam hinschleppen, aber doch angetrieben werden, und deren Mark (wegen der Entkräftung) Fäulniss ergreift“

bei رِيرُ, den (Reim-) Vokal û gebraucht hätte (während die andern Verse auf î ausgingen), und schlug ihm vor dafür zu sagen: على زواحف [1]) تُزْنَجى مُخّاسهيرِ „auf langsam sich hinschleppenden, welche angetrieben werden, ermüdeten“. Da ward jener zornig und sprach:

„Und wäre ʿAbd-allâh ein Freigelassener, so machte ich ein Spottlied auf ihn; aber ʿAbd-allâh ist der Freige-

---

(einem Werke von Abû'lbarakât Ibn Al'anbârî) S. 68 wird dieser Vers mit der falschen Lesart مسحكا angeführt. Dagegen hat er richtig يابن wofür in unserer Handschrift بابن steht. — Die richtigen Lesarten auch im Ṣiḥâḥ, wo dieser Vers s. v. جلف.

1) Hdschr. ترجى.

lassene von Freigelassenen (und deshalb zu niedrig für meinen Spott)" [1]).

Und dergleichen kommt in Alfarazdaq's Gedichten viel vor trotz ihrer sonstigen Vortrefflichkeit. Die mühsame Arbeit in der Dichtung zeigt sich auch daran, dass man sieht, wie ein Vers mit einem nicht dazu passenden verbunden und an einen nicht im Zusammenhang damit stehenden geknüpft ist. Darum sagte einst ein Dichter zum andern: „Ich bin ein besserer Dichter, als Du", und als ihn dieser „warum?" fragte, sagte er: „weil ich den Vers neben seinen Bruder stelle, während Du ihn zu seinem Vetter stellst". So sagte ʿAbd-allâh b. Sâlim einst zu Ru'ba: „Stirb, wann Du willst, o Abû-'lḥajjâf". „Wie so?" fragte dieser. Er erwiederte: „Ich habe gesehen, dass Dein Sohn ʿOqba Gedichte von sich vorträgt, welche meine Bewunderung erregten". Da sagte er: „Ja wohl, aber in seinen Gedichten ist keine gute Verbindung (قِرَان)". Damit meintc er, dass er die Verse nicht mit den dazu passenden verknüpfte.

Vorzüge des natürlich begabten Dichters. Leichtigkeit der Improvisation.

Der natürlich begabte Dichter ist der, dem das Dichten leicht wird, der die Reime in seiner Gewalt hat, der Dich im Anfang des Verses schon das Ende und im Beginn den Reim erkennen lässt, an dessen Liedern man den Glanz der natürlichen Anlage und den Schmuck des Genies (رونق الطبع ووشى الغريزة) bemerkt, und der, wenn er auf die Probe gestellt wird, nicht stockt noch keucht. Wie Arriyâs'î sagt, hörte er von Abû'Ṭâliya nach Abû ʿOmar, dass Almachzûmî Folgendes erzählte: „Ich kam mit meinem Vater zu einem Qurais'itischen Statthalter in Almedîna und fand bei ihm den Ibn Muṭair. Da gerade ein reichlicher Regen fiel, sprach der Statthalter (zu diesem): „Schildere mir diesen Regen (dichterisch)". Er bat bloss um Erlaubniss, ihn einmal von der Höhe (des Hauses)

1) Vrgl. Ibn Challikân nr. 835 und u. a. m.

zu beobachten, und nachdem er das gethan, kam er wieder herunter und sprach:

„Viel wurden wegen ihrer vielen Tropfen ihre (der mit einem milchgebenden Thiere verglichenen Wolke) Euter, und wenn sie gemolken wird, so geben diese reichliches Nass.

„Gehört zu ihr ein herabhängendes Gewölk, dessen zarte Theile, noch ehe sie zerreissen (um einen Platzregen zu bringen), einen leisen Landregen geben?

„Es ist als ob ihr vorderer Theil, noch ehe der Regen des Himmels sich recht zusammengezogen hat, eine finstere Staubmasse wäre,

„Und als wäre ihr Blitz ein Feuer von ʿArfaj und Alâʾ[1]), welches vom Winde angefacht wird.

„Sie lächelt mit Aufleuchten (des Blitzes) und weint aus Augenwinkeln, deren Nass nicht durch (darin steckende) Splitter hervorgelockt wird.

„Und ohne Kummer oder Freude verbindet sie Lachen und Weinen.

„Sie geht irre und wird verfolgt, indem ihr Westwind sie treibt, während ihr Südwind Tasche und Behälter für sie ist[2]).

„Es ist eine überströmende, welche in den Niederungen abgesonderte Theile (gleich den Thieren, die sich von der Herde entfernen, um zu gebären) zum Gebären bringt, indem diese Giesbäche gebären, ohne dass ihre Frucht in Häute gewickelt wäre[3]).

„Diese (abgesonderten, mit gebärenden Thieren verglichenen Theile) sind weiss an Kopf und Füssen, schwer

---

1) Namen von Dornarten.

2) Dies Bild verstehe ich nicht.

3) Vrgl. bei dem Negersklaven Suḥaim (cod. univ. Lips.) I, 58
له فُرُقٌ منه ينتجْن حوله   يُفَقِّئن بالميث الدماث السوابيا
und Wright, Opusc. Arab. S. 18.

belastet, mit den Wehen der trächtigen Kameelinnen geplagt, während sie doch alle jungfräulich sind[1]),
„Dunkel und, wenn sie zürnen, überfliessend, schwarz und, wenn sie lachen, glänzend.
„Bestände das Wasser jener (der Hauptwolke) aus den Wogen an den Küsten, so bliebe kein Wasser in den Wogen der Küsten".

Dieses Gedicht hat nun trotz seiner schnellen Verfertigung vielen Redeschmuck und feine Gedanken. — Aś'ammâch war einst mit seinen Genossen auf einer Reise; da stieg er ab und trieb mit den Leuten zugleich die Kameele, mit folgenden (improvisierten) Versen:
„Nichts ist (mir) geblieben, als ein Gürtel[1]) und einige Säume (?)
„Und zwei Umhänge und ein dünnes Hemd
„Und zwei Aeste von Mais-Holz, welche der Schuster (zu Sandalen zurecht) geschnitzt hat.
„Wie mancher Kämpfer, dem das Gallopieren sauer ward,
„Lies im Stamme, während er die Gäste besucht (?),
„Eine (Frau) zurück mit wackelndem Gesäss und bemalten Fingerspitzen".

Dann wurde ihm dieser Reim zu schwer, und er liess ihn fallen und trällerte mit einem andern folgendermaassen weiter:
„Als sie sah, das wir die Reitthiere anhielten,
„Erhob sie sich, indem sie sich mir mit glänzenden (Zähnen) zeigte:
„Eine schimmernde, bei der die Vorderzähne die Finsterniss erleuchteten,
„Eine junge von den Ḍamrischen Sänftenfrauen,
„Welche die Thäler des Ġaur zu bewohnen pflegt,
„Auserwählt aus ihren verschämten Gespielinnen,

1) Die Reinheit des himmlischen Wassers ist als Jungfräulichkeit gefasst. Vrgl. z. B. 'Antara's Mu'allaqa v. 16.

„Welche sind gleich den As'â'palmen oder den Schilfröhren
„Oder den Wolken oder den Wadîpalmen
„Oder den Gazellen der Lotussträuche am Ufer.
„Sie (jene Frauen) finden sich in der Sommerhitze an den Brunnen;
„Sie haben Decken über Kissen gelegt
„Und sich dann hingesetzt, wie die zweihöckerigen Kameele niederknieen.
„Wer reitet hin, um ihnen die Grüsse zu überbringen?
„Ein Schöner, der sich von allen Niedrigem lossagt,
„Der die Nacht durch reist, wenn die (andern) Söhne der Nachtreisen (alle) schlafen".

Verschiedenheit der Anlagen bei den Dichtern. Die Dichter haben von Natur verschiedene Anlagen. Einigen werden die Loblieder leicht, aber die Spottgedichte schwer, Andern werden Klagelieder leicht, aber Liebeslieder schwer. Man sagte einst zu 'Aǐajjâj: „Du machst keine gute Spottgedichte"; da antwortete er: „Wir haben Besonnenheit, die uns abhält, dass wir (Andere) angreifen, und Ruhm, der uns davor schützt, dass wir angegriffen werden. Kennst Du sonst einen Baumeister, der nicht auch gut zu zerstören wüsste?" [1]) Die Sache verhält sich aber nicht so, wie 'Aǐajjâj sagte, und das Gleichniss, welches er anwendete, passt nicht, weil das Spottlied eben so gut ein Gebäude ist, wie das Loblied; aber nicht ist der Baumeister in einem Fach (darum gleich) auch des andern kundig. Dies finden wir gerade in ihren Gedichten. Da übertrifft z. B. dieser *D*û'rrumma alle Menschen an Schönheit der erotischen Stellen und der Vergleiche und versteht am besten eine Sandstrecke,

1) Er meint, wie er Andern durch seine Loblieder Ehre machte, so könnte er auch die Ehre durch Spttlieder vernichten, wenn er nicht zu vernünftig wäre, von selbst einen solchen Streit anzufangen; ein Anderer werde es aber nicht wagen, seinen unantastbaren Ruhm anzugreifen und ihn zu nöthigen, sich mit Satiren zu vertheidigen.

einen heissen Mittag, eine Wüste, einen Wasserplatz, eine Bremse (قراد) und eine Schlange zu schildern: kommt er aber zum Lob oder zur Satire, so verlässt ihn seine Naturanlage. Das ist eben der Grund, weshalb er nicht zu den ersten Dichtern (الفحول) gezählt wird, und man sagt, in seinen Gedichten wären Gazellenmist (der nur kurze Zeit wohlriechend ist) und gelbe Schönheitsflecken auf den Wangen einer Braut (die bald vergehn; في شعره [1]) أبعار غزلان ونقط عروس).“ Alfarazdaq hatte immer mit Weibern zu thun und stets Liebeshändel, und dennoch machte er keine gute erotische Stellen, während Jarîr, obgleich er sich von den Weibern zurückzog und züchtig lebte, dennoch von allen Menschen die schönsten Liebesverse machte. Alfarazdaq sagte: „Wie nöthig wäre ihm bei seiner Züchtigkeit die Kraft (صلابة) meiner Gedichte, und wie nöthig wäre mir die Weichheit der seinigen. Seht Ihr das nicht?“

Einige Fehler im Reime.

Zu *den Fehlern der Gedichte*[2]) gehört das Iqwâ'[3]) und das Ikfâ'. Abû ʿAmr b. Alʿalâ' sagte öfter, das Iqwâ' wäre die Verschiedenheit der Endvokale (اختلاف الاعراب) in den Reimen, nämlich, dass ein Vers auf û, und ein anderer auf î ausginge, wie in den Worten Annâbiga's: „Die Banû ʿÂmir sagten: „schliesst mit den Banû Asad

1) Vrgl. Ibn Challikân nr. 534 am Ende. Slane's Ausgabe liest an der betreffenden Stelle falsch لقط, das er mit „sugarplums“ übersetzt. Ueber نقط العروس vrgl. den Kommentar in de Sacy's Alḥarîrî 615 (2. Ausg.).

2) Zum Folgenden vrgl. Freytag, Verskunst 325 ff. und besonders das Talqîb-alqawâfî in Wm. Wrights opuscula Arabica 48 ff.

3) Die Namen Iqwâ' und Sinâd für Fehler in der Form der Gedichte sind alt, wenn sie auch erst später ganz technische Ausdrücke wurden. Siehe oben (S. 23) سناد und bei Abû'l'aswad Addualî (cod. Univ. Lip. D. C. 33 f. 51 r). وشاعرِ سوءٍ يهضم القولَ كلَّه

اذا قال أقوى ما يقول وأسندا

Freundschaft"; o wie schlimm schadet die Zeit manchen Leuten!

„Ihre Sterne sind noch sichtbar, während die Sonne schon aufgeht: (nun) ist das Licht (noch) nicht Licht und die Finsterniss nicht (mehr) Finsterniss".

Einige nennen aber diesen Fall Ikfâ', und behaupten, das Iqwâ' bestehe darin, dass am Ende der ersten Vershälfte ein Konsonant fehle, wie in den Worten des Ḥajil (?) b. Naḍla (?), als er die Tochter des ʿAmr b. Kultûm, Namens Annawâr, gefangen genommen hatte und mit ihr durch die Wüsten ritt:

„Nawâr seufzte vor Heimweh, aber nicht zur rechten Zeit that sie das; und so wurde Dir offenbar, was Nawâr (bis dahin) verborgen hatte.

„Als sie sah, dass man das Wasser der Fötushaut trank und den Mist im Gefässe presste, schrie sie auf".

Dies wurde Iqwâ' genannt, weil es dem Versmaase Kraft nimmt (لانه نقص من عروضه قوة); der Vers würde aber regelrecht werden, wenn man (für مشروبا) متشربا spräche. Man sagt أقوى فلانٌ الحبلَ, wenn er den einen Strang des Taues dicker macht, als den andern. Derselbe Fall ist in dem Verse des Arrabîʿ b. Ziyâd [1]):

افبعدَ مَقتلِ مالكِ بن زُهَيْرٍ   ترجو النساءُ عَواقبَ الأطْهارِ

„Sollen nach der Ermordung des Mâlik b. Zuhair die Weiber noch Hoffnung setzten auf die Zeit, welche ihrer Reinigung folgt?"

Hiesse es hier ابن زهيرة, so wäre der Vers in Ordnung.

Zu den Fehlern gehört auch das Sinâd, d. h. dass die Vokale vor dem Schlusskonsonanten (أرداف القوافى) verschieden sind, wie bei ʿAmr b. Kultûm:

الا هُبّى بصَحْنك فاصبحينا

1) Vrgl. Ḥamâsa 418 Zeile 1, und 447; Caussin de Perceval, Essai II, 439.

„Auf erwache mit Deinem Pokal und gieb uns einen Morgentrunk“ (Mu'allaqa v. 1a) und später (v. 78b):

تُصفِّقها الرياحُ اذا جَرَيْنا

„Welche die Winde bewegen, wenn sie gehen“.

Oder bei einem Anderen:

كأنّ عيونَهنّ عيونُ عينِ

„Als wären ihre Augen die Augen grossäugiger (wilder Kühe)“ und dann:

1) وأصبحَ رأسُهُ مثلَ اللُجَيْنِ

„Und sein Kopf ist (weiss) wie das Silber geworden“.

Ein anderer Fehler ist das Îṭâ', d. h. dass man einen Reim zweimal anwendet; dies ist nach ihnen (den Gelehrten) kein so grosser Fehler, aber sie sind nicht darüber einig, ob es ganz erlaubt sei. Andere aber sagen, das Îṭâ' bestehe darin, dass bei Vokallosigkeit des letzten Konsonanten der diesem vorhergehende Vokal verschieden sei (ان تكون القافية مقيّدة فتختلف الارداف), wie bei Amraalqais:

لا يدّعى القومُ أنّى أفِرّ

„Nicht soll das Volk behaupten, dass ich fliehe“ mit i und dann:

وكِنْدةُ حَوْلى جميعًا صُبُرْ

„Da ganz Kinda standhaft mich umringt“ 2) mit u.

Alchalîl aber sagt, Îṭâ' bestehe darin, dass (z. B.) der eine Reim M, der andere N habe, wie in den Worten:

يا رُبَّ جَعْدٍ فيهم لو تَدْرِينْ يَضْرِبُ ضَرْبَ السَّبِطِ المَقادِيمْ

„O wie manchen Kraushaarigen giebt es unter ihnen — wenn Du es wüsstest —, der gleich dem Schlichthaarigen die Vorkämpfer haut“.

Dies geht aber nur bei zwei Konsonanten, die an

---

1) Dies Beispiel im Ṣiḥâḥ s. v. سناد.

2) Ed. Slane 47, 10 f. Vrgl. Wright a. a, O. 55.

derselben Stelle (der Sprechwerkzeuge) oder an nahe bei einander liegenden Stellen gebildet werden.

Sprachliche Licenzen und Fehler.

Was aber den Fehler in den kurzen Endvokalen betrifft, so wird der Dichter wohl einmal durch die Noth getrieben, einen solchen, der eigentlich ausgesprochen werden müsste, abzuwerfen. Dies geschieht z. B. bei Labîd:

1) تَرّاكُ أَمْكِنَةٍ اذا لم أَرْضَها ۝ او يَرْتَبِطْ بَعْضَ النُّفوسِ حِمامُها

„Ich verlasse Orte, wenn ich sie nicht mehr mag; oder es müsste eine gewisse Seele (nämlich meine) ihr Tod fesseln“.

(wo يرتبطْ für يرتبطَ steht); und bei Amra-alqais:

فاليومَ أَشْرَبْ غيرَ مستَحْقِبٍ ۝ إِثْمًا من اللّه ولا واغِلِ

„Heute will ich nun trinken, ohne mir eine Schuld gegen Gott aufzuladen oder als Eindringling zu erscheinen“ (mit اشربْ für اشربُ) 2); und bei Alfarazdaq:

3) رُحْتِ وفى رجلَيْكِ مَقالَةٌ ۝ وقد بَدا هَنْكِ من المِئْزَرِ

(mit هَنْكِ für هَنُكِ).

Bisweilen wird der Dichter auch gedrängt, einen langen Vokal zu verkürzen, aber es ist ihm nicht erlaubt, einen kurzen zu verlängern; ebenso kann er aus Noth das schwach Deklinierte stark deklinieren (ويضطرّ فيصرف غيرَ المصروف), aber es steht ihm nicht frei, das stark Deklinierte schwach zu machen. Doch kommt Letzteres wohl in Gedichten vor, wie bei Al'abbâs b. Mirdâs dem Sulaimiten 4):

---

1) Mu'allaqa 56.

2) Bei Slane 37, 15 ist dieser Anstoss durch die Lesart أُسْقَى vermieden. Vermuthlich haben die Grammatiker noch manchen derartigen Solöcismus der alten Dichter getilgt.

3) Dieser Vers, dessen Uebersetzung man uns ersparen wird, mit der Variante ما فيهما für مَقالَةٌ im Ṣiḥâḥ s. v. هنا.

4) Vrgl. Ibn His'âm 882. Dieser Vers wird auch sonst öfter

وما كان بدرٌ ولا حابسٌ يفوقان مِرداسَ في مَجمعِ

„Und nicht pflegte Badr noch Ḥâbis den Mirdâs in irgend einer Versammlung zu überragen“.

(wo مرداسَ für مرداسًا steht).

Was nun die Auslassung des Hamza's aus Worten, die es eigentlich haben müssten, betrifft, so ist dies sehr häufig und für den Dichter ist kein Fehler darin. Aber nicht statthaft ist es, einem hamzalosen Wort ein solches zu geben[1]).

Ferner ist es dem neueren Dichter nicht erlaubt, den alten Dichtern in der Anwendung ganz fremdartiger, unbekannter Redeweisen (في استعمال وحشيّ الغريب) zu folgen, die selten sind, wie viele von den bei Sîbawaih aufgeführten Formen (ابنية سيبويه), oder in der Anwendung von nur einzeln bei den Arabern vorkommenden Bildungen (استعمال اللغة القليلة في العرب), wie wenn sie für Yâ Jîm setzen in dem Verse des Dichters

[2]) يا ربّ ان كنتَ قبلتَ حجّتجْ

„O Herr, wenn Du meine Wallfahrt (gnädig) angenommen hast“

wo er حجّتجْ für حجّتي sagt; oder wenn sie sagen جمل بختيّجْ für بختيّ oder علجّ für عليّ [3]). Hierher gehört auch die Vertauschung des Schlusskonsonanten eines im Genitiv

---

als Beleg für diesen grammatischen Fall citiert. Ich könnte übrigens noch eine Reihe von Beispielen für denselben Fall anführen.

1) Dies kommt aber bekanntlich doch auch öfter vor.

2) Dieser Vers im Ṣiḥâḥ in der Einleitung zum Buchstaben ج.

3) Diese Formen erklären sich aus einer Verhärtung des Jod zu g oder aus einer Quetschung desselben zu j. علجّ kommt in einem Verse im Ṣiḥâḥ a. a. O. vor reimend auf بالعَشجّ (für بالعشيّ). Vrgl. de Sacy's Kommentar zu Alḥarîrî 646. — Bei حجّتج (gesprochen ḥijjatij oder ḥiggatig) ist natürlich als Grundform nicht ḥijjatî, sondern ḥijjatiya anzusehn.

stehenden Wortes mit î, wie es z. B. Einer mit ع macht, indem er sagt

وللضفادى جمّة نقانق

„Und die Frösche haben eine quackende Schaar“, wo er للضفادع sagen will[1]). Ferner gehört hierher die Vertauschung des ا (â) mit و (au, ô), wie in أفعو, حبلو für أفعى, حبلى, z. B. in den Worten des Ibn ʿAbbâs: لا بأس في رمى الحدو للمحرم „dem, der das Pilgergewand anhat, ist es unverwehrt, die Habichte[2]) zu schiessen“.

Ich wünsche auch, dass der Dichter Formen vermeidet, welche kein richtiges Versmaas ergeben und dem Ohre nicht angenehm sind, wie es Einer gemacht hat in folgenden Versen:

„Sag den Armen, dass sie nicht müde werden sollen zu suchen und in den Ländern umherzureisen.

„Denn der Kriegszug ist verständiger, als das, was sie sich einbildet, ohne Kopfkissen zu schlafen.

„Wohl hab ich ein Land von wüsten Niederungen, dessen Eulen um Sonnenuntergang riefen,

„Durchwandert, im Verein mit einem unbändigen (Kameel), dessen Kniegelenke schräg von einander abstanden“.

---

1) So führt das Ṣiḥâḥ Verse mit السادى und الخامى für السادس und الخامس an.

2) Ich nehme an, das حدو für حدآء steht.

Anhang.

Text der Verse.

---

1) في كفه خيزرانٌ ريحه عَبِقٌ   من كفّ أروعَ في عِرنينه شَمَمُ

يُغضي حياءً ويُغضى من مهابته   فلا يُكلَّم إلّا حين يبتسم

---

2) أيّتها النفسُ أجملي جَزَعا   فانّ ما تحذرين قد وقعا

والنفسُ راغبةٌ اذا رغّبتها   واذا تُردّ الي قليلٍ تقنع

أري بصري قد رابني بعد صحّةٍ   3) وحسبُك داءً أن تصحّ وتسلما

---

4) كليني لهمٍّ يا أميمةَ ناصبِ   وليلٍ أقاسيه 5) بطيءِ الكواكبِ

---

1) Diese Verse Ḥamâsa 710 f. mit den Varianten بكفه und فما für فلا (im zweiten Verse). V. 1 im Ṣiḥâḥ s. v. جنه, wo bemerkt wird, dass Andere für خيزران das gleichbedeutende جُنهيّ lesen.

2) Vergl. Ḥamâsa 477.

3) Die zweite Vershälfte im Kommentar zur Ḥamâsa 504.

4) Die erste Vershälfte wird öfter citiert, z. B. im Ṣiḥâḥ s. v. اسس, und in grammatischen Werken, z. B. dem Kitâb almuqniʿ fî'nnaḥw von Muḥammed b. Ṣâliḥ (cod. univ. Lips. D. C. 354 fol. 68 r) und dem Ifsâḥ (cod. Lugd. 588 fol. 39) wird ausdrücklich bemerkt, dass hier اميمةَ mit Fatḥ überliefert sei. Wir haben hier also einen von den gewöhnlichen Regeln abweichenden Sprachgebrauch in der Anrede. Die Erklärungen der Grammatiker können wir übergehn. — Der ganze Vers in de Sacy's Kommentar zu Alḥarîrî 137 u. 329 2. Edit.; Caussin de Perceval, Essai I, 506.

5) Oder بطيء.

ولَمَّا قَضَيْنا مِنْ مِنّي كلَّ حاجةٍ   ومَسَّحَ بالأَركانِ مَنْ هو ماسِحُ

وشُدَّت علي حُدْبِ المَهارِي رِحالُنا   ولا يَنْظُرُ الغادِي الَّذي هو رائحُ

أَخَذْنا بأَطرافِ الأَحاديثِ بينَنا   (وشالت بأَعْناقِ المَطيِّ الأَباطِحُ¹

---

²إنَّ الَّذينَ غَدَوْا بلُبِّكَ غادَرُوا   وشَلًّا بعَيْنِكَ لا يَزالُ مَعينا

غيضٍ من عَبَراتهنَّ وقُلْنَ لي   ما ذا لَقيتَ من الهَوي ولَقينا

إنَّ العيونَ الَّتي في طَرْفها ³مَرَضٌ   قَتلْنَنا ثمَّ لم يُحْيِينَ قَتْلانا

⁴يَصْرَعْنَ ذا اللُّبِّ حتّي لا حَراكَ به   وهنَّ أَضعَفُ خَلْقِ الله أَرْكانا

ما عاتَبَ المَرْءَ الكَريمَ كَنَفْسه   والمَرْءُ يُصْلِحُه الجَليسُ الصالحُ

---

⁵خَطاطيفُ حُجْنٌ في حِبالٍ مَتينةٍ   تَمُدُّ بها أيدٍ إليكَ نَوازِعُ

والشَّيْبُ يَنْهَضُ في الشَّبابِ كأَنَّه   ليلٌ يَصيحُ بجانبَيْهِ نَهارُ

---

1) Am Rande wird als Variante angeführt وسمالت.

2) Nach Andern sind diese Verse von المعلوط السعدي (Glosse). Diesem wird in der Ḥamâsa 605 f. ein Stück zugeschrieben, in welchem der zweite Vers vorkommt. Beide Verse werden als von Jarir herrührend citiert im Kitâb al'aġânî ed. Kosegarten I, 153. Der zweite Vers ebend. 161 unter Jârîr's Namen.

3) Glosse حور نسخه d. h. eine Handschrift liest حَوَرٌ.

4) Hdschr. يصرعن.

5) Dieser Vers ist abgedruckt in de Sacy's Chrestomathie in der Einleitung zu der grossen Qaṣîda Annâbiga's, in einer Geschichte, in welcher der Vers für besonders schön erklärt wird. Ebenso in der Einleitung zur Jamharat al'as"âr (cod. Spreng. 1215) und bei Caussin de Perceval, Essai II, 513. Die ganze Stelle, zu der der Vers gehört, in der Ḥamâsa Albuḥturî's (cod. Lugd. 889) S. 378.

وفـوهـا كأقاحيّ غذاها دائمُ الهَطْلِ
كما شِيبَ براحٍ بـا * رِدٍ من عَسَلِ النحلِ(1

(2 انّ محلًّا وانّ مُرتحلا وانّ في السفر اذ مضوا مَهَلا
يا أستأثر اللهُ بالوفاء وبالحمد (3 وولّى الملامةَ الرجلا
والارضُ حمّالةٌ لما حمّل اللهُ وما ان تردُّ ما فعلا
يومًا تراها كشبهِ الاردية العَصْب ويومًا أديمها (4 . . نَغِلا

يا خيرَ من يركبُ المطيَّ ولا يشربُ كأسًا بكفِّ من بخلا

انّ الخليط تصدّعْ فطِرْ ببدائك أوْ قَعْ
او لا جوارٍ حسانٌ حُورُ المدامعِ اربعْ
أُمُّ البنين وأسماء * والرباب وبوزعْ
اقلتَ للقلب ارحلْ اذا بدا لك او دعْ

وتقول بوزعُ قد دببتَ علي العصا هلّا هزئتَ بغيرنا يا بوزعُ

---

1) Hdsch. النجل oder النحل.

2) Der erste Vers citiert in Azzamachs'arî's Mufaṣṣal S. 15, bei Attibrîzî zur Ḥamâsa 441, im Ifṣâḥ (cod. Lugd. 588 f. 119 r).

3) Hdschr. ووالملامة. Das Richtige ergiebt de Sacy's Chrestom. II, 471, wo dieser Vers als von Labîd herrührend ohne يا mit والعدل (lies وبالعدل) und وولى citiert ist. De Sacy's Auffassung ist offenbar unrichtig. Natürlich hängt der Vers mit dem bei de Sacy davor stehenden, der sicher von Labîd ist, nicht zusammen.

4) Hier ist etwa او (mit erweichtem ء) einzusetzen.

1) وقد غدوت الي الحانوت يتبعني   شاو مشل شلول شلشل شول

هل بالديار أن تجيب صمم   لو أن حيا ناطقا كلم

2) يأبي الشباب الاقورين ولا   تغبط اخاك أن يقال حكم

النشر مسك والوجوه دنا * نير وأطراف الأكف عنم

ليس علي طول الحياة ندم   ومن وراء المرء ما يعلم

وكأس شربت علي لذة   وأخري تداويت منها بها

---

3) دع عنك لومي فان اللوم اغراء   وداوني بالتي كانت هي الداء

هل تعرف الدار لأم الغمر   دع ذا وحبر مدحة في 4) نصر

ابيت بأبواب القوافي كأنما   أصادي 5) بها سربا من الوحش نزعا

أكالئها حتي اعرس بعد ما   يكون سحيرا او بعيد فاهجعا

اذا خفت ان 6) تروي علي رددتها   وراء التراقي خشية أن تطلعا

---

1) Dies ist der 25ste Vers der in de Sacy's Chrestom. Th. II. abgedruckten Qaṣîda von Al'a'š'â.

2) Besser ist wohl die Lesart bei Attibrîzî zur Ḥamâsa 504 يأتي „die Jugend geräth in die Unglücksfälle".

3) Vrgl. den Dîwân des Abû Nuwâs ed. Ahlwardt I nr. 4 v. 1.

4) Hdschr. نصره.

5) Der Text به, aber als Variante einer Handschrift beigeschrieben بها, und so liest das Manuskript unten s. v. سويد بن كراع (f. 130r), wo dieser Vers citiert wird.

6) Hdschr. تزوى.

وَجَشَّمَني خَوفُ ابن عَفّانَ رَدَّها — فثقّفتُها (1 حَولاً جَريداً ومَربَعا
وقد كان في نفسي عليها زيادةٌ — فلم أَرَ الّا ان أُطيعَ واسمَعا

وقصيدةٍ قد بِتُّ أَجمَعُ بينها — حتّي اقوِّمَ مَيلَها وسِنادَها
نَظَرَ المثقِّفِ في كُعوبِ قناته — حتّي يُقيمَ ثِقافُه مُنآدَها

(2 فلا تَدفِنوني انّ دَفني محرَّمٌ — عليكم ولاكنْ خامري أُمَّ عامرِ
اذا حَمَلوا رأسي وفي الراسِ أَكثَري — وغودِرَ (3 عند المُلتَقَي ثَمَّ سائري
هنالك لا ارجو حياةً تَسُرُّني — سَميرَ الليالي (4 مُبسَلًا بالجرائرِ

بَدَأْنَ بنا وَابنُ الليالي كانّه — حُسامٌ جَلَتْ عنه القُيونُ صَقيلُ
فما زِلتُ أُفني كُلَّ يومٍ شَبابَه — الي انْ أَتَتكَ العيسُ وَهْوَ ضَئيلُ

كأَنَّ ابا السمّيّ (5 اذا تَغَنَّي — يُحاكي عاطِسًا في عَينِ شَمسِ
يَلوكُ بِلَحيِهِ طَورًا وطَورًا — كأَنَّ بِلَحيِهِ ضَرَبانَ ضِرسِ

ايا تَمْلِكُ يا تَمْلِ — صِليني وذَري عَذْلي

---

1) Hdschr. فثقبتها.

2) Vrgl. Ḥamâsa 242, mit deren Lesarten (nur v. 2 احتملت) Alḥarîrî in der درّة الغوّاص (im Anfang. Vrgl. de Sacy, chrest. II, 401) übereinstimmt. In einigen Handschriften dieses Buches fehlt der dritte Vers.

3) Hdschr. عنّا.

4) Hdschr. مبسرا بالجزائر.

5) Hdschr. اذ.

ذَرِينِي وَسِلاحِي ثُمَّ شُدِّي الكِتْفَ [1] بالغَزْلْ
[2] نَبْلِي وَقَفاها كَعَراقِيبِ قَطًا طُحْلْ
[2] مِنِّي نَظْرَةٌ بَعْدِي   وَمِنِّي نَظْرَةٌ قَبْلِي
وَثَوْبايَ جَدِيدانِ   وأُرْخِي شُرُكَ النَّعْلِ
وإِمَّا [3] أَنْتِ يا تُمْلِ   فَكُونِي حُرَّةً مِثْلِي

وَلَوْ أُرْسِلْتُ مِنْ حُبِّيكِ مَبْهُوتًا مِنَ الصِّينْ
لَوافَيْتُكِ عِنْدَ الصُّبْحِ أو حِينَ تُصَلِّينْ

---

[5] مَتَى ما [4] يَكُنْ مَوْلاكَ خَصْمَكَ لا تَزَلْ   تَذِلُّ وَيَعْلُوكَ الَّذِينَ تُصارِعُ
وَهَلْ يَنْهَضُ البازِي بِغَيْرِ جَناحِهِ   وإِنْ قُصَّ يَوْمًا رِيشُهُ فَهُوَ واقِعُ

لَيْسَ الفَتَى بِفَتًى لا يُسْتَضاءُ بِهِ   وَلا تَكُونُ لَهُ في الأرضِ آثارُ

شَهِدْتُ عَلَيْكَ بِطِيبِ المُشاشِ   وأَنَّكَ بَحْرٌ جَوادٌ خِضَمّْ
وأَنَّكَ سَيِّدُ أَهْلِ الجَحِيمِ   إذا ما تَرَدَّيْتَ فِيمَنْ ظَلَمْ
قَرِينٌ لِهامانَ في قَعْرِها   وَفِرْعَوْنَ والمُكْتَنِي بالحَكَمْ

بَعَثْتُكَ مُشْتاقًا فَفُزْتَ بِنَظْرَةٍ   وأَغْفَلْتَنِي حَتَّى أَسَأْتُ بِكَ الظَّنّا

---

1) Hdschr. العزل.
2) Ist das Fehlen der ersten Kürze ursprünglich?
3) Hdschr. hat كنت zweimal.
4) Vrgl. Ibn His'âm 413 (wo جذ für قص steht).
5) Hdschr. يكون.

وناجيتَ مَن أهوى وكنتَ مُقرّبا ... فيا ويح نفسي عن دُنوك ما اغني

وردّدتَ طرفًا في محاسنِ وجْهها ... ومتّعتَ باستسماع نغْمَتها أُذْنا

أري أثرًا منها بعينك لم يكنْ ... لقد سرقتْ عيناك مِن عينها حُسْنا

أميلُ مع الذمام علي ابن عمّي ... وآخُذُ للصديق من الشقيق

فإنْ الفيتَني ملكًا مُطاعًا ... فانّك واجدي عبدَ الصديق

افرّق بين معروفي ومنّي ... واجمع بين مالي والحُقوق

من اللواتي والّتى واللاتي ... زعمْن أنّي كبرت لداتي

---

1) مستعبلين شمالَ الشأم تضربنا ... بحاصبٍ من ندِيف القُطْنِ منثورِ

علي عمائمنا تُلقي وأرحلنا ... علي زواحفَ تُزجي مُخّها رِيرُ

---

2) فلو كانَ عبدُ الله مَوْلًي هَجوْتُه ... ولاكنْ عبدَ الله مَوْلي مواليا

كثُرت لكثْرة 3) قطْرِه أطْباؤُه ... فاذا تحلّبَ فاضت الاطباء

أُلِه رِبابٌ هَيْدَبٌ 4) لرقيقه ... قبلَ التبعّق دِيمةٌ وطْفاء

وكأنّ ريقه ولما يحتفلْ ... وَدْق السماء عجاجةٌ كدْراء

وكأنّ بارقه حريقٌ تلْتقي ... ريحٌ عليه عرْفجٌ وألاء

مستضحكٌ بلوامعٍ مستعبِرٌ ... بمدامعٍ لم تمرِها الاقذاء

1) Hdschr. مستقْلين.
2) Dieser Vers wird öfter angeführt.
3) Hdschr. قطرة.
4) Hdschr. لرقيقه.

فله بلا حزنٍ ولا مسرّةٍ   ضحكٌ يولّف بينه وبكاء

حيرانُ متّبعٌ صباهُ يقوده   وجنوبه كنفٌ له ووعاء

غدقٌ ينتّج في الاباطح فرّقا   تلد السيول وما لها اسلاء

غرٌّ محجّلةٌ دوالحُ ضُمّنت   حمل اللقاح وكلّها عذراء

سحمٌ فهنّ اذا كظمن سواجمٌ   سودٌ وهنّ اذا ضحكن وضاء

لوكان من لجج السواحل ماؤه   لم يبقَ في لجج السواحل ماء

لم يبقَ الّا (1 منطقٌ واطرافْ   وريطتان وقميصٌ هفهافْ

(2 وشعبتا ميسٍ براها اسكافْ   يا ربّ غازٍ كارهٍ الايجافْ

غادر في الحيّ (3 يرود الاضيافْ   مرتجة البوص خضيب الاطراف

لمّا رأتنا واقفي المطيّاتْ   قامت تبدّي لي باصلتيّاتْ

غرّاء ضاء ظلمها الثنيّات   خود من الظعائن الضمريّات

حلالة الاودية الغوريّات   صفيٌّ اطراب لها حبيّات

مثل الاشاءات او البرديّات   او الغمامات او الوديّات

او كظباء السدر العبريّات   يحضرن (4 بالقيظ على الركيّات

وضعن انماطا على زربيّات   ثمّ جلسن بركة البختيّات

من راكبٍ يهدي لها التحيّات   اروع خرّاج من (5 الدنيّات

يسري اذا نام بنو السريّات

---

1) Hdschr. منتطق.
2) Dieser Vers im Ṣiḥâḥ s. v. ميس ohne Angabe des Dichters.
3) Lies يزور.   4) Hdschr. بالقبظ.   5) Hdschr. الدايات.

قالت بنو عامرٍ خالوا بني أسدٍ — يا بؤس للدهر ضرّارًا لأقوامِ

تبدو كواكبه والشمس طالعةٌ — لا النور نورٌ ولا الإظلام إظلامُ

---

1) حنّت نوارُ ولات هنّا حنّتِ — وبدا الذي كانت نوارُ أجنّتِ

لمّا رأت ماء السَّلى مشروبًا — والفرثُ يُعصَر في الإناء أرنّتِ

---

2) ذل للصعاليك لا تستحسروا — من التماسٍ وسيرٍ في البلادِ

فالغزو أحجى على ما خيّلت — من اضطجاعٍ على غيرِ وِسادِ

وبلدةٍ مُقفرةٍ غيطانُها — أصداؤها مَغرِبَ الشمس تُنادي

قطعتُها وصاحبي حُوشيّةٌ — مِن مِرفقَيها عن الزور تعادي

---

1) Diese beiden Verse (mit بالأكفّ für في الإناء im zweiten Vers) bei Attibrîzî zur Ḥamâsa 448.

2) Das Metrum dieses Stückes wäre ⏑̄ — ⏑ — | — ⏑ — | ⏓ ⏑̄ ⏑̆ ⏓ (—) also ein abgekürztes Basîṭ, wenn nicht die ersten Hälften der beiden letzten Verse durch die Substitution von (⏑̱ ⏑̄ ⏑̆ ⏓) für den mittleren Fuss die ganze Harmonie aufhöben.

Die Gedichte der Juden in Arabien.

Ueber den Ursprung der für die Entstehung und erste Ausbildung des Islâm's so äusserst wichtigen Jüdischen Niederlassungen im nördlichen Ḥijâz ist uns keine echte Ueberlieferung erhalten. Denn die mehrfach im Kitâb al'agânî wiederkehrende Erzählung, dass die Juden in der Gegend von Yaṯrib Nachkommen der von Mose gegen die dort wohnenden Amalekiter ausgesandten Israeliten wären, welche gegen den Befehl einen gefangenen Königssohn verschont hätten und deshalb, als sie nach Mose's Tode nach Palästina gekommen, zurückgewiesen wären, ist nur eine ungeschickte Verbindung der Erzählung 1. Sam. 15, 7 ff. mit dem muslimischen *horror vacui*, welcher die Vorgeschichte regelmässig durch Amalekiter ausfüllt. Eben so wenig geschichtlichen Werth haben die sonstigen Angaben über den Ursprung dieser Ansiedlungen, welche wir z. B. bei Caussin de Perceval, Essai sur l'histoire des Arabes II, 643 ff. finden. Wahrscheinlich entstanden diese Niederlassungen erst durch Jüdische Flüchtlinge nach der Unterwerfung Palästina's durch Titus oder Hadrian [1]), da sich bei einer früheren Abtrennung vom Hauptstamm schwerlich der sicher bezeugte geistige Zusammenhang mit demselben nicht bloss in Bezug auf das schriftliche Gesetz, sondern auch auf

1) Eine Spur von Erinnerung hieran ist wohl in der Nachricht bei Caussin a. a. O. 644 f. zu sehen. Vrgl. Assamhûdî in Wüstenfeld's Geschichte von Medina S. 28.

Halacha und Haggada bei diesen räumlich so abgeschlossenen und übrigens ganz arabisierten Stämmen hätte erhalten können [1]). Damit streitet nicht, dass nach sicheren Angaben die Juden schon bei Yaṯrib wohnten, als sich der Strom der Yemenischen Stämme in diese Gegend ergoss, denn allen Spuren nach begann diese, übrigens langsame, Bewegung erst recht nach dem Beginn unserer Aera. Die bei Yaṯrib ankommenden Stämme Al'aus und Alchazraj, welche sich zu Ġassân rechneten, trafen bald mit den Juden feindlich zusammen. Einer ihrer Führer soll die Macht dieser dadurch gebrochen haben, dass er ihre Häupter treulos umbringen liess. Darauf bezieht das Kitâb al'aġânî (A. Band II, B. Band IV) folgende Verse der Jüdinn Sâra (سارة) vom Stamme Quraiẓa [2]):

بنفسي [3]) امة لم تغن شيأ　　بذي [4]) حرض تعفّيها الرياح

كهول من قريظة اتلفتها　　سيوف الخزرجية والرماح

رزئنا والرزيئة ذات ثقل　　يمرّ لاهلها الماء القراح

ولو اربوا بامرهم لجالت　　هنالك دونهم جاوا رداح

„Mein Leben gäb' ich für ein Volk, welches Nichts ausrichtete in Dû Ḥuruḍ [5]), über welches (jetzt) die Winde hin und her fahren.

---

1) Liebhabern von Hypothesen empfele ich die Ableitung dieser Israeliten von Hitzig's Simeonitischem Phantasiestaat in Massa (Hitzig zu den Sprüchen S. 311 ff.), bei der sich auch die Amalekiter gut verwenden liessen.

2) A ist im Folgenden das erste Sprengersche Exemplar (nr. 1175 f.), B das zweite (1177—80), Goth. der Gothaer Auszug.

3) بنفسي A باهلي B.

4) حرض Beide.

5) Die Gegend beim Berge Uḥud, welche sonst auch bloss حرض heisst.

„Männer von Quraiẓa, welche die Schwerter der Chazrajiten und die Lanzen hinrafften.

„Wir haben einen Verlust erlitten, einen schweren Verlust, so dass den dadurch Betroffenen das klare Wasser bitter schmeckt.

„Und wenn sie schlau gewesen wären, so hätte sie dort ein dunkel gekleidetes, gewaltiges Heer (schützend) umringt".

Doch können sich diese Verse, wenn sie überhaupt echt sind, auch auf ein späteres Ereigniss beziehen.

Als Stämme dieser Juden führt das Kitâb al'aġânî[1]) ausser den aus Muḥammed's Geschichte so bekannten Quraiẓa, Annaḍîr und Qainuqâ' noch an ثعلبة, عكرة (Var. عكوة), زعورا (Var. زعور, Caussin: Ghaurâ), محمم (Var. محمد), بهدل, زيد, عوف, العصيص (Var. العصص). In Wüstenfeld's Geschichte von Medina S. 28 ff. kommen noch einige andere Namen vor, dagegen fehlen daselbst عكرة und عوف; für زيد hat er زيد اللات, eine Form, die wegen ihrer heidnischen Bedeutung für einen Jüdischen Namen nicht passt; für بهدل hat er *Hadal*, für العصيص hat er القصيص. Von diesen Stämmen werden Quraiẓa und Annaḍîr als Söhne des „Kâhin b. Hârûn b. 'Imrân" hervorgehoben und ausdrücklich الكاهنان „die beiden Priester" genannt, wie z. B. von 'Abbâs b, Mirdâs bei Ibn His'âm 660 und in dem Verse des Juden Ka'b b. Sa'd Alquraẓî (A. Bd. II, B. Bd. IV):

بالكاهنين (2قررتم في دياركم (3جا (4ثراكم ومن اجلاكم حدبا .

„Durch die beiden Priester sasst Ihr in Euren Wohn-

1) Vrgl. Caussin a. a. O. 645.

2) قررتم B.

3) ان ثرقوا ها مر من B.

4) ثواكم A.

sitzen fest, indem Euer Besitz reichlich war; und wer trieb Euch nun abgezehrt fort?" [1])

Es macht keine Schwierigkeit, sich diese beiden Stämme als aus geflüchteten Priesterfamilien entstanden (und mithin zu dem zahlreichen Geschlecht der Cohn, Cohen u. s. w. gehörend) zu denken.

Merkwürdig ist aber, dass sich diesen Arabischen Juden auch echt Arabische Stämme angeschlossen hatten. Albakrî erzählt in der Einleitung zu seinem geographischen Wörterbuch (Seite 12 von Herrn Prof. Wüstenfeld's Abschrift des Leydener Codex), dass die Banû Hisna, ein Zweig des Quḍâ'a-Stammes Balî, im Kampf mit einem verwandten Stamm sich zu den Juden in Taimâ' geflüchtet hätten und von diesen nur unter der Bedingung aufgenommen wären, dass sie ihren Glauben annähmen. Das Kitâb al'agânî zählt ausser diesen mehrere zum Judenthum übergetretene Stämme auf (Vrgl. auch Wüstenfeld a. a. O.). Uebrigens sind die vielen Jüdischen Stämme meist nur als Familien und als Unterabtheilungen der grossen Stämme Quraiẓa, Annaḍîr u. s. w. anzusehn, wie denn bei Wüstenfeld a. a. O. ausdrücklich berichtet wird, dass die Hadal und 'Amr bei den Quraiẓa gewohnt hätten. Daher treten in Muḥammed's Geschichte bloss die grossen Stämme auf.

Auch ohne die Vermischung mit echten Arabern hätten die Juden ihre besondere Nationalität in Arabien noch weniger aufrecht erhalten können, als unter Völkern, deren ganzes Wesen dem ihrigen ferner stand, als das der Araber. Schon aus der geringen Zahl der bei ihnen vorkommenden echt Jüdischeu Namen neben einer weit überwiegenden Anzahl von Arabischen — hat doch unter den Stämmenamen nur زعورا = זְעוּרָא ein entschieden

1) Bei der gänzlichen Abgerissenheit des Verses kann ich eben so wenig für die Richtigkeit meiner Lesart, wie meiner Uebersetzung einstehn.

Jüdisch-Aramäisches Gepräge — erkennt man das weniger starke Festhalten an der altjüdischen Weise[1]). Dasselbe geht noch deutlicher aus dem durchaus Arabischen Charakter der leider wenig zahlreichen und zum Theil sehr kurzen und daher schwer verständlichen Ueberbleibsel ihrer Poesie hervor, in denen sich nicht einmal biblische oder talmudische Einflüsse nachweisen lassen[2]). Freilich soll damit durchaus nicht geleugnet werden, dass sie sich durch ihre Religion von den andern Arabern scharf unterschieden, und dass ihre litterarische Ueberlieferung ihnen als اهل الكتاب immer ein bedeutendes geistiges Uebergewicht über die umwohnenden Stämme gab. Auch rein politisch nahmen sie, zum Theil wenigstens, eine hervorragende Stellung ein, und wenn sie sich nicht nach Arabischer Weise in lauter kleine Stämme zersplittert und so vereinzelt an den Fehden der Nachbarstämme Theil genommen, ja selbst gegen einander gekämpft hätten, und wenn sie in dieser Vereinzelung nicht auch geblieben wären, als ihnen durch Muḥammed die grösste Gefahr drohte, so wären sie von dem traurigen Geschick verschont geblieben, welches ihnen der Islâm gleich nach seinem Entstehn bereitete, das doch nur durch sie möglich geworden war.

1) Dagegen scheinen auch bei den Medînensern einige von den Juden entlehnte Namen vorzukommen. Dahin ist vielleicht zu rechnen يَساف بن عتبة (Ibn His'âm 357) Josef; عبد الله بن نبتل (Alwâqidî 114) = Naftali; ثابت بن وقش بن زغب بن زعورا (Ibn Ḥajar nr. 991). Man darf sich natürlich nicht daran stossen, wenn solche Namen später von den Muslimen in etwas anderer Form aufgenommen sind.

2) Etwas Anderes ist die Erwähnung der Tora u. s. w. in einem Gedicht gegen Muḥammed, Ibn His'âm S. 259, Reihe 10ff. und bei uns unten. In den Fragmenten dieser Jüdisch-Arabischen Poesie findet sich kaum ein Gedanke, der nicht auch in echt Arabischen Gedichten vorkäme.

In den übrig gebliebenen Gedichten der Juden drückt sich durchgehends ein edler, männlicher Charakter aus, der sich freilich bei den andern Arabern vielfach in derselben Weise äussert.

Wir beginnen die Musterung der altarabisch-Jüdischen Dichter füglich mit dem edlen ***Samuel*** (***Assamaual***), der gewöhnlich als Sohn des ʿÂdiyâ[1]) (עֲדָיָה?), genauer aber im Kitâb al'aġânî als Sohn des Ġarîḍ b. ʿÂdiyâ b. حيا (Var. خبا) bezeichnet wird. Von Andern wird er für einen echten Araber ausgegeben[2]), während noch Andere wenigstens seine Mutter von Ġassân sein lassen. Wenn es nach dem oben Gesagten auch immerhin möglich ist, dass er seiner Abstammung nach ein echter Araber war, so ist er doch auf jeden Fall mit der gewöhnlichen Ueberlieferung seiner Religion nach für einen Juden zu halten. Er bewohnte das Schloss Al'ablaq in oder bei Taimâ', wie auch noch in der Geschichte Muḥammed's Juden als Herren fester Schlösser erscheinen. Er muss eine sehr hervorragende Stellung eingenommen haben, wie schon aus der Angabe hervorgeht (A. Bd. II, B. Bd. IV, Goth.): واحتفر به بئرًا عذبة وكانت العرب تنزل به فيضيفها وتمتار من حصنه ويقيم لهم هناك سوقًا[3]) „und er grub darin (in Al'ablaq) einen Brunnen mit süssem Wasser; bei dem pflegten sich die Araber niederzulassen, und er bewirthete sie und richtete ihnen einen Markt[4]) ein". Was ihn so berühmt machte, ist weniger seine Dichtergabe,

---

1) Der Name ist in dem unten angeführten Verse Samuel's مقصور, aber ممدود in einem 3mal (s. v. هدا, عود, خلل) im Ṣiḥâḥ citierten Verse von Annamir b. Taulab:

هلا سألت بعادياء وبيته والخَلِّ والخَمْرِ الّتى لم تُمْنَع

(Var. الّذى لم يمنع vrgl. s. v. خلل).

2) Kitâb al'aġânî; Wüstenfeld, Stammtafeln 12, 24.

3) Goth. فينصفها.

4) Ebenso wird in der Geschichte Muḥammeds der „Markt der Qainuqâʿ" erwähnt.

als die Treue, welche er mit der grössten Aufopferung bewahrte, so dass man später sprichwörtlich sagte أوفى من السموأل „treuer als Assamaual". Das Kitâb al'aġânî erzählt hierüber Folgendes (A. Bd. II, B. Bd. IV, Goth.):

„Man sagt „eine Treue wie die Assamaual's" (وفاء كوفاء السموأل). Die Ursache davon ist folgende: Als (der bekannte Dichter) Amra-alqais b. Ḥujr nach Syrien reiste, um zum (Byzantinischen) Kaiser zu gehn, kehrte er bei Assamaual b. ʿÂdiyâ in seinem Schloss Al'ablaq ein, nachdem er die Banû Kinâna überfallen, in der Meinung, es wären die Banû Asad, und nachdem seine Gefährten, sein Benehmen missbilligend, ihn verlassen hatten, so dass er ganz allein blieb und zur Flucht genöthigt ward. Denn ihn verfolgte (der König von Alḥîra) Almundir b. Mâ-assamâ' und sandte ihm ein Heer von den Stämmen Iyâd, Bahrâ' und Tanûch und ein Heer von den (Persischen) Reisigen 1) nach, welches ihm Anûširwân geschickt hatte. Da ihn nun auch die von Ḥimyar gänzlich im Stich liessen, floh er zu Assamaual b. ʿÂdiyâ. Mit sich führte er fünf Panzer, genannt „der Weite" „der Blanke" „der Schützende" „der Glühende" „die Mutter der Schleppen" 2), welche sich im Hause des Âkil-almurâr von einem Könige zum andern vererbt hatten; ferner hatte er seine Tochter Hind und seinen Vetter Yazîd b. Alḥârit b. Muʿâwiya b. Alḥârit, sowie einige Waffen und etwas übrig gebliebenes Geld bei sich. Auch war bei ihm ein Mann von den Banû Fazâra, Namens Arrabîʿ b. Ḍabuʿ 3), ein Dichter;

1) الاساورة, die regelmässig bewaffneten und disciplinierten Persischen Reiter, vor denen die Araber eine besondere Furcht hatten.

2) الفضفاضة والصافية والمحصنة والخريق وأم الذيول Der letztere Namen bedeutet natürlich einen sehr lang hinabhängenden Panzer (سابغة). „Mutter", weil درع ein Femininum ist.

3) So A. B hat ضبع, Goth. ضبيع. Bei Slane (Div. d'Amroolk. S. 15) falsch من für بن. Caussin a. a. O. II, 319 schreibt Dhabè.

dieser forderte ihn auf, Assamaual zu Ehren ein Lobgedicht zu machen, da er grosse Freude an Liedern hätte, und trug ihm ein von ihm selbst gemachtes Lobgedicht vor, nemlich[1]):

„Und wahrlich bin ich zum Wettstreit um den Ruhm zu den Banû-'lmisâṣ gekommen, und zu Assamaual, den ich in Al'ablaq besucht habe.

„In ihm traf ich den Edelsten, der eine Sache auf sich nimmt, wenn Du zu ihm wegen eines Verschuldeten oder Bedrängten[2]) kommst.

„Die Leute kennen an ihm jeden Vorzug, und er besitzt die edlen Eigenschaften, voraneilend, nie überholt."

Darauf dichtete Amra-alqais über ihn sein Lied:

„Hind kam zu Dir nach langer Trennung tief in der Nacht, da sie doch früher nie kam" u. s. w.[3]).

Da sagte ihm der Fazârit: „Wahrlich Assamaual wird Dich vertheidigen, so dass Du es selbst sehen wirst; er hat ein festes Schloss und viel Geld". Da brachte er ihn zu Assamaual und machte diesen mit ihm bekannt, und sie trugen ihm beide Gedichte vor. Er erkannte ihre Sache an[4]), schlug über Hind ein Lederzelt auf und liess die Leute auf einem ihm gehörenden Versammlungsplatze unter freiem Himmel[5]) sich setzen. So blieben sie

---

1) Siehe den Text bei Slane a. a. O. Von unsern Handschriften hat A im ersten Vers المصابس B المصاض; Goth. hat im ersten من für بنى, جُمّته für زرته, im zweiten موثق für غارم, im dritten الاخوان für الاقوام.

2) Lies مرهَق, nicht aktiv, wie Slane will.

3) Der Text wieder bei Slane a. a. O., wo dies Gedicht von dem alten Kritiker für entschieden unecht erklärt wird.

4) فعرف لهم حقّهم B, Slane 16; dafür A لهما حقّهما und Goth. لها حقّها.

5) A B haben ببراح, das trotz Slane's Zweifel (S. 26 der Uebersetzung) richtig sein muss, obgleich Goth. براح hat.

bei ihm, so lange es Gott gefiel. Darauf bat ihn Amra-alqais, für ihn an den Gassâniden Alḥâri*t* b. Abî Śamir zu schreiben, damit ihn dieser zum Kaiser schickte. Da er das that und ihm einen Wegweiser zum Begleiter gab, liess er seine Tochter, sein Vermögen und seine Panzer in Assamaual's Hut und ging nach Syrien, indem er auch den Yazîd b. Alḥâri*t* bei seiner Tochter liess. Nun lagerte sich darauf Alḥâri*t* b. Ẓâlim auf einem seiner Kriegszüge vor Al'ablaq; nach Andern war es Alḥâri*t* b. Abî Śamir der Ġassânide, nach Andern hatte Almun*d*ir den Alḥâri*t* b. Ẓâlim mit einem Heere gesandt und ihm befohlen, das Vermögen des Amra-alqais von Assamaual zu nehmen [1]. Als er sich nun dort lagerte, vertheidigte sich dieser gegen ihn. Aber Assamaual hatte einen eben erwachsenen [2] Sohn; dieser ging auf die Jagd und wurde auf der Rückkehr von Alḥâri*t* b. Ẓâlim gefangen genommen. Da fragte er den Assamaual: „Erkennst Du Diesen?“ „Ja“, sprach er, „es ist mein Sohn“. „Willst Du“, fragte er weiter, „das Dir Anvertraute herausgeben oder soll ich ihn tödten?“ Er aber sprach: „Thu, was Du willst [3]; ich breche mit nichten meinen Bund, noch liefere ich das Vermögen meines Schützlings aus“ [3]. Da hieb Alḥâri*t* den Jüngling mitten durch und theilte ihn in zwei Stücke; dann zog er fort“.

Diese Erzählung wird in allem Wesentlichen bestätigt durch die Verse Al'a's'â's, in welchen dieser Assamaual's Sohn As's'uraiḥ auffordert, ebenso edel wie sein Vater zu sein. Die Verse finden sich im Kitâb al'aġânî, sind aber, freilich mit ziemlich bedeutenden Varianten, Zusätzen und Weglassungen, schon in Freytags proverb. Arab. II. S. 829 gedruckt, auf welche Stelle ich hiemit

---

1) Die letzte Angabe ist die wahrscheinlichste.

2) قد يفع.

3) شأنك به فلست اخفر ذمّتى ولا اسلم مال جارى.

verweise [1]). Auch Assamaual selbst erwähnt seine That in einem Liede, von dem uns das Kitâb al'agânî zwei Bruchstücke aufbewahrt, welche die Gothaer Recension unpassend zusammensetzt, als wäre es eine einzige Stelle. Zwei Verse bei Freytag a. a. O. S. 828, welche wir eingeklammert hinzusetzen, vervollständigen den Text des wichtigsten Stücks [2]):

وفيت بأدرع الكندي انّي   اذا ما (3) خان اقوام وفيت
[وقالوا (4) انه كنز رغيب   فلا والله اغدر ما (5) مشيت]
واوصى عاديا (6) يوما بأن لا   تهدّم يا سموءل ما بنيت
بنى لي عاديا (7) حصنا حصينا   وماء كلّما شئت استقيت
[طمرّا تزلّق العقبان عنه   اذا ما (8) نابني ظلم ابيت]

1) Die für uns wichtige Stelle ist bei Freytag vollständiger; das Kitâb alagânî hat dagegen noch einige Verse im Anfang, in denen er den Assamaual den treusten Mann zwischen Balqâ' und 'Âden nennt. Einzelne Verse aus diesem Stück sind auch noch sonst gedruckt, wie bei Ibn Nubâta (Rasmussen, Additamenta ١٥), de Sacy zu Alḥarîrî Maqâma 23 Ende (I, 278), Caussin de Perceval, Essai I, 396.

2) A hat diese Verse an zwei Stellen (Bd. II, 621 und Bd. I, 366). Ibn Nubâta bei Rasmussen, Additamenta 15 hat v. 1 und 3, davor den ersten und dahinter den letzten Vers des folgenden Stücks; ebenso Caussin II, 323 f, nur dass er den letzten Vers weglässt; bei de Sacy zu Alḥarîrî 278 (2. Ausg.) steht v. 1, 4 a, 5 b; bei Alqazwînî II, 49 v. 1, 4, 5, 3; v. 1 und 2 in Albuḥturî's Ḥamâsa (cod. Lugd. 889 S. 208); im Ṣiḥâḥ s. v. عدا v. 4 a, 5 b; bei Attibrîzî zur Ḥamâsa 49 v. 4; bei Abû'lfidâ' hist. anteisl. 134 v. 1 und 3.

3) A an beiden Stellen und B ذمّ. So auch Rasmussen und Abulf.; die Uebrigen mit Goth. خان.

4) عنده مال كثير Albuḥturî.

5) حييت Albuḥturî.

6) قدما Alqazwînî.

7) Bei Attibrîzî منيعا, رفيعا, bei Alq. رفيعا, حصنا.

8) سامنى ضيم Ṣiḥâḥ, سامنى ضيما de Sacy.

„Ich bin treu gewesen mit den Panzern des Kinditen; ja ich bin treu, wenn Manche betrügen [1]).

„Und sie sagen: „wahrlich, es ist ein herrlicher Schatz"; aber nein, bei Gott, ich werde nicht untreu, so lange ich einherwandle.

„Und 'Âdiyâ ermahnte mich einst: „Zerstöre nicht, o Samuel, was ich gebaut habe".

„Es baute mir 'Âdiyâ ein festes Schloss mit einem Wasser, woraus ich schöpfe, so oft ich will,

„Ein erhabnes, von dem (selbst) die Adler abgleiten. Wenn mich ein Unrecht trifft, so leide ich's nicht".

Nach diesen Versen sieht es übrigens fast aus, als hätte die That Assamauals hauptsächlich darin bestanden, dass er das ihm anvertraute Gut nicht unterschlagen habe.

Das andere Stück, das wahrscheinlich mehr im Anfang des Liedes stand und in dem er nach echt Arabischer Dichterweise der Frau entgegentritt, welche ihm (wahrscheinlich wegen seiner Verschwendung) Vorwürfe macht, und sich seines fröhlichen Lebens rühmt, lautet folgendermaassen:

اعاذلتي الا لا تعذليني   فكم من امر عاذلة عصيت

دعيني وارشدي ان كنت اغوي   ولا تغوي زعمت كما غويت

اعاذل قد (2 اطلت اللوم حتى   لو انّي منتهٍ لقد انتهيت

(3 وحتّي لو يكون فتي اناس   بكي من عذل عاذلة بكيت

---

1) Oder „wenn (auch) Manche mich deshalb tadeln". Diese Lesart empfiehlt sich durch den folgenden Vers, aber اذا ما für وان ist hart. Man könnte auch mit Fleischer (zu Abulf.) ذمّ passiv auffassen.

2) طلبت A oben.

3) Der Vers fehlt bei A oben.

وصفراء المعاصم قد دعتني الي وصله فقلت لها ابيت

1) وزق قد 2) جررت الي 3) الندامي وزق قد شربت وقد سقيت

„O, die Du mich tadelst, tadle mich nicht! wie manchem Befehl einer Tadlerinn bin ich schon ungehorsam gewesen!

„Lass mich und wandle recht, wenn ich verkehrt gehe, und geh Du nicht verkehrt, meine ich, wie ich thue.

„O Tadlerinn, Du hast den Tadel so ausgedehnt, dass, wenn ich (überhaupt) nachliesse, ich schon nachgelassen hätte.

„Und dass ich, wenn ein rechter Mann über den Tadel einer Tadlerinn weinte, weinen würde.

„Wohl rief mich manche (Frau) mit gelblichem Handgelenk zur Vereinigung, der ich erwiederte: „ich will nicht!“

„Wohl schleppte ich manchen (Wein-) Schlauch den Zechgenossen hin, trank manchen Schlauch und tränkte aus manchem!“

Sonst findet sich im Kitâb al'aġânî (A. Bd. II, B. Bd. IV, nicht im Gothaer) noch folgender abgerissene Vers.

قال السموءل

4) فبالابلق الفرد 5) بيتي به وبيت 6) النضير سوي الابلق

„Und in dem einzigen 7) Al'ablaq ist mein Haus, und das Haus des Stammes Annaḍîr ist etwas Anderes, als Al'ablaq“.

---

1) Der Vers fehlt bei B.

2) حوزت Goth.

3) المنايا Goth.

4) و für ف B.

5) يبنى B.

6) المصبر B.

7) الفرد kommt auch sonst als Epitheton dieses Schlosses vor z. B. bei Al'a'š'â: بالابلق الفرد من تيماء منزلة und in einem Verse in den Scholien zur Ḥamâsa 51 Zeile 7.

Ein schönes, stolzes Lied von ziemlicher Ausdehnung wird unserm Dichter noch in der Ḥamâsa beigelegt (S. 49 ff. und daraus bei Ibn Nubâta a. a. O.), allein Andere leiten dasselbe von einem andern Dichter und zwar einem aus der frühern islâmischen Zeit ab (vrgl. die Scholien zur Ueberschrift und zum Schluss), und jene Ansicht ist, wie mit anerkennenswerther Kritik bemerkt wird (sicher nicht erst von Attibrîzî), bloss aus einer falschen Auffassung von v. 6 entstanden. Man suchte in dem dort erwähnten „hohen Berge“ Assamaual's bekanntes Schloss. Nicht günstiger wird man also auch wohl über die Angabe im Ag. urtheilen können, welche v. 3. 5. 8. 9. dem Sohn Assamaual's As's'uraiḥ beilegt [1]), von dem sonst nichts Poetisches überliefert wird. Uebrigens wird auch hier bemerkt, dass nach der Ansicht Anderer diese Verse dem Assamaual selbst zuzuschreiben seien. — Unten werden wir noch ein paar Verse finden, welche Einige dem Samuel beilegen.

Ferner wird als Dichter erwähnt Assamauals Enkel *Sú'ba* [2]) b. Ġarîḍ b. Assamaual, der im Gothaer Kitâb al'agânî wegen des Namens seines Vaters fälschlich für einen Bruder Assamauals ausgegeben wird [3]), was schon

---

1) A. Bd. I, 374 r. mit den Varianten الاكرمين für الكرام (sic) v. 3; راه für راته v. 8.

2) In den Französischen Anmerkungen zur 2ten Ausgabe von de Sacy's Alḥarîrî S. 128 (zu S. 277) wird falsch سعية geschrieben. Die Zusammenstellung des Namens mit ישעירה fällt natürlich von selbst weg.

3) Der Stammbaum ist nach den verschiedenen Angaben wahrscheinlich so anzuordnen:

'Âdiyâ

Ġarîḍ

Assamaual (etwa um 550)

Ġarîḍ (um 600) | Der Getödtete | As's'uraiḥ

Su'ba (bis gegen 670)

der Chronologie wegen nicht möglich ist, denn es heisst, das Śuʿba den Islâm annahm und, wenn auch hochbetagt, bis zum Chalifat Muʿâwiya's lebte. Als seine Gedichte werden im Kitâb al'agânî (A Bd. II, B Bd. IV.) angeführt [1]:

لُبابَ يا اختَ بني مالكٍ　　لا تشتري العاجلَ بالآجلِ

لباب [2]داويني ولا تقتلي　　قد فُضِّلَ الشافي [3]علي القاتلِ

لباب هل [4]عندكِ من نائلٍ　　لعاشقٍ ذي حاجةٍ سائلِ

علّلتِهِ منكِ بما لم ينلْ　　[5]يا ربّما علّلت بالباطلِ

o ان تسألي بي فاسألي [6]خابراً　　[7]فالعلم قد [8]يكفي [9]لدي السائلِ

ينبّيك من كان بنا عالماً　　عنّا وما العالم كالجاهلِ

انّا اذا [10]جارت دَواعي الهوى　　وانْصتَ السامعُ للقائلِ

[11]واعتلج القومُ بألبابهم　　[12]في المنطقِ الفاصلِ والقائلِ

---

1) Vers 7, 9, 10 werden (mit den durch A^2 B^2 bezeichneten Varianten) nach A B oft dem Chalifen Muʿâwiya, v. 7—10 (mit den Varianten A^3 B^3) dem Chalifen Abd-almalik beigelegt.

2) ذاويني B. ذاوابني Goth.

3) عن A.

4) عند امرء قائل Goth.

5) فطالما Goth.

6) جابرا B.

7) اذ العلم A.

8) يلقى A.

9) لذى Goth. A.

10) جارت A. مالت Goth. A^2 B^2 A^3 B^3.

11) واصطرع A^3 B^3.

12) في المنطق القابل والفاصل B. Dagegen Goth. und A^3 B^3 نقضى بحكم عادل فاصل. Kann man im Reim vielleicht والفاتل „und der verwickelnden" lesen im Gegensatz zu الفاصل „der auflösenden"?

لا نجعل الباطل حقًّا ولا نلط دون الحقّ بالباطل
نخاف ان [1]) تسفه احلامنا فنخمل [2]) الدهر مع الخامل [2])

„O Lubâba, o Schwester der Banû Mâlik, kaufe nicht das Vergängliche ein für das Ewige!

„O Lubâba, heile mich und tödte mich nicht; wohl wird der Heilende dem Tödtenden vorgezogen.

„O Lubâba, hast Du bei Dir keine Gewährung für einen bedürftigen, flehenden Verliebten,

„Den Du mit Unerreichtem hingehalten hast? O wie lange hast Du ihn mit Eitlem hingehalten!

„Wenn Du nach mir frägst, so frage einen Kundigen, da (nur) das Wissen vollkommen den Fragenden befriedigt.

„Meldung wird Dir über uns bringen, wer uns kennt; denn nicht ist der Wissende gleich dem Unwissenden.

„Wahrlich, wenn die Stimmen der Begierde verleiten, und der Hörende schweigend dem Redenden lauscht,

„Und die Leute sich mit ihrem Verstand gegenseitig verwirren in der entscheidenden und sprechenden (?) Rede:

„So machen wir nicht das Eitle zum Rechten, noch hängen wir an jenem statt an diesem.

„Denn wir fürchten, dass (dann) unser Verstand schwach würde, und wir ewig mit dem Dunkeln im Dunkeln bleiben müsten“.

[3]) يا دار سعدي [4]) بمفضى تلعة النعم حييت دارا على الاقواء والقدم
وما [5]) يجزعك الا الوحش ساكنة وهامد من رماد القدر [6]) والحمم
عجنا فما كلمتنا الدار اذ سئلت وما بها عن جواب خلت من صمم

---

1) نسفه A A[3].

2) So AA[2] A[3]. Die andern immer mit ح; فيحمل Goth.

3) Diese Verse bei A B, nicht im Goth. Sie werden unten in der Ordnung 1, 3, 2 wiederholt. 4) باقضى A an der ersten Stelle. 5) يجزعك B an der ersten Stelle. 6) والجسم B an der zweiten Stelle.

„O Haus der Suʿdâ im Ausgange des Straussenthals, sei gegrüsst als Haus trotz der Verödung und des Alters!

„Aber Nichts ist in Deiner Thalschlucht, als wilde Thiere, die da ruhen, und verloschene Asche vom Kessel und von Kohlen.

„Wir lenkten (vom Wege dahin) ab, allein das Haus redete uns auf unsere Frage nicht an, während ich doch nicht dachte, dass es zum Antworten stumm wäre[1])“.

[2]) اري الخُلّانَ لمّا قلّ مالي   وأجحفت النوائبُ ودّعوني
فلمّا أنْ غَنيتُ وعاد مالي   اراهم لا ابا لك راجَعوني
وكان القوم خلّانًا لمالي   وإخوانًا لِما خُوّلتُ دوني
فلمّا [3]) مرّ مالي باعَدوني   ولمّا عاد مالي عاوَدوني

„Ich sehe, dass die Freunde, nachdem mein Vermögen klein geworden, und die Unglücksfälle mich misshandelt haben, mich verliessen.

„Aber nachdem ich reich geworden bin, und mein Vermögen zurückgekommen ist, sehe ich wahrhaftig, dass sie wiederkommen.

„Und so waren die Leute meinem Vermögen Freunde und Brüder dem, was ich gesammelt hatte, nicht mir selbst.

„Und nachdem mein Vermögen vorüber gegangen, entfernten sie sich von mir; nachdem es zurückgekehrt, kehrten sie wieder“.

Von demselben wird ein Lied auf seinen eignen Tod angeführt, welches aber in einer genaueren Erzählung vielmehr seinem Vater (*Ǧarîd*) zugeschrieben wird, dem wir unten noch weiter als Dichter begegnen werden.

---

1) Es ist dies der Anfang einer Qaṣîda.

2) Bei A und B.

3) شذّ B.

Das Gothaer Kitâb al'agânî, mit dem A und B fast ganz übereinstimmen, erzählt:

روي الهيثم بن عديّ قال حجّ معاوية (1حجّتين في خلافته (2وكانت له ثلاثون بغلة فحجّ عليها (3نساوه وجواريه قال فحجّ في احداها فراي (4شيخًا يصلّي في المسجد الحرام عليه ثوبان ابيضان فقال من هذا فقالوا شعبة بن غريض وكان من اليهود فارسل اليه يدعوه فاتاه رسوله فقال اجبْ امير المؤمنين قال اوليس قد مات (5قيل فاجب معاوية فاتاه فلم يسلّم عليه بالخلافة فقال له معاوية ما فعلت ارضك (6التّي تكسي منها العاري ويرد فضلها علي الجار قال باقيةٌ قال اتبيعها قال نعم قال بكم قال بستّين الف دينار ولو لا خلّة اصابت الحيّ لم ابعها قال لقد اغليت قال اما لو كانت لبعض اصحابك لاخذتها بستّمائة الف (7ثمّ لم (8تبل قال اجلْ قال (9فاذا بخلت بارضك فانشدني شعر ابيك (10الّذي يرثي به نفسه (11قال قال ابي

(12يا ليت شعري حين اندُب (13هالكًا   ما ذا (14توبّنني به (15انواحي

---

1) في خلافته حجّتين B.
2) وكان Goth.
3) جواريه ونساوه B.
4) شخصا A.
5) A. B fügen hinzu امير المومنين.
6) ارضك بتيماء قال يكسى منها العارى ويرد فضلها على الجار قال اتبيعها A B (ursprünglicher); A hinten افتبيعها.
7) A B fügen hinzu دينار.
8) تبال A B.
9) فاذ A (besser).
10) Fehlt bei A B.
11) فقال A.
12) V. 1, 2, 5 werden bei A und B schon vorher citiert.
13) مالكًا Goth. A hat oben حين يذكر صالحى.
14) Mask. Goth. In den diakritischen Punkten grosse Verwirrung.
15) النواحى Goth.

ايقلْنَ لا تَبْعَد فرُبَّ كريهةٍ   فرّجتَها [1]بشجاعةٍ وسَماحِ
ولقد ضربتُ بفضل مالي حقَّه   عند الشتاء وهبّة الارواح
ولقد اخذتُ الحقّ غيرَ مُخاصِمٍ   ولقد رددت الحقّ غير مُلاحِي
[2]واذا دُعيتُ لصعْبةٍ سهّلتُها   ادعى بأَفْلِحْ [3]مرّةً ونَجاحِ

فقال [4]انا كنت [5]بهذا الشعر اولي من ابيك [6]قال كذبت ولو [لا] متّ قال آمّا كذبت فنعم وامّا لو [لا] متّ فكيف ولمَ قال لانّك [7]كنت ميّت الحقّ في الجاهليّة وميّته في الاسلام امّا في الجاهليّة فقاتلت النبيّ صلعم [8]وكذبت الوحي حتّي جعل الله [9]تعَ كيدك المردود وامّا في الاسلام فمنعت ولد [10]النبيّ صلعم الخلافة وما انت وهي وانت طليق [11]فقال معاوية قد خَرِف الشيخ فاقيموه فأُخذ بيده فاقيم

„Alhai*t*am b. ʿAdî überliefert Folgendes: Muʿâwiya machte zweimal die Wallfahrt, und er hatte 30 Mauleselinnen, auf denen seine Frauen und Mädchen bei der Wallfahrt sassen. Auf einer dieser Wallfahrten sah er einen mit zwei weissen Gewändern bekleideten alten Mann in der heiligen Moschee beten und erfuhr auf seine

---

1) ببشارة A oben.
2) فاذا B unten.
3) تارة A oben, B oben.
4) ان Goth.
5) اولى بهذا الشعر B.
6) فقال A. Im Folgenden habe ich zweimal لا gegen die Handschriften eingesetzt.
7) fehlt bei B.
8) bloss والوحي A.
9) fehlt bei A B.
10) رسول الله A B.
11) A u. B fügen hinzu بن طليق.

Frage nach ihm, es wäre Šuʿba b. Ġarîḍ; das war ein Jude [1]). Da liess er ihn durch einen Boten rufen; als nun der Bote zu ihm kam und sprach: „folge dem Ruf des Fürsten der Gläubigen," sprach er: „ist der nicht schon todt [2])?" Der Bote sprach: „So komm zu Muʿâwiya". Da kam er, grüsste ihn aber nicht als Chalifen [3]). M. „Was macht Dein Land in Taimâ'". S. „Von seinem Ertrag wird der Nackende gekleidet, und der Ueberschuss davon kommt dem Schützling zu Gute". M. „Willst Du es verkaufen?" S. „Ja". M. „Für wie Viel?" S. „Für 60000 Dînâre; wenn unser Stamm nicht durch Mangel betroffen wäre, so würde ich es gar nicht verkaufen". M. „Du hast eine hohe Forderung gestellt". S. „Wenn es einem Deiner Genossen gehörte, würdest Du dem nicht, ohne Dir weitere Sorgen zu machen, 600000 geben?" M. „Ja wohl. Wenn Du übrigens mit Deinem Lande geizest, so trag mir doch das Lied Deines Vaters vor, in welchem er sich selbst betrauert". S. „Ja:

„O wüsste ich doch, wenn ich einen Gestorbenen beklage, wie mich (einst) meine Klageweiber bejammern werden;

„Ob sie wohl sagen werden: „Sei nicht fern [4])! denn manche Noth hast Du durch Kühnheit und durch Milde durchbrochen!"

„Denn wahrlich ich habe den Ueberfluss meines Vermögens dazu verwandt, wofür es sich ziemte, im Winter beim Wehn der Stürme.

„Und habe das Gebührende genommen, ohne lange zu

---

1) D. h. von Jüdischer Abstammung.

2) Šuʿba erkannte, wie viele der alten Muslime, Muʿâwiya auch nach dem Tode des „legitimen" Chalifen ʿAlî nicht als rechtmässigen Nachfolger des Propheten an.

3) Er sagte nicht سلام عليك يا امير المومنين.

4) Eine gewöhnliche Formel der Todtenklage. Das Folgende enthält gleichfalls Worte, die in zahllosen Wendungen beim Preise Verstorbener wiederkehren.

streiten, und das Gebührende zurückgegeben, ohne zu schmähen.

„Und wenn ich zu einer rauhen Sache gerufen wurde, habe ich sie glatt gemacht, indem ich nur einmal rief: „sei glücklich“ und „Heil“ [1]).

M. „Ich wäre dieses Liedes würdiger gewesen als Dein Vater“. S. „Du lügst; wenn Du auch nicht schon todt wärest, (so wärst Du das doch nicht)“. M. „Du lügst“ das mag sein; aber was bedeutet „„wenn Du auch nicht schon todt wärest“ und wozu das?“ S. „Weil Du dem Recht abgestorben warst in der Heidenzeit, wie jetzt im Islâm; denn in der Heidenzeit hast Du den gesegneten Propheten bekämpft und die Offenbarung für lügnerisch erklärt, und im Islâm hast Du die Kinder des gesegneten Propheten vom Chalifat ausgeschlossen: wie passt Du denn für dieses, der Du ein Ausgestossner, eines Ausgestossnen Sohn, bist“. M. „Der Alte faselt; lasst ihn aufstehn!“ Da nahm man ihn und liess ihn aufstehn [2])“.

Zu dieser Familie gehört auch wohl der in Albuḥturî's Ḥamâsa, (S. 232), welche in Hinsicht der Namen, wie der Texte, nicht sehr genau ist, unter dem Namen عُرَيْض بن شُعْبة angeführte Dichter, von dem sie folgende beiden Verse hat:

ليس يُعْطَى القويُّ فضلاً من الرزْ * قِ ولا يُحْرَمُ الضعيفُ الخبيثُ

بل لكلٍّ من رزقه ما قضى اللهُ ولو كَدَّ نفسَه المستميثُ

Es liegt nun sehr nahe, hierzu den ebend. S. 336 dem Assamaual zugeschriebenen Vers:

1) D. h. (wenn ich die Worte richtig vokalisiere und verstehe): „Alles ist schon fertig; Du kannst nun ruhig sein“.

2) Diese Geschichte ist eben so charakteristisch für den starren Sinn der ʿAlîschen Partei, wie für die besonnene Duldsamkeit Muʿâwiya's. Dass dieser sich gerne merkwürdige Lieder vortragen liess, wissen wir auch sonst.

يَنْفَعُ الطَّيِّبُ القَلِيلُ[1] مِن الرِّز * ق ولا يَنْفَعَ الكَثِيرُ الخَبِيثُ

zu ziehn; aber dem steht folgende Schwierigkeit entgegen: im Ṣiḥâḥ s. v. خنت wird der erste Vers als von Assamaual herrührend mit dem Schlussworte الخَتِيت, welches durch خسيس erklärt wird[2]), citiert. Diese Lesart passt besser, und noch viel passender ist die dadurch bedingte Lesart المستميت (vrgl. Dîwân der Hudailiten 22, 4) statt des ungehörigen المستميث im folgenden Vers. Sollte der dritte Vers also doch mit diesen beiden aus einem Gedichte sein, so ist entweder anzunehmen, dass für (das übrigens im Gegensatz zu الطيّب sehr passende) الخبيث ursprünglich ein anderes Reimwort stand, oder dass der Dichter ungenau reimte.

„Dem Starken wird kein grösserer Theil vom Vorrath gegeben, noch wird dieser dem Schwachen, Elenden versagt.

„Sondern Jeder enthält den ihm von Gott beschiedenen Theil des Vorraths, wenn der Geizhals sich auch selbst zerrisse".

„Das Gute vom Vorrath nützt auch in geringer Menge, aber Nichts nützt die grosse Masse, wenn sie schädlich ist".

Ein öfter genannter Jüdischer Dichter ist *Arrabî'* b. Abî'lḥuqaiq, der nach dem Kitâb al'aġânî zum Stamme Quraiẓa gehörte, jedoch nach dem in solchen Sachen viel zuverlässigern Ibn His'âm, der mehrere seiner Söhne als Führer der Annaḍîr nennt[3]), ein Glied dieses Stammes gewesen sein muss. Die Angabe, dass er in der Schlacht

1) Dies ist spätere Korrektur für ursprüngliches الحلال. Eine Europäische (Reiske's?) Hand am Rande vermuthet القلال.

2) Auserdem liest hier das Ṣiḥâḥ noch فالمال für الرزق.

3) z. B. S. 351, 653.

bei Buʿât an der Spitze seines Stammes gekämpft, sowie dass er ein Zeitgenosse Annâbiġa's gewesen, stimmt chronologisch dazu, dass seine Söhne die heftigsten Gegner des Propheten waren. Nach dem Kitâb al'aġânî liess er sich einst mit Annâbiġa in das bei den damaligen Dichtern sehr beliebte Wettspiel ein, in welchem der eine Dichter eine Vershälfte hersagt, welche der Andere ex improviso zu einem nach Sinn, Mass und Reim richtigen Vers ergänzen muss. Annâbiġa sagte:

كادت تُهال من الاصوات راحِلتي [1]

Arrabîʿ: والنَّفْرُ [3] منها اذا ما اوحشت [2] خُلُقُ

N. لولا أُنَهْنِهُها بالسوط لاحتَذَبت [4] R. منّي الزِّمامُ وانّي راكبٌ لَبِقُ

N. قد مَلّت الحَبْسَ في الآطام [5] واشتَقَت [6] R. الى مَناهِلِها لو انّها طُلُقُ

N. Meine Kameelstute wird fast schon durch die Stimmen erschreckt,

R. Und das Fliehen gehört, wenn sie einsam ist[1]), zu ihrer Natur.

N. Wenn ich sie nicht mit der Peitsche zurückhielte, so entschlüpfte

R. mir der Zügel, während ich doch ein geschickter Reiter bin.

N. Sie ist der Haft in den Schlössern überdrüssig, und sehnt sich leidenschaftlich

---

1) Der ganze Artikel über diesen Dichter fehlt bei A. Bei B im 4. Bande.

2) والشعر B.

3) غلق B.

4) لاحتذبيت Goth. لاجتذبت B.

5) الاطعام Goth.

6) واشققت Goth.

7) Wahrscheinlich ist اوجست „wenn sie etwas Böses ahnt," zu lesen.

R. nach ihren Tränkplätzen, wenn sie freigelassen wäre.

Darauf erklärte ihn angeblich Annâbiġa für den grössten aller Dichter.

In der Hamâsa 528 f. stehn 8 Verse von Arrabî', welche jedoch von Anderen dem Qais b. Alchatîm beigelegt werden.

Folgende Verse dieses Dichters soll nach dem Kitâb al'aġânî Abân, der Sohn des Chalifen 'Otmân, oft im Munde geführt haben:

سئمتُ وامسيتُ رهنَ الفراش　　من جُرْمِ [1]قومي ومن مَغْرَمِ

ومن سَفَهِ الرأي بعد النُهى　　[2]وعيب الرشاد ولم يُفْهَمِ

فلو أنّ قومي اطاعوا الحليمَ　　[3]لم يتعدّوا ولم يُظْلَمِ

ولكنّ قومي اطاعوا الغُواةَ　　وانتشرَ الامرُ لم يُبْرَمِ

واودى السفيهُ برأي الحليم　　حتّى تحكّمَ اهلُ الدمِ

„Ich bin überdrüssig, da ich an's Bett gefesselt bin, des Vergehens und der Schuld meines Volks;

„Und der Verstandlosigkeit nach der Einsicht und des Tadels über den rechten Weg, den man nicht begriffen hat.

„Denn wenn mein Volk dem Verständigen gefolgt wäre, hätten sie nicht das richtige Maass überschritten und wäre kein Unrecht geschehen.

„Aber mein Volk folgte den Irrenden, so ist die (unsere) Sache aufgelöst und nicht befestigt.

„Und der Thor nahm fort den Rath des Verständigen, so dass endlich sogar die Blutmenschen die Entscheidung erhielten".

---

1) قوم Goth.

2) وغيب Goth.

3) ولم Goth.

Leider wird uns Nichts über die Veranlassung dieser Verse mitgetheilt.

Die Ḥamâsa Albuḥturî's hat von diesem Dichter noch (S. 317):

اذا مات منّا سيّدٌ قام بعده   له خَلَفٌ يَكفي السيادةَ بارعُ

مِنَ ابنائنا والعرقُ ينصرُ فرعَه   علي اصله والعرقُ للفرع ⁽¹⁾ فارعُ

„Wenn ein Fürst von uns stirbt, so tritt nach ihm gleich ein hervorragender Nachfolger für ihn auf, welcher der Fürstenwürde gewachsen ist,

„Einer von unsern Söhnen, denn die Wurzel hilft nach ihrem Ursprung dem Gipfel, da die Wurzel zum Gipfel empor gipfelt"

und (S. 119):

⁽²⁾ يَرمي اليّ بأطراف الهَوانِ وما   كانت رِكابي له مرحولةً ذُلُلا

أنا ابنُ عمّك إن نابتك نائبةٌ   ولستُ منك اذا ما كعبُك اعتَدلا

„Er wirft mich mit den Enden der Verachtung, während meine Reitthiere sich doch nicht geduldig von ihm reiten lassen[3]).

„Ich bin Dein Vetter, wenn Dich ein Unglück trifft (um Dir zu helfen), gehöre aber nicht zu Dir, wenn Dein Fuss (eigentlich „Knöchel") wieder gerade steht"

und (318):

ترجو الغلامَ وقد اعياك والدُه   وفي ارومتِه ما يَنبت العودُ

„Du hoffst auf den Knaben, während sein Vater schon alle Deine Hoffnung täuschte; nun wächst aber das Holz doch aus (eigentlich „in") seiner Wurzel hervor".

---

1) فازع Hdschr.

2) يرموا Hdschr.

3) D. h. während ich doch selbständig bin und sich das, was mir gehört, ihm nicht ohne Weiteres fügt.

Das Kitâb al'agânî enthält endlich von diesem Dichter noch drei Verse, welche aber von den durch mich benutzten Handschriften nur B hat:

رايتُ بني النجّار 1) الوا ومالهم   وآبوا بانف في العشيرة مُرغَمِ

فان تُقتَلوا نندم بذاك وان يفوا   فلا بُدّ يومًا من عقوقٍ ومأتمِ

فانّا فُوَيقَ الراس شوبوبُ 2)مُزنةٍ   لها بَرَدٌ ما 3) تَغشَ في الارض تَخطمِ

„Ich sehe die Banû-nnajjâr 4) .... und sie kehrten mit in dem Stamme gedehmüthigtem Antlitz 5) zurück.

„Wenn Ihr nun getödtet werdet, bereuen wir dies: wenn Ihr aber Treue haltet, so wird doch sicherlich einst Entzweiung und Trauerversammlung nicht ausbleiben.

„Denn wir sind nahe über Eurem Haupte der Erguss einer Wolke voll Hagel, die da niederschmettert, was sie auf der Erde bedeckt".

Leider wird auch zu diesem Verse keine Veranlassung angegeben.

Aus 6) von Quraiẓa (اوس القرظيّ) lebte zur Zeit Muḥammeds. Sein Weib ging zum Islâm über und suchte auch ihn zu bekehren, aber er sagte:

دعتني الي الاسلام يومَ لقيتُها   فقلتُ لها لا بل تعالي تهوّدي

فنحن علي توراة موسي ودينه   ونعمَ لعمر الدين دينُ محمّد

كلانا يري انّ الرَشادة دينه   ومن يُهدَ ابوابَ المراشد يرشد

---

1) Ich lasse den wahrscheinlich verdorbenen Text der Handschrift stehen, da mir von den manchen möglichen Besserungen keine einigermaassen sicher zu sein scheint. Im folgenden Verse sind die grammatischen Personen gleich zu machen.

2) فرنة Handschr.

3) نعش Handschr.

4) Der Haupttheil des Stammes Alchazraj.

5) Eigentlich „in den Staub gedrückter Nase".

6) Kitâb alagânî Goth. A Bd. II, B Bd. IV. Die beiden letztern geben den Namen seines Vaters an ذن oder ذي (sic.).

„Sie rief mich zum Islâm, als ich ihr begegnete, aber ich sagte ihr: nein, sondern komm, werde (wieder) eine Jüdinn,

„Denn wir leben nach Mose's Tora und Glauben; doch — bei dem Glauben! — wie gut ist (auch) Muḥammed's Glaube [1]).

„Jeder von uns Beiden meint, dass sein Glaube der rechte Weg; wer aber zu den Thoren des rechten Wegs geleitet wird, der hat den rechten Weg".

A und B haben von ihm noch folgenden Anfang einer Qaṣîda:

أنّى تذكّر زينبَ القلبُ . وطلابُ وصلِ عزيزةٍ صعبُ
ما روضةٌ جاد الربيعُ لها . [2]) مَوليّةٌ ما حولها جَدْبُ
بألذَّ منها اذ تقول لنا . سَيرًا قليلًا [3]) يَلْحَقِ الرَّكْبُ

„Wie erinnert sich das Herz an Zainab, während das Streben nach Vereinigung mit einer Hohen (doch so) viel Mühe macht?

„Nicht ist eine Au, der der Frühling freigebig war, eine vom Frühregen getränkte, um die rings umher keine Dürre ist,

„Lieblicher, als sie, wenn sie uns sagt: „langsamer reisen! damit die Karawane nachrücken kann!".

Abû 'ddiyâl [4]) ist nach A Bd. II. und B Bd. IV. Verfasser folgender Verse:

هل تعرف الدارَ خفَّ ساكنُها . بالحِجْرِ فالمستوى الى [5]) ثَمَدِ

---

1) Ursprünglich mag es wohl geheissen haben وبئس für ونعم.

2) وليّة B.

3) نلحق Goth.

4) So B. Dafür hat A ابو الزناد.

5) السند B.

دارٌ لوهْـانـةٍ[1] خـدلّجـةٍ   تضحك عن مثل جامد[2] البَرَدِ
نعمَ ضجيعُ الفتى اذا بَرَدَ الـلـيل وغارت كواكبُ الأسد
يا مَن لقلبٍ متيَّمٍ سَدِمٍ   عانٍ[3] رهينٍ أُحيطَ بالفَقَد
أزجرُهُ وهو غيرُ منزجرٍ[4]   عنها وطرفي مُقارِنُ السَّهَد
تمشي الهُوَيْنا اذا مشت فَضَلاً   مشيَ[5] النزيفِ المبهورِ في صُعُد
تَظَلُّ من زَوْرِ بيتِ جارتها   واضعةً كفَّها على الكَبِد

„Erkennst Du das Haus, dessen Bewohner fort sind, in Alḥijr oder in Almustawâ bis nach Tamad hin?

„Das Haus einer Zarten, Fleischigen, welche beim Lachen gleichsam gefrorenen Hagel[6]) zeigt.

„Welch herliche Gefährtinn für den Mann, wenn die Nacht kalt ist, und die Sterne des Löwen untergehn!

„O wer hilft einem liebesgeknechteten, leidenschaftlichen, elenden, gefangenen, von Verlüsten (?) umgebenen Herzen?

„Ich treibe es von ihr fort, aber es lässt sich nicht forttreiben, und mein Blick muss beständig (vor Kummer) wachen.

„Sie geht (noch) langsam, wenn sie mit Eifer geht, wie wenn der Zarte, Ermüdete auf Anhöhen steigt.

„Sie legt, wenn sie das Haus ihrer Nachbarinn besucht hat, lange die Hand (vor Erschöpfung) auf die Leber[7])".

---

1) لبهانة A.

2) بارد B.

3) عاف B.

4) مزدحم A.

5) مثل B.

6) Die Zähne.

7) Die Araber schildern mit Vorliebe ihre Schönen als äusserst zart und leicht erschöpft.

Albakrî hat in der Vorrede von Abû *'ddiyâl* noch drei Verse, in denen er die von Muḥammed vertriebenen Bewohner von Taimâ' beweint. Er giebt auch an, dass dieser Dichter zu den zum Judenthum übergegangenen Banû Ḥis'na gehörte.

لم تر عيني مثل يوم رايته   برعبل ما احمرّ الاراك واثمرا
وايامنا بالكبس قد كان طولها   قصيرا وايام برعبل اقصرا
فلم ار من آل السموءل عصبة   حسان الوجوه يخلعون المعذرا

„Nie sah mein Auge einen Tag wie den, welchen ich in Raʿbal gesehen habe, so lange der Arâk-Strauch sich röthet und Frucht trägt,

„Und wie die Tage in Alkibs — ihre Länge war kurz, aber die Tage in Raʿbal waren noch kürzer.

„Und nicht habe ich mehr von dem Hause Assamaual's eine Schaar mit schönem Antlitz gesehen, welche den Unwürdigen (eigentlich den sich viel Entschuldigenden) ausstiess".

Unten s. v. الكبس werden die beiden ersten Verse, s. v. رعبل wird der zweite Vers wiederholt; beide Male mit der Variante اخضرّ für احمرّ.

Von den Juden *S'uraiḥ* b. ʿImrân hat Albuḥturî's Ḥamâsa (S. 88) folgendes herrliches Verspaar:

آخِ الكرامَ اذا وجدتَ الي اخائهم سبيلا
واشرب بكأسهم وان تشرب به السمّ الثميلا

„Verbrüdere Dich mit den Edlen, wenn Du einen Weg zur Verbrüderung mit ihnen findest,

„Und trinke aus ihrem Becher, wenn Du auch doppeltes Gift daraus trinkst"

und (S. 111):

تجلي منك اذا ما خنتني ليس لي في وصل خوان ارب
لا أحب المرء الا حافظا ربقة العهد على كل سبب

„Genug hab ich von Dir, wenn Du mich (einmal) betrogen hast; ich habe keinen Eifer, mich mit einem Betrüger zu verbinden.

„Ich liebe den Mann nur, wenn er das Band der Treue unter allen Umständen festhält".

Von dem unter den Jüdischen Feinden Muḥammed's so hervorragenden *Kâb* b. Al'as'raf, welcher von väterlicher Seite her dem Stamme Ṭai und nur von mütterlicher dem Stamme Annaḍîr angehörte, haben A (Bd. II), B (Bd. IV) als Zugabe zu seinen grössern und bedeutendern Gedichten, welche wir bei Ibn His'âm finden, noch folgende Verse:

ولنا بئر رواء جمة من يردها باناء [1] يغترف
[2] تدلج الجون على أكنافها بدلاء ذات أمراس صدف
كل حاجاتي قد قضيتها غير حاجاتي من بطن الجرف

„Und wir haben einen reichlichen Brunnen, aus dem schöpft, wer zu ihm mit einem Gefäss kommt.

„Die schwarzen (Kameele) schleppen an seinen Seiten Eimer mit Stricken, die von einander abstehn.

„Alle meine Wünsche habe ich erlangt, ausser meinen Wünschen hinsichtlich Baṭn-aljuruf [3]".

Folgende Verse werden sehr verschiedenen Dichtern zugeschrieben. Das Kitâb al'agânî (A Bd. I, B Bd. I.) nennt von jüdischen Dichtern den Ġarîḍ b. Assamaual

---

1) يعترف B.

2) يدلج B.

3) Vielleicht die Wohnung seiner Geliebten.

oder dessen Sohn Šuʿba, oder von nicht Jüdischen den Zaid b. ʿAmr b. Nufail oder Waraqa b. Naufal [1]) oder ʿÂmir b. Almajnûn oder Zuhair b. Janâb, erklärt aber, die Angabe, das Ġarîḍ der Dichter, für die wahre. Dagegen schreibt sie Ibn Qutaiba (Dichterbiographien, Wiener Handschrift 76 v.) ohne Angabe abweichender Ansichten dem alten Dichter Zuhair b. Janâb zu, der um 570 lebte; Albuḥturî's Ḥamâsa sagt: وقال ورقة بن نوفل اليهودى eine Angabe, aus der ich in einem früheren Aufsatze [2]) zu Viel geschlossen habe, indem es leicht möglich ist, dass hinter dem Namen نوفل Worte wie وقيل غريض بن السموءل oder etwas Aehnliches ausgefallen ist. Diese beiden Verse sind:

ارفع ضعيفك لا [3]) يحر بك ضعفه   يوما فتدركه [4]) العواقب قد نمي

يجزيك او يثني عليك وان من   اثني عليك بما فعلت [5]) كمن جزي

Dass Ġarîḍ der Dichter sei, stützt sich auf eine Tradition, nach welcher der Prophet diese Stelle als von „dem Juden" herrührend bezeichnete und sehr lobte. Die sie aber dem Waraqa zuschreiben, erklären sie für ein Bruchstück folgendes Liedes:

[6]) رحلت قتيلة [7]) عيرها قبل الضحي   واخال ان شحطت [8]) تحاربك النوي

اوكلما رحلت قتيلة غدوة   وغدت مفارقة لارضهم بكي

---

1) Beide sind aus Muḥammed's frühster Geschichte bekannt.

2) Z. d. D. M. G. XII, 703.

3) يحر Ham. Buḥt. يحديك und unten بك يحد B.

4) Variante erster Hand in Ham. Buḥt. الحوادث.

5) فقد A.

6) رجلت B.

7) غيرها B.

8) بجارتك B.

ولقد ‎(1‎ ركبتُ علي السفين ‎(2‎ملتّجِجًا   اذَرُ الصديقَ وَأنتحي ‎(3‎ دارَ العِدي
‎(4‎ ولقد ‎(5‎ دخلتُ البيتَ يَخْشي اهلُه   بعد الهُدوء وبعد ما سقطَ النَدي
ه فوجدتُ فيه ‎(6‎ حُرّةً قد زُيّنت   بالحَلي تَحْسِبُه بها ‎(7‎ جَمْرَ الغَضا
فنعِمتُ بالاَ اذ اتيتُ فِراشَها   وسقطتُ منها حين جئتُ علي هَوي
‎(8‎ فبتلك لذّاتُ الشَبابِ قضّيتُها   عنّي فسائلْ بعضهم ما ذا قضي
‎(9‎ فرج الذبابَ فلبس يؤدي ‎(10‎ فرجُه   لا حاجةً قَضَّي ولا ماء ‎(11‎ بقي

‎(12‎ فارفع البيتين

(A:) „Qutaila liess ihre Karavane früh am Morgen abgehn, und ich glaube, wenn sie fortgeht, greift die Trennung Dich an.

(B:) „„Weint er denn jedesmal, wenn Qutaila Morgens fortzieht, und früh ihr Land verlässt?“

(Der Dichter:) „Wohl habe ich schon die Schiffe bestiegen, auf die Wogen mich wagend, indem ich den Freund verliess und nach dem Wohnsitz der Feinde hinstrebte.

---

1) زكبت A ركيت B.

2) ملتجما B.

3) ارض العدوى B.

4) Diese beiden Verse kommen gleich darauf als von Waraqa herrührend noch einmal vor.

5) طرقت A unten; تركب B unten.

6) طفلة B oben.

7) حمر القفا B oben.

8) فلتلك A.

9) فرج B.

10) فرجه B.

11) بعني A. Ich gestehe, dass dieser Vers mir im Einzelnen sehr dunkel ist.

12) In diesem Zusammenhange bei A und B mit ف (oben ohne dieses).

„Und wohl hab' ich mich schon in das Haus geschlichen, vor dessen (eifersüchtigen) Bewohnern man sich fürchten musste, nach Mitternacht und nachdem der Thau gefallen war,

„Und darin eine Edle gefunden, geziert mit einem Schmuck, den man für Ġaḍâ-Kohlen hätte halten sollen.

„Und ich war guten Muths, als ich ihre Decke betrat und von ihr, sobald ich kam, meine Lust erlangte[1]).

„Durch eine solche habe ich die Freuden der Jugend nun zu Ende gebracht: nun frage Manchen von ihnen, was er denn zu Ende gebracht hat.

„Er hat die Noṫh durchbrochen[2]), ohne dass ihm das Etwas nützte; keinen Zweck hat er erreicht, noch . . . . [3]).

„Erhebe darum Deinen Schwachen, so wird Dich einst seine Schwäche nicht betrügen; denn die Ereignisse werden ihn gewachsen finden.

„Er wird Dich belohnen, oder Dich loben; und wahrlich, wer Dich lobt für das, was Du thust, der ist gleich dem, welcher Dich belohnt".

Von einem *ungenannten* Juden haben A Bd. II, B Bd. IV. folgenden Vers gegen Mâlik b. Aʿajlân, welcher über 80 von den Häuptern der Juden hinterlistig hatte niedermetzeln lassen:

4) تسقّيتَ 5) قبله 6) أخلافَها   ففيهن بقيتَ وفيهن تَسُودْ

---

1) Man muss gestehen, dass die Schilderung dieser galanten Abentheuer nicht recht zu dem Bilde passt, in dem Waraqa in der Geschichte Muḥammed's erscheint!

2) Eigentlich „die Fliegen zerstreut". (?)

3) Zwischen diesem und dem folgenden Verse ist eine Lücke anzunehmen.

4) فسقّهت B.

5) قبلة A.

6) احلامها B.

„Du hattest früher an ihren Eutern gesogen, (oder „Du hattest vorher ihren Verstand bethört“): und unter welchen Leuten bist Du nun übrig geblieben und unter welchen herrschest Du?“

Darauf antwortete Mâlik stolz und höhnisch:

(1) إنّي امرؤٌ من بني سالم (2) بن عوفٍ وأنتَ امرؤٌ من يهودْ

„Ich bin ein Mann von den Banû Sâlim b. ʿAuf, und Du bist ein Mann von den Juden“.

Als die Juden ihn nun in ihren Synagogen (في بيعهم وكنائسهم) verfluchten, sagte er[3]:

(4) تحاني اليهود (5) بتلعانها (6) تحاني الحمير بأبوالها

(7) فماذا عليَّ بأن يلعنوا وتأتي المنايا بإذلالها

„Dass die Juden sich mit ihren Verfluchungen gegen einander kehren, ist wie wenn die Esel sich gegenseitig mit ihrem Harn bespritzen.

„Was hab' ich für Schaden davon, dass sie (mich) verfluchen, da das Geschick ihnen Erniederung bringt?“

Noch haben die Mufaḍḍalîyât das Lied eines *ungenannten* Juden, welches ich nach der Berliner Handschrift Wetzst. 66 fol. 270r gebe. Es ist von allen bis jetzt angeführten Fragmenten das einzige, bei dem ein Kommentar die Feststellung des Textes wie die Erklärung unterstützte. Da jedoch das Lied ziemlich einfach ist, so ist es nicht nöthig, den etwas weitläufigen Kommen-

1) قال B.

2) بن عوف fehlt bei B.

3) Diese Verse auch bei Wüstenfeld, Gesch. v. Medina S. 35.

4) تحاك B تحامى Wüstenfeld.

5) وتلعانها A.

6) تحامى Wüst.

7) وما Wüst.

tar Almarzûqî's, der doch über die Umstände, welche das Gedicht hervorriefen, nichts Näheres anführt, hier mitzugeben. Der Dichter war offenbar ein verschmähter Liebhaber.

انشد المفضّل لرجل من اليهود

سَلا ربّةَ الخِدْرِ ما شأنُها   ومن أيِّ ما فاتَنا تعجَبُ
فلسنا بأوّلِ من فاتَه   على رِفْقِه بعضُ ما يَطّلب
وكائنْ تضرَّعَ من خاطبٍ   تَزوّجَ غيرَ الّتى يَخْطُب
وزوّجَها غيرَه دونَه   وكانت له قبله [1] تُحْجَب
وقد يُدْرِكُ المرءُ غيرُ الاريبِ   وقد يُصْرَع الحُوّلُ القُلَّبُ
الم تَرَ عُصْمَ رؤسِ الشَظا   اذا جاء قانصُها تُجْلَب
اليه وما ذاك عن اِرْبةٍ   يكون بها قانصٌ يأدَب
ولاكنْ لها آمرٌ قادرٌ   اذا حاوَلَ الشيء لا يُغْلَب

„Fragt Ihr beiden (Freunde) die Verhüllte, was sie macht, und worüber von dem, was uns entgangen ist, sie sich wundert.

„Denn wir sind nicht der Erste, dem trotz seiner Freundlichkeit Etwas von dem, was er sucht, entgangen ist.

„Wie mancher Freier hat sich gedemüthigt, der eine andere heirathete, als die, um welche er freite!

„Und er verheirathete sie (selbst) an einen Andern statt an sich, während sie früher für ihn verhüllt worden war.

„Wohl gelingt Manches dem nichtschlauen Mann, während der Gewandte und Listige getäuscht wird.

„Siehst Du nicht, wie die weissfüssigen (Steinböcke) der Felsspitzen, wenn der Jäger zu ihnen kommt, ihm entgegen gezogen werden,

---

1) تجحب Handschr.

„Ohne dass dies von der Schlauheit käme, welche der Jäger anwendete;

„Sondern sie haben einen gebietenden, bestimmenden (Gott), der, wenn er Etwas bezweckt, nicht überwunden wird".

Nimmt man zu den hier angeführten Versen noch die zum Theil etwas längern Stücke bei Ibn His'âm (S. 548 ff.; 657 ff.[1]); 760)[2]) welche ich hier nicht wiederholen will, da ich nur zu wenigen einige neue Varianten geben könnte, so wird man so ziemlich Alles zusammen haben, was uns von den Gedichten der Juden aus der Gegend von Almedîna übrig ist. Denn wenn ich meine Sammlung auch durchaus nicht für vollständig ausgeben will, so glaube ich doch nicht, dass die anderweitig noch aufzufindenden Verse sehr zahlreich sein werden. Ich bemerke noch, dass ich einige für alte Poesie wichtige Werke vergebens nach Jüdischen Gedichten durchsucht habe.

---

1) Von einem Gedicht des Sammâk stehn 6 Verse bei Almâwardî ed. Enger S. 86, von denen sich 2 auch in einem Bruchstück aus demselben Liede bei Ibn His'âm 657 f. finden.

2) Zu den von uns angeführten Dichtern fügt Ibn His'âm noch hinzu den *Sammâk* und *Marḥab*, Letztern als Improvisator von Rajazversen.

Mâlik und Mutammim, die Söhne Nuwaira's.

Abû 'lmiġwâr *Mâlik* b. Nuwaira b. Jamra b. Śaddâd b. ʿUbaid b. *Taʿlaba* b. Yarbûʿ[1]) war das Haupt der Yarbûʿ, einer Unterabtheilung des grossen Stammes *Tamîm*. Schon sein Vater Nuwaira hatte eine angesehne Stellung in seinem Stamme eingenommen und war in der Schlacht bei Malham gegen die Yasʿkur b. Bakr b. Wâil einer der Anführer gewesen (Dîwân Jarîr's, cod. Lugd. 633 fol. 159)[2]). Er selbst war einer der tapfersten Krieger, hochsinnig, unverzagt in Noth und Gefahr, freigebig, kurz mit allen Tugenden eines Arabischen Häuptlings ausgestattet, so dass das Sprichwort sagte:

مرعى ولا كالسعدان وماء ولا كصدّاء وفتى ولا كمالك

„ein (gutes) Futter, aber nicht (so gut) wie die Saʿdânpflanze; ein (süsses) Wasser, aber nicht wie (das des Brunnens) Ṣaddâ'; ein Mann, aber nicht wie Mâlik!" (Ibn Challikân nr. 792. Ueber Ṣaddâ', den Brunnen mit dem besten Wasser, vrgl. denselben am Schluss des Artikels und die Marâṣid s. v.). Als die Tamîm den Islâm annah-

1) Die Genealogie übereinstimmend mit Wüstenfeld's Stammtafeln, (K.) im Kitâb al'aġânî. Ich bezeichne dieses Werk mit Ag., die Sprengersche Handschrift 1176 (den zweiten Band des ersten Exemplars) mit A, 1179 (den dritten Band des 2ten Exemplars) mit C, den Gothaer Auszug mit Goth.

2) Vrgl. über dies Treffen Caussin de Perceval, Essai II, 572 f., wo Mâlik, aber nicht sein Vater erwähnt wird.

men, schloss auch er sich an. Muḥammed, der, wo möglich, überall die alten Anführer in ihren Stellen liess, gab ihm das Amt, die Abgaben („Almosen“) eines grossen Theiles der Tamîm zu erheben (Ibn His'âm 965 u. a. m.). Aber diese Bekehrung war freilich bei Mâlik eben so wenig aus innerer Ueberzeugung erfolgt, wie bei fast allen andern Beduinenhäuptern. Dies zeigte sich auch bei ihm deutlich sofort nach dem Tode des Propheten. Der Abfall Mâlik's und sein dadurch herbeigeführter Tod ist eigentlich erst die Veranlassung, dass sein Name so berühmt ward, indem ihn sein Bruder *Mutammim* [1]) in tief empfundenen Klageliedern feierte.

Ueber dieses Ereigniss haben wir mehrere Quellen: 1) Aṭṭabarî (ed. Kosegarten I. von S. 126 und besonders von S. 140 an). Diesem folgt das Kitâb al'agânî durchaus, indem es nur hie und da ein Wort ändert oder weglässt, sonst aber wörtlich die durch Aṭṭabarî von verschiedenen Seiten her gesammelten Ueberlieferungen und zwar *in derselben Reihenfolge* wiedergiebt [2]). Diese Quelle ist besonders dadurch so schätzbar, dass sie den ganzen Zusammenhang der Ereignisse, von denen Mâlik's Abfall und Tod nur ein Glied ist, deutlich beschreibt, während für die Einzelheiten die zweite Quelle noch genauer ist. 2) Die Erzählung des Abû Raiyâs', von Attibrîzî zur Ḥamâsa angeführt (S. 370 ff.), hat den Zweck, die auf diese Ereignisse bezüglichen Lieder zu erklären. Was hierzu nicht nöthig ist, lässt sie ohne Weiteres weg (so hat sie z. B. kein Wort von Sajâḥ), aber das Hauptereigniss wird desto genauer erzählt und durch die als Ur-

---

1) Die aktive Aussprache des Namens schreibt Ibn Chall. a. a. O. ausdrücklich vor.

2) Dies gilt aber nur von den Ereignissen, die sich auf Mâlik's Ermordung beziehen. Ausserdem hat das Ag. noch allerlei Erzählungen über ihn aus anderen Quellen. Der gedruckte Text Aṭṭabarî's lässt sich an einigen wenigen Stellen aus dem Ag. verbessern.

kunden beigegebenen Gedichte erläutert. 3) Der Auszug aus dem Buche des Watîma Alwas's'â' (+ 237) (und aus Alwâqidî's كتاب الردّة ?) bei Ibn Challikân a. a. O. und etwas verkürzt, vielleicht erst aus zweiter oder dritter Hand, bei Abû'lfidâ' Ann. mosl. I, 214 ff. ist kürzer und stimmt in den Hauptsachen mit Aṭṭabarî überein. Ibn Challikân hat ausserdem verschiedene andere Erzählungen über Mâlik, die sich zum Theil im Ag. wiederfinden. Was sich sonst noch in mir bekannten Werken über Mâlik's Tod findet, besteht entweder aus ganz kurzen Angaben, wie bei Albalâduri ed. de Goeje 98 f., oder beruht auf Quellen, die in den genannten Büchern besser benutzt sind, wie bei Ibn Nubâta in Rasmussen's Additam. S. 5 ff. des Textes, welcher auch ausserdem über Mâlik zum Theil dieselben Quellen benutzte, wie Ibn Chall. Da die Hauptquellen gedruckt sind, so können wir uns in der Erzählung dieser Ereignisse kurz fassen.

Durch den Tod Muḥammed's waren die meisten Araberstämme in grosse Unruhe versetzt. Viele wollten das Joch ohne Umstände abschütteln; Andere suchten zu verhandeln, um nur von den Abgaben frei zu werden, während sie die religiöse Vorschrift des fünfmaligen Gebets wohl noch bis auf Weiteres ausüben wollten; hie und da waren auch Einige, deren Bekehrung schon so weit fortgeschritten war, dass sie es für einen Frevel hielten, sich von den übernommenen Pflichten wieder loszusagen. Die beiden ersten Richtungen traten aber bei allen Stämmen vereinzelt auf und bewirkten fast nirgends ein gemeinschaftliches Handeln der Gegner der herrschenden Qurais'iten. Nur dadurch wurde es der Energie und Schlauheit dieser möglich, alle Stämme einzeln nach einander wieder zu unterwerfen. So war es auch bei den Tamîm. Die hervorragendsten Männer, denen sich die einzelnen Zweige des Stammes fast stets anschlossen, schwankten nach Aṭṭabarî's genauen Berichten lange über den Weg.

den sie einschlagen sollten. Endlich entschlossen sich Azzibriqân b. Badr, wohl der angesehenste Mann des ganzen grossen Stammes, und mit ihm viele Andere, ihre Abgaben wieder nach Almedîna zu senden [1]. Aber gerade dieser Umstand veranlasste Andere, die auf jenen eifersüchtig waren, nun erst recht widerspänstig zu werden. Wir wissen nicht, ob Mâlik überhaupt geschwankt hat. Jedenfalls verübte er bald eine That offenbarer Feindseligkeit gegen die Muslime. Er nahm bei Raḥraḥân, nicht weit von Almedîna, 300 Kameele weg, welche als Abgabe treugebliebener Beduinen nach dieser Stadt geführt wurden. Diese That, welche freilieh von einigen seiner Stammesgenossen entschieden gemissbilligt wurde, wird nur von Abû Raiyâś erwähnt, aber durch folgende Verse Mâlik's beglaubigt, welche er citiert, und von denen 1. 4. 3 auch im Ag. (in A und C bloss 1. 4.), v. 1 und 3 in Yâqût's geographischem Wörterbuch [2] s. v. رحرحان vorkommen und gegen den Wortlaut derselben auf ein blosses Vertheilen der in Mâlik's Händen befindlichen Abgabekameele bezogen werden:

أراني اللهُ (3 بالنَّعَمِ (4 المندَّي ببرقةِ (5 رَحْرَحانَ وقد اراني

أأن قُرِّتْ عيونٌ واستُغيثتْ غداةَ قد تجود بها بَناني

(6 حَويتُ جميعَها بالسيف صَلْتًا ولم (7 تَرْعَدْ يداي ولا جَناني

1) Interessant sind die Verse bei Tab. 188 f., in welchen er seine Bereitwilligkeit, die Steuer zu zahlen, rühmt und auf die Widerspänstigen schilt.

2) Die Stellen aus Yâqût wie aus Albakrî verdanke ich der Freundlichkeit des Herrn Professors Wüstenfeld.

3) ذا النعم Yâqût.

4) المبدّى C, Yâqût. المبدّا Goth. المغدا oder المفدا A.

5) وجرجان A.

6) جميت Goth.

7) ترعش Goth.

تمشّي يا ابن عوذة في تميم   [1]وصاحبك الاقيرع [2]تلحياني

الم اكُ نارَ رابيةٍ تلظّى   فتتّقيا أذاي وترهباني ٥

فقل لابن المذبّ يغضّ طرفا   علي قطع المذلّة والهوان

„Gott zeigte mir die reichlich getränkten Kameele auf dem Steingrund von Raḥraḥân, ja er zeigte sie mir.

„Also darüber, dass (viele) Augen gelabt und grosse Beute gemacht wurde, welche meine Hände freigebig vertheilen,

„Welche ich ganz mit blankem Schwerte gewonnen hatte, ohne dass mir Hand oder Herz gezittert hätte,

„Verläumdest Du mich o Sohn ʿAuḍa's [3]) mit Deinem Gesellen, dem Aqraʿlein, unter den Tamîm und schiltst mich?

5 „War ich nicht (stets) ein loderndes Feuer auf einem Bergesgipfel? Drum hütet Euch, dass ich Euch nicht Schaden zufüge, und scheut Euch vor mir!

„So sage dem Sohn Almuḏabba's [4]), dass er den Blick niederschlage vor äusserster Erniedrigung und Schmach".

Und so ging es nach dem Zeugniss des Abû Raijâš noch weiter (مع غيرها).

Dabei meinte er aber, im Nothfall könnte er doch immer wieder zum Islâm zurückkehren, vorerst sollten sie nur ruhig die Beute hinnehmen. So sagt er in zwei Versen, die uns das Ag. aufbewahrt:

---

1) Dieser Halbvers fehlt in Goth.

2) Für تلحيانني, wie unten bei Mutammim ترينى für ترينني. Aus dem Vorkommen beider Formen bei zwei Tamîmiten ergiebt sich die Unrichtigkeit der Behauptung Attibrîzî's zur Ḥamâsa 110, dass dies eine لغة حجازيّة sei.

3) Eigentlich „Muʿâḏa," die Mutter des Ḍirâr b. Alqaʿqâʿ.

4) So (oder Almaḏabba) hiess die Mutter des Al'aqraʿ.

وقلتُ خُذوا [1] أَموالَكم غيرَ خائفٍ ولا ناظرٍ فيما يَجيء من الغدِ
فإن قام بالأمر [2] المَخُوف قائمٌ منعنا وقلنا الدينُ دينُ محمّد

„Und ich sprach: nehmt ohne Furcht Euren Besitz hin und ohne Rücksicht auf das, was morgen kommt;
Denn wenn Jemand die gefürchtete Sache (d. i. die Strafe für unser Vergehen) ausführen will, so halten wir ihn ab und sprechen: „unser Glaube ist der Muhammed's."“

In dieser Zeit, es ist ungewiss, ob vorher oder nachher, erschien von Mesopotamien her Sajâḥ, die Führerinn der Taǵlib, welcher Stamm zum grossen Theil aus Christen bestand. Sajâḥ, über welche wir leider wenig Näheres wissen, soll selbst eine Christinn gewesen sein, aber sich für eine Prophetinn ausgegeben haben. Wie dem auch sei, sie versuchte nach Muḥammed's Vorgang sich eine grosse Herrschaft in Arabien zu gründen, indem sie die unruhigen Zeiten nach dessen Tode zuerst zu einem Unternehmen gegen die nordöstlichen Stämme benutzte. Mâlik schloss sich ihr an, wohl weil er meinte, die Herrschaft des Weibes, dessen Sitz so fern, würde weniger drückend sein, als die der Muslime. Aber seine Verbindung mit Sajâḥ fand bei den Tamîm wenig Anklang; es kam zwischen ihren Anhängern und Gegnern sogar zu Blutvergiessen, und Mâlik fand es bald gerathen, sich von ihr zurückzuziehn. Sie zog darauf nach Alyamâma. Ihre weitere Geschichte gehört nicht hierher.

Aber schon nahte die Rache für Mâlik's Abfall. Der grosse Feldherr Châlid b. Alwalîd rückte in's Gebiet der Tamîm, nur die Wahl zwischen Ergebung oder Tod lassend. Als er in die Gegend kam, welche von Mâlik's Geschlecht bewohnt ward (Albiṭâḥ), fand er keine Anstalt zur Gegenwehr vor. Aber die von Abû Bekr

1) ابياتكم Goth.
2) المخوفة A.

empfangene Weisung verpflichtete ihn, die Orte, wo nicht zu den bestimmten Stunden der Ruf zum Gebete erschallte, als von Abtrünnigen bewohnt anzugreifen. So ward denn Mâlik überfallen. Dass es zu einem wirklichen Kampfe kam, erzählt uns Abû Raiyâs', der auch genaue Ortsangaben hinzufügt, die uns leider bei unserer Unbekanntschaft mit der ganzen Gegend wenig nützen können. Auch Mutammim's Verse sprechen ausdrücklich von einem Kampfe. Mâlik scheint gesucht zu haben, das Blutvergiessen zu vermeiden, indem er sich für einen Muslim erklärte, und eine solche Erklärung musste nach den Grundsätzen des Islâm's den Angreifern vollkommen genügen, ihn als reuigen Sünder wieder aufzunehmen. Aber diese liessen sich nicht darauf ein. Nur wenige Stammesgenossen aus den ihm am nächsten verwandten Geschlechtern eilten auf Mâlik's Hülferuf herbei, aber die kleine Schaar wehrte sich tapfer. Als schon Viele gefallen waren, bot Châlid, oder wer sonst die Streifparthie anführte (siehe unten), ihnen Sicherheit für ihr Leben an, wenn sie sich ergäben. Dies geschah, und nun brach Châlid schmählich das gegebene Wort, indem er den edlen Beduinen, der, wir wiederholen es, nach seiner Erklärung, er wäre ein Muslim, vollkommen als solcher betrachtet werden musste, durch Ḍirâr b. Al'azwar hinrichten liess. Dass ihm sein Leben verbürgt war, verschweigen freilich die meisten Berichte, aber es steht dennoch ganz fest. Elende Wortklaubereien wollen den Châlid entschuldigen oder das Ganze als ein Missverständniss darstellen, aber der Unwille, den die wahren Muslime, vor Allen ʿOmar, gegen jenen empfanden, zeugt allein schon hinreichend gegen ihn. Der Beweggrund zu dieser That war wohl nicht rein Blutdurst, wie Châlid auch in einem ähnlichen Falle, wo er eine Anzahl Beduinen niederhauen liess, die sich ergeben hatten (Ibn His'âm 833 ff.), nicht aus blosser Mordlust handelte, sondern weil er Blutrache nehmen wollte. Es wird erzählt, dass Mâlik, als er zum Tode geführt ward, sich nach seinem Weibe Umm Tamîm Lailâ bint Sinân [1]) umgedreht und gesagt habe: „diese hat mich getödtet". Darnach müsste Mâlik die Leidenschaft Châlid's für sein schönes Weib sogleich bemerkt haben. Wie dem auch sei, es ist zu glauben, dass Mâlik dieser Frau wegen sterben musste. Es ist nun freilich nicht wahrscheinlich, dass Châlid dieselbe schon früher gekannt habe, aber Abû Raiyâs' erzählt, sie habe am Kampfe Theil genommen, und jedenfalls ist anzunehmen, dass sie sich unter den Gefangenen befand [2]). Zum grössten Unwillen aller guten Muslime heirathete Châlid nach kurzer Zeit die Frau und erweckte dadurch allgemein den Verdacht, dass er um ihretwillen Verrath und Mord begangen hätte [3]). Die Köpfe der Erschlagenen wurden, wie man erzählt, von den Kriegsleuten als Untersätze (أَثْفِيَة) für die Kessel gebraucht, wobei allein Mâlik's Kopfhaut durch sein dichtes Haar vor dem Versengen durch das Feuer geschützt ward. Nach einer andern Sage suchte Alminhâl, ein Stammesgenosse, lange nach der Leiche Mâlik's, um sie in zwei kostbare Gewänder zu hüllen und zu begraben, und entdeckte sie endlich, indem ein starker Wind das lange Haar in die Höhe trieb. Das reiche Haar Mâlik's wird auch sonst erwähnt, und er hatte von demselben den Beinamen „Aljafûl" erhalten d. h. eigentlich wohl „der, dessen Haar hin und her wallt".

Als die Kunde von den Ereignissen nach Almedîna kam, und Châlid bald selbst mit Lailâ zurückkehrte, ent-

---

1) So Abû Raiyâs' und Ibn Nubâta. Nach Aṭṭabarî 144 „bint Alminhâl".

2) Da sie gefangen war, konnte er sie als Beutetheil zu sich nehmen, ohne die عِدَّة abzuwarten, wie Muḥammed einst ähnlich verfahren war.

3) Dass Châlid um eines Weibes willen Viel thun konnte, sehen wir auch aus dem Fall Aṭṭabarî I, 180. vrgl. 266 f.

brannte besonders ʿOmar's Zorn gegen ihn, und er forderte den Abû Bekr auf, ihn für sein Vergehen mit dem Tode zu bestrafen oder wenigstens abzusetzen. Aber der Chalif konnte unter den schwierigen Zeitumständen den Châlid durchaus nicht entbehren, und er wies daher ʿOmar mit den Worten zurück, ein Schwert, welches Gott gezogen hätte, wollte er nicht in die Scheide stecken [1]). Aber nie vergab ihm ʿOmar seine That, und eine seiner ersten Handlungen nach Antritt seines Chalifats war, dass er den Châlid absetzte, wenn er gleich das Ansinnen Mutammim's, ihn jetzt noch mit dem Tode zu bestrafen, mit der Erklärung ablehnte, Abû Bekr's Anordnungen zurückzunehmen, auch wenn er sie nicht gebilligt hätte, wäre gegen seine Grundsätze.

Abû Nahśal [2]) ***Mutammim,*** Mâlik's Bruder, war nämlich bald nach dem Regierungsantritt ʿOmar's nach Almedîna gekommen und von diesem wohlwollend aufgenommen. ʿOmar liess sich die Trauerlieder Mutammim's auf Mâlik's Tod vortragen und fand grosses Gefallen daran. Er erklärte ihm, wie sehr er es bedauerte, dass ihm die Dichtergabe versagt wäre, um seinen in Alyamâma gefallenen Bruder Zaid eben so würdig zu feiern. Mutammim war durch den Tod seines Bruders tief getroffen und strömte seinen Schmerz in immer neuen Klageliedern aus, so dass man sagt, kein Araber habe je um einen Todten so getrauert, wie Mutammim um Mâlik (Ibn Challikân), und dass die späteren Dichter ihn als Beispiel der tiefsten Trauer nannten (vrgl. die Verse verschiedener Dichter bei ebend.). Er selbst soll erzählt haben, sein eines Auge, auf welchem er durch ein Unglück blind geworden wäre, hätte nach Mâlik's Tode wieder zu weinen angefangen,

---

1) Dieses Bild geht offenbar auf die Absetzung, nicht auf die Hinrichtung des Feldherrn.

2) Die Kunya bei Ibn Chall. und im Ag.

obgleich vorher seit 20 Jahren kein Tropfen daraus gekommen wäre.

Von seinen Elegien haben wir eine ganz oder beinahe vollständig in den Mufaḍḍalîyât (cod. Berl. Wetzst. 66 fol. 409 ff.) [1]). Der grösste Theil derselben befindet sich auch in der جمهرة اشعار العرب, welche in der Londoner Handschrift (cod. Ad. mscr. 19403) dem Abû Zaid Muḥammed b. Abî 'lchaṭṭâb Alquras'î beigelegt wird. Diese Londoner Handschrift, deren Vergleichung ich Wright's Güte verdanke, hat das Lied in folgender Ordnung: 1—6. 10. 14—17. 11—13. 8. 7. 18 f. 24 f. 27. 26. 28. 23. 22. 20 f. dann ein Vers, der in den Mufaḍḍalîyât fehlt, dann 29—31. 34. 38 f. 41—44. 35. 32 f. 36 f. 40. (Es fehlen also v. 9 und 45—50.). Die ziemlich schlechte Berliner Handschrift ordnet den Anfang folgendermaassen: v. 1—5. 9. 6. 14—17. 11. 13. 8. 7 und dann weiter, wie die Londoner, nur dass sie noch v. 37, im Ganzen also 10. 12. 37. 45—50 auslässt [2]). — Ausserdem finden sich zahlreiche Stellen unseres Liedes in den verschiedensten Werken, nämlich v. 1. 2. 45 bei Attibrîzî zur Ḥamâsa 372, v. 16 ebend. 685; v. 1. 2 und dann 20. 21 im Ag. und zwar in A und C 1. 2 bald darauf noch einmal, auch 20. 21 noch an einer ganz anderen Stelle; v. 20. 22. 21. bei Abû 'lfidâ' I, 218 und Ibn Challikân a. a. O.; v. 20. 21 ausserdem in Ibn Qutaiba's Dichterbiographien (cod. Vindob. N. F. 391 fol. 63 r. s. v. مالك ومتمم), wo dann noch v. 18. 19. 43. 41. 42. 44 angeschlossen werden. In Almubarrad's Kâmil werden nach Wright's Mittheilung an

1) Gute Handschrift mit vielen Vokalen, aber dafür fehlen im Text zuweilen und im Kommentar meistentheils die diakritischen Punkte. Wir ergänzen dieselben, wo die Lesart unzweifelhaft ist, stillschweigend. — V. 46 hat mir Wright aus der Londoner Handschrift mitgetheilt.

2) Ich bezeichne die Londoner Handschrift mit L., die Berliner mit Berl.

verschiedenen Stellen folgende einzelne Verse citiert: v. 2ᵇ; 5; 16; 38; 49; dann zusammenhängend 20, 22, 21; ferner ein grosses Stück bestehend aus 24—26, 28, 41—42, 44, 20, 22, 21 (dieser Vers nur in *einer* Handschrift), 23, 29—34, 38—40; endlich noch 2—5, 9. Das Ṣiḥâḥ citiert v. 1 s. v. دهر, v. 3 s. v. قشع, v. 7 s. v. قذر und s. v. زبع, v. 38 s. v. وجع. V. 20, 21 finden wir in de Sacy's Kommentar zu Alḥarîrî, Maqâma 24 (I, 279). V. 20 wird oft citiert z. B. bei Rasmussen, addit. pg. 3. des Textes, Anmerkungen zu Ibn Hiśâm S. 199 u.s.w. V. 27 steht bei Albakrî s. v. القريتان und v. 15ᵇ in den Scholien zum Dîwân der Huḏailiten 31, 5. Wichtige Varianten geben die Scholien und Randbemerkungen der Berliner Handschrift der Mufaḍḍalîyât; erstere führen die abweichenden Lesarten gewöhnlich deutlich an, zuweilen müssen sie aber erst aus dem Zusammenhange erschlossen werden [1]).

قال مُتَمِّم بن نُوَيْرَةَ اليَرْبُوعِيّ

لَعَمْرِي [2]) وما دَهْرِي بِتَأْبِينِ [3]) هالِكٍ ولا [4]) جَزَعًا مِمَّا أَصابَ [5]) فأَوْجَعا

لقد [6]) كَفَّنَ المِنْهالُ تحتَ [7]) رِدائِه فَتًى غيرَ مِبْطانِ العَشِيّاتِ أَرْوَعا

ولا [8]) بَرَمًا تُهْدِي النِّساءُ لِعِرْسِه اذا القَشْعُ من حَسِّ الشِّتاءِ تَقَعْقَعا [9])

1) Ich bezeichne die in den Scholien gegebnen Varianten einfach mit *Schol.*

2) ما L.

3) مالك L.

4) Das Scholion erlaubt جزعًا (als عطف an den محلّ von بتأبين) جزعٌ, جزعِ. Ohne ا lesen Ḥamâsa, Berl. Ag.

5) وارجعا (d. i. واوجعا) Berl.

6) لفت Berl. Ag., aber A an der zweiten Stelle كفن; غيّب L.

7) ثيابه Berl. Ag., aber A an der zweiten Stelle ردايه.

8) برم Ṣiḥâḥ.

9) انقشعت ريح الشتاء تقشعا Berl.; ريح für حس auch L; dafür برد Kâmil, Ṣiḥâḥ.

1)لبيبًا اعانَ اللُّبَّ منه سَماحةٌ   2)خصيبًا اذا ما 3)راكبُ الجَدْبِ اوْضَعا

4)تَراه كنَصْلِ السَّيْفِ يَهْتَزُّ للنَّدى   اذا لم 5)تَجِد عند امْرِئِ السَّوْءِ مَطْمَعا

6)ويَوْمًا 7)اذا ما كَظَّك الخَصْمُ إن يكن   نَصيرَك منهم لا تكن انت 8)أَضْيَعا

9)وإن تَلْقَه في الشَّرْب لا تَلْقَ فاحشًا   على 10)الكأس ذا 11)قاذورةٍ متزبِّعا

12)وإن ضَرَّسَ الغَزْوُ الرِجالَ 13)رأيتَه   أَخا الحَرْب صَدْقًا في اللِقاء سَمَيْدَعا

اذا 14)اجْتَزأَ القَوْمُ القِداحَ 15)وأُوقِدت   لهم نارُ أَيْسارٍ كَفَى مَنْ تَضَجَّعا

بمَثْنى الأيادي ثمّ لم 16)يُلْفَ قاعدًا   17)على الفَرْث يَحْمي 18)اللَّحْمَ أن يتمزّعا

---

1) لبيب Berl.

2) حليما Schol. خطيب Berl.

3) رائد Kâmil.

4) اغرّ Berl. L. Diese Lesart scheint auch dem Scholiasten vorgelegen zu haben, welcher die Textlesart (die übrigens auch im Kâmil steht) mit ويروى anführt.

5) يجد Berl. L. Für عند hat Berl. فيه.

6) ويوم L.

7) Für diese 3 Worte Lücke in Berl.

8) اضرعا Berl. L. So auch Schol: ويروى نصيرك منه لا تكن انت اضرعا.

9) فان Sihâh s. v. قذر, متى ebend. s. v. زبع.

10) الشرب Berl. L.

11) قارورة متربّعا Berl. L. (sic).

12) اذا Berl. L.

13) وجدته Berl. L.

14) جزّأ Randlesart. ابتدر Kâmil. Lücke in Berl.

15) واقدت Berl.

16) تُلْف مالكًا Kâmil. يُلْف مالكًا L.

17) لدى L.

18) لحمه ان يوزّعا L.

1) وقد كان مِجْذامًا الى الرَّوعِ رَكْضُهُ — سريعًا الى الداعي 2) الّذي هو 3) أفْزَعا
وما كان وَقّافًا اذا الخَيْلُ 4) أَجْحَمَتْ — ولا طائشًا عند اللقاء 5) مُدَفَّعا
ولا بِكَهامٍ 6) بَزُّهُ عن عَدُوِّهِ — اذا هو لاقى حاسرًا او مُقَنَّعا
7) فعينيَّ هلّا تَبْكِيانِ لمالكٍ — اذا 8) أَذْرَتِ الريحُ الكنيفَ 9) المرفّعا
وللشَّرْبِ فابكي مالكًا ولِبُهْمَةٍ — شديدٍ 10) نَواحيه على من تَشَجَّعا
11) وضيفٍ اذا أَرْغى طُروقًا بعيرُهُ — وعانٍ 12) ثَوى في 13) القِدِّ حتى تَكَنَّعا
وأرملةٍ 14) تمشي بأشعثَ مُحْثَلٍ — كفرخ الحُبارى رأسُهُ قد 15) تَصَوَّعا
أَبى الصبرَ آياتٌ أراها وأنّني — أرى كلَّ حبلٍ 16) بعد حبلك أقطعا
وأنّي متى ما أدعُ باسمك 17) لم تُجِبْ — وكنتَ 18) جديرًا أن تُجيب 19) وتَسْمَعا

1) فتى كان مقداما Berl. فتى كان مجزاما L.
2) اذا Berl.
3) أُفْزِعا L.
4) اجحمت L. (Dies ist wohl besser).
5) مروّعا L.
6) ناكل Berl. L.
7) اعينى جودى بالدموع Berl. فعينىّ جودا بالدموع L.
8) هزّت Schol. آزدرت L.
9) المربّعا Berl. L.
10) نواحيها L. نواصيه Berl.
11) وللضيف ان Berl. L.
12) نآه الوفد Kâmil und diese Lesart (welche soviel bedeutet als نآى عنه الوفد) ergiebt auch das Schol.
13) القيد Berl.
14) تسعى Berl. L.
15) ترصعا Berl.
16) دون Ibn Qutaiba.
17) لا Ibn Qutaiba, L. 18) جريًا Berl. L. 19) فتسمعا Randlesart.

وكنا كندماني جذيمة [1]حقبة   من الدهر حتى قيل لن [2]يتصدعا
فلما تفرقنا كأني ومالكا   لطول [3]اجتماع لم نبت ليلة معا[4]
وعشنا بخير في الحياة وقبلنا   اصاب المنايا رهط كسرى وتبعا
فان تكن الايام فرقن بيننا   [5]فقد بان محمودا أخي [6]يوم ودعا
اقول وقد طار [7]السنا في ربابه   [8]وغيث [9]يسح الماء حتى تريعا
سقى الله ارضا حلها قبر مالك   ذهاب الغوادي المدجنات فامرعا
[10]وآثر سيل الواديين بديمة   ترشح وسميا من النبت [11]خروعا
[12]فنعرج الاجناب من حول شارع   فروى [13]ذناب القريتين فصلفعا

1) برهة Anmerk. zu Ibn His'âm 199 (aber mit unserer Lesart als Variante).

2) نتصدعا Goth. (an einer andern Stelle "ينـ") Abulf.

3) افتراق Berl.

4) Nach v. 21 haben Berl. und L. den Vers:

فتى كان أحيى من فتاة حيية وأشجع من ليث اذا ما تمنعا.

Diesen Vers hat sich Lailâ Al'achyalîya fast wörtlich angeeignet (Kommentar de Sacy's zu Alḥarîrî S. 662. 2. Ausg.).

5) لقد بات Berl. لقد بان L.

6) حين Randlesart.

7) Für السنا — وغيث Lücke im Berl.

8) Die Handschriften des Kâmils theils وغيث, theils وغيثٌ; وجون Randlesart; لجون L.

9) تسح L; يسبح Berl.

10) واثرى سبيل Berl. Im Text der Mufaḍḍalîyât war auch سبيل geschrieben, aber سيل ist daraus korrigiert, und so liest das Schol. und auch L.

11) افرعا Berl.

12) فمجتمع الاسدام Schol. لمجتمع الاسدام Albakrî; فمختلف الاجزاع L. لمختلف الاجزاع Berl.

13) جبال Berl. L. Albakrî.

(1 تَحِيَّتَهُ مِنِّي وان كان نائيًا — (2 وأمسى تُرابًا فوقه الارضُ بَلْقَعا

تَقول ابنةُ العَمْرِيّ ما لك بعد ما — أَراك (3 حديثًا ناعمَ (4 البالِ أَفْرَعا

فقلتُ لها طُولُ (5 الأَسَى ان سأَلْتِني — ولَوْعةُ حُزْنٍ تَتْرُكُ الوجهَ أَسْفَعا

وفَقْدُ بَنِي أُمٍّ (6 تَداعَوْا (7 فلم اكن — خِلافَهُمُ أَنْ أَسْتَكِينَ (8 وأَضْرَعا

ولستُ اذا ما الدهرُ أَحدث نَكْبةً — (9 ورُزْءًا بِزَوّارِ القَرائبِ أَخْضَعا

ولا (10 فَرِحًا ان كنتُ يومًا بِغِبْطةٍ — ولا (11 جَزِعًا ان (12 عَضَّ دهرٌ (13 فأَوْجَعا

ولكِنَّنِي أَمْضِي على ذاك مُقْدِمًا — اذا بعضُ مَنْ (14 يَلْقَى (15 الحُروبَ (16 تَكَعْكَعا

وإِنِّي وإِنْ (17 هازَلْتِنِي قد أَصابني — مِنَ (18 البَثِّ ما يُبْكِي الحَزِينَ المُفَجَّعا

---

1) Beide Punktationen erlaubt das Schol., und so schwanken auch die Handschriften des Kâmil.

2) واضحى Kâmil.

3) قديما Berl. L. Diese Lesart hatte wohl auch der Scholiast vor Augen, wenn er die Textlesart als Variante anführt (ويروى حديثا).

4) الوجه Berl. L.

5) الاساءة ساءنى Berl.

6) تفانوا Kâmil. تولّوا Berl. L.

7) ولم Berl.

8) واهلع d. i. واهلعا Schol. فاخضعا Berl. L.

9) بالمَوْتِ زوّار L. Im Berl. für diese 3 Wörter eine Lücke.

10) فرح Kâmil.

11) جزع Kâmil.

12) ناب Kâmil, Berl. L.

13) فاضلعا L. فاجزعا Berl.

14) لاقى Kâmil.

15) الخطوب Kâmil, Berl. L.

16) تضعضعا Berl. L.

17) قد هالنى ما Berl.

18) الرزء Berl. L.

[1] وغيّرني ما غالَ قيسًا ومالِكًا وعمرًا [2] وجَوْنًا بالمُشقَّرِ ألْمَعا

وما غالَ نَدْمانَيْ يزيدَ وليتني [3] تمليته بالاهل والمالِ أجمعا

[4] قعيدَكِ [5] ألّا تُسْمعيني ملامةً ولا تَنْكَئي [6] قرحَ الفؤادِ [7] فأيْجعا

[8] وقصْرَكِ انّي قد [9] جَهدتُ فلم أجد بكفّيَ [10] عنهم للمنيّةِ مَدْفَعا

[11] فلو أنّ ما ألقَى اصابَ مُتالِعًا او الرُّكْنَ من سَلمَى اذًا لتَضَعْضَعا

[12] فما وَجْدُ أظْآرٍ ثلاثٍ روائمٍ [13] رأيْنَ مَجَرًّا من حُوارٍ [14] ومَصْرَعا

[15] يُذَكِّرْنَ ذا البَثِّ [16] الحزينَ [17] ببثّه اذا حَنَّتِ الأُولى سَجَعْنَ لها مَعا

---

1) وقد غالني L. لقد غالني Berl.

2) وَجَوْنًا L. وجوبا Berl.

3) تمليتهم بالمال والاهل L.

4) Lücke in Berl. Kâmil an einer Stelle فعمرك; an einer giebt er als Variante an فقعدك.

5) ان لا Berl. L.

6) جرح Berl.

7) فيجعا Kâmil (an beiden Stellen) Berl. L. Ṣiḥâḥ, welches ausdrücklich bemerkt, dass فييجعا mit î überliefert sei.

8) وحسبك Berl. L. Bei قصرك schreibt das Schol. ausdrücklich den Akkus. vor.

9) شهدت Kâmil.

10) عنه Kâmil, Berl. L.

11) ولو Berl. L

12) وما Ibn Qutaiba, Berl. L.

13) Nach der Leydener Handschrift des Kâmils las Ibn Sá*d*ân اصبن.

14) ومصرعا Kâmil, Ibn Qutaiba, Berl. L.

15) فذكّرن L.

16) القديم Ibn Qutaiba.

17) بشجوه Berl. L. ببدايه Ibn Qutaiba.

[1] اذا شارقٌ منهنّ [2] قامت فرجّعت … من [3] البَرْك [4] ابكي شجوها البرك اجمعا

[5] باحزن منّي يوم [6] فارقتُ مالكًا … [7] ونادي به [8] النادي الرفيع فاسمعا

الم يأت اخبارُ [9] المُحِلّ سَراتكم … فيغضب [10] منكم كلُّ من كان موجعا

[11] بمَشْتِه اذ صادف الحتفُ مالكًا … [12] ومَشْهدِه ما قد رأي ثمّ ضيّعا

أَاثّرتَ هِدمًا باليًا وسويّةً … وجئتَ بها تعدو بريدًا مقزّعا

فلا تفرحنْ يومًا بنفسك انّني … أري الموتَ طلّاعًا علي من [13] توقّعا

لعلّك يومًا أن تُلِمّ مُلِمّةٌ … عليك من اللائي يدعنك أجدعا

[14] تركتَ امرأً لو كان لحمُك عنده … لآواه مجموعًا له او ممزّعا

---

1) Dafür Ibn Qutaiba: فما شارف عيساء ربعت فرجّعت حنينًا فابكى شجوها البرك اجمعا.

2) حنّت Berl. L.

3) الليل Berl. L.

4) اشجى Berl.

5) باوجع Kâmil, aber nach der Leydener Handschrift las Ibn Sâdân باوجد, und so lesen noch Ibn Qutaiba, Berl. L.

6) قام لمالك مناد فصيح بالفراق Ibn Qutaiba. Ebenso Schol., nur مناد فصيح für ونادى بصير.

7) وقام Berl. L. Schol. (وقام به الداعى).

8) الداعى Schol. الناعى Kâmil, Berl. L.

9) Ḥamâsa المحلّ, aber auch das Schol. hat bei diesen Namen immer خ.

10) منها Ḥamâsa.

11) Die Handschrift hat بمُشْتَه.

12) Die Handschrift hat ومَشْهدِه, korrigiert aus früherem ومُشهده. Wie bei mir sind die beiden Wörter in der Londoner Handschrift punktiert.

13) تشجّعا Schol. und Randlesart.

14) نعيت Schol. und Randlesart.

1. „Bei meinem Leben! — obwohl meine Zeit nicht dazu da ist, Todte zu beklagen oder mich um ein Unglück oder einen schmerzlichen Fall zu betrüben —

2. „(Das muss ich sagen:) Wahrlich der Mann, dessen Leiche Alminhâl in seinen Mantel hüllte, war ein herrlicher, keiner, der sich Abends voll ass,

3. „Kein Geizhals, an dessen Frau die Weiber Geschenke schicken, wenn die Lederdecke von des Winters Gewalt (ganz ausgetrocknet) knarrt [1],

4. „Sondern ein Verständiger, dessen Verstand durch seine Sanftmuth unterstützt ward; er war freigebig, wenn der von bitterm Mangel Gedrückte [2] heraneilte;

4ª. „Ein Mann, schüchterner, als ein verschämtes Mädchen, aber tapferer, als ein Löwe, wenn er sich vertheidigt [3],

5. „Glänzend (اغرّ), wie die Schwertklinge, freudig bereit zur Freigebigkeit, wenn Du bei dem elenden Menschen Nichts erhalten konntest, was Du wünschtest.

6. „Und wenn Dich einmal der Gegner bedrängte, so konntest Du, wenn er Dir half, doch nie unterliegen.

7. „Und wenn Du ihn unter den Zechern fandest, so fandest Du ihn nie über dem Becher schmutzig redend, gemein, noch erbittert.

8. „Und wenn der Kriegszug den Männern Noth machte, so sahst Du ihn als Mann des Krieges, fest in der Schlacht, edel.

9. „Und wenn die Leute die Pfeile zum Spielen ver-

---

1) Der im Winter, wenn es an Nahrung fehlt, seine Frau hungern lässt und dadurch das Mitleid anderer Frauen für sie erweckt.

2) Ich übersetze nach dem Scholiasten. Eigentlich „der auf dem Mangel reitet". Fast genau so Wright, opusc. arab. 104 Zeile 5.

3) Hierher scheint etwa dieser, in der Jamhara nach v. 21 eingeschaltete, Vers zu gehören.

theilten und man das Feuer für die Spieler[1]) anzündete, so ersetzte er Alle, die sich (aus Geiz vom Spiele) zurückhielten,

10. „Durch doppelte Fleischtheile (die er verschenkte); dann fand man ihn aber nicht auf dem Mist sitzend, um aufzupassen, dass das Fleisch nicht von den Hungrigen zerrissen würde.

11. „Wohl eilte er schnell zur Gefahr hin, und lief geschwind zu dem Rufenden, der nach Hülfe schrie.

12. „Nicht blieb er stehn, wenn die Rosse (vor den Waffen der Feinde) zurückscheuten, noch war er ein Unbesonnener oder Einer, der in der Schlacht verächtlich behandelt ward.

13. „Und nicht waren seine Waffen gegen den Feind stumpf, mochte er mit einem Leichtgerüsteten oder einem Gepanzerten zusammentreffen.

14. „Drum, meine Augen, auf! beweint den Mâlik, wenn der Wind (im Winter, zur Zeit des Mangels) die hohe Hürde umwirft;

15. „Und um der Zecher willen[2]) beweint den Mâlik und wegen eines drohenden Feindes, der mit gewaltiger Kraft auch dem Helden entgegentritt,

16. „Und wegen eines Gastes, wenn er auf der Nachtreise (um die Aufmerksamkeit gastfreier Leute auf sich zu ziehn) sein Kameel schreien lässt, und wegen eines Gefangenen, der in Fesseln blieb, bis er krumm ward,

17. „Und wegen einer Wittwe, welche einen (Knaben) mit sich bringt, der, struppig und schlecht genährt, dem Jungen des Trappen gleicht, mit verwildertem Haupthaar.

---

1) Um das gewonnene Fleisch zu braten.

2) Der Dichter zählt verschiedene Menschenklassen auf, deren Trost Mâlik war, oder gegen die er die Seinigen schützte.

18. „Alle Fassung rauben mir einige Grabeszeichen und der Gedanke, dass, nachdem die Verbindung mit Dir aufgelöst, jede Verbindung zerrissen ist,

19. „Und dass Du mir, wenn ich Dich bei Namen rufe, nicht antwortest, während Du doch eigentlich antworten und hören[1]) müsstest.

20. „Wir waren (unzertrennlich) wie die beiden Zechgenossen Jadîma's[2]) lange Zeit, so dass man sagte: „sie werden sich nie trennen",

21. „Und nachdem wir nun getrennt sind, so ist's, als ob ich und Mâlik bei[3]) der langen Verbindung doch nicht eine einzige Nacht zusammen zugebracht hätten.

22. „Und wir waren glücklich im Leben; aber schon vor uns traf doch selbst den Kisrâ und Tubbaʿ das Todesgeschick.

23. Und wenn uns nun das Unglück getrennt hat, so starb doch mein Bruder ruhmwürdig, als er dahin schied.

24. „Ich sage, während der Wetterstrahl durch die schwere Wolke zuckt, und der Regen in Strömen herabgiesst:

25. „Möge Gott das Land, in dem Mâlik's Grab liegt,

---

1) Oder vielleicht „laut rufen" (تُسْمِعَا).

2) Das sind die beiden Sterne, welche Alfarqadân genannt werden. Ueber Jadîma, der aus Stolz nur mit diesen Sternen zechen wollte (obgleich man an deren Stelle auch 2 Menschen nennt), vrgl. Ibn Hiśâm Anm. 199, Rasmussen 2, de Sacy a. a. O. u. A. m.

3) Man wird sich hier wohl entschliessen müssen, die eine Erklärung des Scholions, dass ل hier gleich مع (oder, wie es bei de Sacy a. a. O. heisst, gleich على) sei, anzunehmen, da die andere, nach welcher die Worte bedeuten sollten „gerade wegen der langen Zeit" weder einen passenden Sinn giebt, noch durch die Wortstellung empfohlen wird. Die Lesart der Berliner Handschrift der Jamhara ist eine offenbare Verbesserung in pejus.

mit den Güssen der dunkeln Morgenwolke tränken und es fruchtbar machen,

26. „Und besonders dem Rinnsal der Doppelschlucht ein Schauer geben [1]), das als Erstling von den Pflanzen sogleich den Wunderbaum üppig emporspriessen lässt,

27. „Und der Krümmung der Höhenzüge um Śârî herum und begiessen die Enden des Doppeldorfes und Ḍalfaʿs.

28. „Ich grüsse ihn, ob er gleich fern ist, und er zu dürrem [2]) Staub ward, bedeckt mit Erde.

29. „Die Tochter des ʿAmriten [3]) sagt: „Was ist Dir, da ich Dich doch vor Kurzem noch ganz wohl mit reichem Haupthaar sah?"

30. „Da sagte ich ihr: „Die lange Dauer des Kummers ist's, wenn Du mich frägst, und der brennende Schmerz, durch den das Antlitz dunkel wird,

31. „Und der Verlust von Brüdern, die sich gegenseitig abriefen; aber nicht bin ich so geartet, dass ich mich nach ihrem Tode beugte und erniedrigte.

32. „Noch suche ich, wenn das Geschick mir Unglück und Trauer bringt, darum demüthig die Nachbarn auf [4]).

33. „Auch bin ich weder (übermässig) froh, wenn ich einmal im Glücke bin, noch niedergeschlagen, wenn mich ein schmerzliches Geschick betrifft.

34. „Sondern ich gehe trotz alle dem vorwärts, wenn Mancher, der in den Krieg geräth, sich scheu zurückzieht.

---

1) Andere Lesart: „Und bewässern den Weg der Doppelschlucht mit einem Schauer".

2) بلقعا ist nach dem Schol. entweder حال zu الارض oder بدل zu ترابا.

3) Wahrscheinlich Mutammim's Frau.

4) Um von ihnen Hülfe zu bekommen (Schol.).

35. „Aber wenn Du (o Frau) mich auch verhöhnst, so traf mich doch wahrlich solches Leid, dass es auch den Tiefbetrübten[1]) zum Weinen brächte.

36. „Und mein Glück vernichtete, was den Qais und Mâlik und ʿAmr und was den Ḥujr im (Schlosse) Almuśaqqar wie eine Luftspiegelung dahinraffte

37. „Und die beiden Zechgenossen Yazîd's[2]) (nämlich das Schicksal). O hätte ich doch mit meiner ganzen Familie und Habe ein längeres Zusammensein mit ihm erkauft!

38. „Um Gottes Willen![3]), lass mich nicht (immer) Dein Schelten hören, und reisse nicht (stets) die Herzenswunde zu meinem Schmerz wieder auf.

39. „Lass Dir das genug sein, dass ich mich abmühte, aber nicht im Stande war, mit meiner Hand ihm das Todesgeschick abzuwehren.

---

1) Der eigentlich schon gegen jedes fernere Leid abgestumpft ist.

2) ʿAmr ist wohl ʿAmr b. Hind, König von Alḥîra, und Ḥujr der bekannte König der Kinda. Wenigstens passt zu diesem das Schloss Almuśaqqar, welches in Baḥrain lag. Sonst könnte man auch an die beiden Ġassânidischen Fürsten mit diesem Namen denken, welche Ḥassân (bei Ibn Qutaiba كتاب المعارف 315 und Caussin de Perceval, Essai II, 249) ähnlich erwähnt. Wer Qais, Mâlik und die Zechgenossen Yazîd's sind, weiss ich nicht. — Ich habe المعا nach der einen Erklärung im Schol. übersetzt, wonach es ein Akkus. des Ḥâl und = يلمعًا ist; nach einer andern Erklärung ist المعا ein Verbum „fortraffen" (aber mit ب zu konstruiren).

3) قعيد wird im Schol. durch الحافظ erklärt nach Sûr. 50, 16 und قعيدَك, wofür auch قعيدَك اللهَ und قَعدَك الله vorkommen, soll dann sein = اذكّرك الله الحافظ. Es wäre also wörtlich zu übersetzen: „Deinen Beisitzer" d. h. „bei dem, der bei Dir sitzt", worunter wahrscheinlich zunächst nicht Gott gemeint ist. (Bei Freytag wird قعيد u. A. auch durch „pater" wiedergegeben). Bei dem Dichter ʿUrwa b. Alward (cod. Lips. D. C. 358 f. 15 r) finde ich قعيدَكِ عَمْرُ الله هل تَعْلَمينني.

40. „Wenn nun das, was ich erfahren habe, den (Berg) Mutâliʿ oder die Grundfeste vom Salmâ getroffen hätte, so wären sie zersprengt.

41. „Nicht ist der Schmerz dreier zärtlicher Kameelmütter, welche sehen, wie ihr Junges (von einem reissenden Thiere) fortgeschleppt und zerrissen wird,

42. „Welche den Betrübten an seine Betrübniss erinnern — denn wenn die erste kläglich zu schreien anfängt, so antworten sie ihr gleich zumal,

43. „Und wenn eine alte Kameelinn aufsteht und laut in der Nacht (الايل) schreit, so bringt ihr Schmerz alle lagernden Kameele zum Weinen —

44. „Nicht ist ihr Schmerz heftiger, als meiner war, da ich den Mâlik verlassen musste, und der Todesbote laut sein Ende verkündete.

45. „Haben Eure Fürsten nicht gehört, was Almuchill [1]) gethan, dass darüber Jeder, welcher (durch Mâlik's Tod) betrübt ist, erzürne,

46. „Wie er schadenfroh war, als das Todesloos den Mâlik traf, und er als Augenzeuge es ansah, dann aber (ihn) verliess [2])?

47. „Nahmest Du lieber einen alten Lumpen und einen Kameelsattel und brachtest sie mit, indem Du als schnelles [3]) Botenpferd liefest?

48. „Nicht freue Dich je über Dich selbst, denn ich

---

1) Nach der ganzen Stelle hatte Almuchill den Mâlik verlassen, als er eben todt war, und ihn nicht beerdigt, sondern bloss einige Sachen (v. 47) von ihm gerettet. Dies wird ihm nun als Schadenfreude ausgelegt.

2) Eigentlich: „und wie er als Zeuge beobachtete das, was er sah, und was er darauf im Stiche liess". Wie das Schol. richtig bemerkt, ist ما und das Folgende Objekt, von مشهده abhängig, und ثم ضيعها ein معطف zu قد راى.

3) Nach dem Schol. eigentlich: „dessen Schweif und Mähnen gestutzt sind, wie es bei den Postpferden geschieht".

sehe, dass der Tod Jeden überfällt, der sich kühn zeigt (تشجعا).

49\. „Vielleicht trifft Dich einst ein solcher Schlag, dass er Dich verstümmelt liegen lässt.

50\. „Du hast einen Mann im Stich gelassen, der, wäre Deine Leiche bei ihm gewesen, sie zu sich genommen (und begraben) hätte, ob heil, ob in Stücken."

Die folgenden Verse finden sich nur in den Mufaḍḍalîyât (cod. Berol. fol. 422 r ff. und cod. ms. Brit. 75533 fol. 101 v. Ich bezeichne letzteren als cod. Lond.).

قال متمّم بن نويرة

أرقتُ ونام الأخلياء [1] وعادني   مع الليل همٌّ في الفؤاد وجيعُ
[2] وهيّج لي حزنًا تذكّرُ مالكٍ   فما نمتُ الّا والفؤادُ مروع
اذا عبرةٌ ورّعتها بعد عبرةٍ   أبتْ فاستهلّت عبرةٌ ودموع
كما فاض غربٌ [3] بين أقرنِ قامةٍ   يروّي دبارًا ماؤه وزروع
جديدُ الكلى واهي الأديم تبينه   [4] عن [5] العبر زوراء المقام [6] نزوع
لذكري حبيبٍ بعد هدءٍ ذكرتُه   وقد حان من تالي النجوم طلوع
اذا رقأتْ عيناي ذكّرني به   حمامٌ [7] تنادي في الغصون وقوع
دعون هديلًا واحتزنتُ لمالكٍ   وفي الصدر من وجدٍ عليه صدوع

1) وهاجنى cod. Lond.

2) Randlesart im cod. Berl. وهيّجنى. Dann ist حزنا als مفعول له zu betrachten.

3) Cod. Berl. بعد.

4) Im cod. Lond. als Randlesart angemerkt على.

5) Cod. Berl. العير.

6) Cod. Berl. نُزوع.

7) تنادى cod. Lond.

كَأَنْ لم أُجالِسْه ولم أُمْسِ ليلةً   أَراهُ ولم [1] نُصْبِحْ ونحن جميعُ
فَتًى لم يَعِشْ يومًا بذَمٍّ ولم يَزَلْ   حَوالَيْهِ مِمَّنْ يَجْتَدِيهِ [2] رُبُوعُ
له تَبَعٌ قد يَعْلَمُ الناسُ أَنَّه   على من يُدانِي صَيْفٌ [3] وربيع
وراحَتْ لِقاحُ الحَيِّ حُدْبًا يَسوقُها   شَآمِيَةٌ تَزْوِي الوُجوهَ سَفُوعُ
وكان اذا ما الضَيْفُ حَلَّ بمالِكٍ   تَضَمَّنَه جارٌ أَشَمُّ مَنِيعُ
[4] لَعَمْرِي لَنِعْمَ المرءُ يَطْرُقُ ضَيْفُه   اذا بانَ من لَيْلِ التِمامِ هَزِيعُ
بَذُولٌ لما في رَحْلِهِ غيرُ [5] زُمَّلٍ   اذا أَبْرَزَ الحُورَ الرَوائعَ جُوعُ
اذا الشمسُ أَضْحَتْ في السَماءِ كأنّها   من المَحْلِ حُصٌّ قد علاه رُدُوعُ

1. „Ich erwachte, während die Kummerlosen schliefen, und wieder traf mir bei der Nacht eine schmerzliche Sorge das Herz.
2. „Und der Gedanke an Mâlik erregte mir Trauer, so dass ich nur mit verstörtem Herzen (unruhig) schlafen konnte.
3. „Wenn ich mir eine Thräne nach der andern zurückdrängte [6], kamen sie doch immer wieder, und es strömten Thränen, ja ein Zährenguss,
4. „Wie ein Brunneneimer überläuft, welcher zwischen

---

1) يصبح cod. Berl.

2) Das Schol. des cod. Berl. führt noch die Lesart رتوع als Plural von راتع an.

3) So cod. Berl. und Lond., ersterer aber nur als Randlesart, (روى وربيع) während der Text ورتوع hat.

4) Die folgenden 3 Verse fehlen im cod. Berl.

5) Randlesart im cod. Lond. زُمَّح, welches erklärt wird durch الفقير الدخيل.

6) Da in den ersten Versen das Perfektum steht, so sind auch die Bedingungssätze mit اذا auf die Vergangenheit zu beziehn. اذا ist dann ungefähr = quotiens.

den Pfosten schwebt, auf welchen die Welle liegt [1]), dessen Wasser die Gräben in den Feldern und die Saaten tränkt [2]),

5. „Ein Eimer mit neuen Flicken an den Henkeln (damit die Stricke festhalten), aber sonst von schon altem Leder, welchen der schiefe Bau des Brunnens [3]) vom Rande wegzieht.

6. „Denn ich gedachte eines Geliebten mitten in der Nacht, an den ich denken musste, während schon die spät erscheinenden Sterne [4]) aufgehen wollten.

7. „So oft meine Augen einschlummerten, erinnerten mich immer wieder an ihn einige Tauben, welche auf den Zweigen sitzend klagten,

8. „Welche nach einem (verstorbenen) Jungen riefen [5]); ich aber trauerte um Mâlik, indem mir der Schmerz über ihn die Brust zersprengte.

9. „Es ist, als hätte ich nie mit ihm zusammengesessen, als hätte ich ihn keine Nacht gesehen, als wären wir keinen Morgen bei einander gewesen.

10. „Er war ein Mann, der nie in Schande lebte und

---

1) Ich übersetze nach der durch die Wörterbücher bestätigten Erklärung des cod. Lond. يريد قرن البكرة والقامة البكرة — البكرة ist die Welle an welcher der den Brunneneimer tragende Strick läuft.

2) Mit dem besten Willen kann ich für den Nominativ وزروع keine bessere Erklärung finden, als die des Berl. Scholiasten, wonach zu ergänzen ist مُرْوَاةٌ به. Der Scholiast citiert als Analogon den auch sonst öfter als Beispiel einer solchen Verbindung angeführten Vers Alfarazdaq's: لم يدع من المال الّا مسْحَتًا او مجلّفُ (siehe oben S. 31 f.)

3) Eigentlich „der schiefstehende, wegziehende“ (Brunnen selbst). Zu زوراء المقام vrgl. Ḥamâsa 477.

4) So nach Einigen. Nach Andern ist تالى النجوم das Sternbild الدبران (Schol. cod. Berl.) vrgl. Alqazwînî I, 43 letzte Zeile.

5) Der Trauerruf der Tauben erinnert die Arabischen Dichter oft an ihren eignen Schmerz. Beispiele, die leicht noch sehr vermehrt werden könnten, in Ahlwardts Chalef elahmar 102 ff.

um den beständig Solche ihre Wohnungen aufgeschlagen hatten, die seine Güte geniessen wollten.

11. „Er hatte stets ein Gefolge hinter sich, denn die Leute wussten wohl, dass er Jedem, der sich ihm nahte, ein Sommer- und Frühlingsregen[1]) war

12. „(Im Winter,) während die Milchkameele des Stammes ganz mager waren, von einem staubfarbigen Nordwind getrieben, der ihnen in's Gesicht fuhr.

13. „Und wenn der Gast bei Mâlik einkehrte, so nahm ihn ein stolzer, unantastbarer Wirth (nämlich Mâlik selbst) auf.

14. „Bei meinem Leben, wie herrlich bewies sich der Mann bei der Ankunft des späten Gastes tief in der Nacht und zwar der längsten Nacht des Jahres!

15. „Er gab freudig weg, was er in seinem Besitz hatte, und war nicht geizig, wenn der Hunger die (sonst so schüchternen) grossäugigen, herrlich schönen[2]) Frauen hinaustrieb,

16. „Wenn die (glühende) Sonne am Himmel vor Trockenheit (Mangel an fruchtbarer Feuchtigkeit in der Luft) einem über und über rothem Krokus glich".

Ein Bruchstück, das uns Abû Raiyâs aufbewahrt hat, ist besonders durch das Eingehn auf den letzten Kampf Mâlik's gegen die Muslime wichtig. Da ich zu dem gedruckten Text (Ḥamâsa 371 f.) keine weiteren Hülfsmittel hinzufügen kann, so begnüge ich mich mit der Uebersetzung:

---

1) صيّف wird vom Berliner Scholiasten als المطر في الصيف erklärt. ربيع hat auch die Bedeutung „Frühlingsregen" (vrgl. Lex. und Schol. Ḥamâsa 425).

2) احور könnte man auch „gazellenäugig" übersetzen, da es zunächst von den Augen der Gazellen gebraucht wird; رائع, wie اروع, steht von der Schönheit, welche durch ihren überraschenden Eindruck gleichsam Schrecken erregt (imponiert).

1. „Und einer unserer Schlachttage ist wunderbar; ja es giebt keinen Schlachttag, wie den der Banû Baḥân[3])
2. „Im Thal Albaʿûḍa dort, wo sich auf dessen Schlucht herab die Bäche der Gebirgsrücken ergossen.
3. „Mâlik rief sie, bis sie sich einstellten, und nicht zögerten sie lange zu erscheinen,
4. „Um ihn zu vertheidigen, und nicht wollten sie von dem Ort zurückbleiben, wo die Speere geschickt gestossen wurden.
5. „So mögen uns nahe bleiben die (gefallenen) Vettern und Geschlechtsgenossen und Duʿmî[2]); denn, bei Deinem Vater, sie waren
6. „Die Ritter des Kriegszuges und die Beschützer der Gränze, wenn der alte Krieg wieder entbrannte.
7. „Vor Kummer beissen wir uns, wenn wir ihrer gedenken, auf die Fingerspitzen.
8. „Und in unsere Klagen stimmen die Wittwen und Weisen ein. So hat das Leben nach ihrem Tode keine Freude mehr!"

Ebenso geben wir von einigen Versen in der kleinen Elegiensammlung des Ibn Al'aʿrâbî (vrgl. Wm Wright, opuscula arabica 120) bloss eine Uebersetzung. Dieses Stück kommt in Almubarrad's Kâmil in stark abweichender Gestalt vor (vrgl. Wright's Anmerkung zu der Stelle). Vers 2 ist im Kâmil bis auf den Schluss ganz von der Gestalt bei Ibn Al'aʿrâbî verschieden, und es ist möglich, dass hier zwei ursprünglich ganz verschiedene Verse vorliegen, von deren einem nur der Schluss verloren ist. Vers 3 scheint im Kâmil ursprünglichere Ausdrücke zu haben.

1. „(Mâlik war) stark gegen die Feinde, aber seine Seite

---

1) Dieses Geschlecht (welches in Wüstenfeld's Stammtafeln fehlt) hatte nach Abû Raiyâs' am tapfersten bei Mâlik ausgehalten und 45 Todte verloren.

2) Eine sonst unbekannte Familie oder Person.

war glatt gegen Jeden, der auf seine Güte rechnete; er war ohne Argwohn,

2. „Vom besten Ruf[1]), von sanften Sitten, ruhmvoll, standhaft gegen die Noth, hülfreich gegen Andere[2]),

3. „Verständig, wenn sich (selbst) die edlen Männer stritten, die engen Gewänder gelöst (d. h. die Zurückhaltung aufgegeben) wurden, und sie aus Unbesonnenheit die Würde verloren.

3ᵃ „Und du warst meiner Seele süsser, als Wasser mit dem schönsten Bienenhonig[3]).

4. „Wenn das Geschick nur von mir ein Lösegeld nähme, so würde ich Dich aus seinen Händen erlösen mit meinen Heerden und meiner Familie.

5. „Ach einem Jeden geht es, nachdem er seiner Mutter Sohn verloren, als wäre ihm seine eine Hand abgehauen.

6. „Doch einige Menschen gleichen einer Dattelpalme, die weder Frucht noch Schatten giebt, nur dass sie zu den Dattelpalmen gezählt wird".

Die folgenden Verse finden wir bei Abû Raiyâs' und bei Ibn Challikân a. a. O. Im Ag. stehn sie in der Ordnung 1, 2, 4, 3; im Kâmil Almubarrad's nach Arriyâs'î nach Muḥammed b. ʿAbd-allâh Al'anbârî in der Ordnung 1, 3, 2, 4. Die beiden ersten Verse auch bei Rasmussen 6; der erste Vers noch an einer andern Stelle im Ag.

---

1) Ueber نثا vrgl. z. B. Schol. Ḥamâsa 325.

2) Eigentlich: „auf seinem Sattel Genossen habend" d. h. „seinen Sattel gern einem Andern anbietend, um ihn mit darauf (hinter sich) sitzen zu lassen". So verstehe ich wenigstens den Ausdruck (Vrgl. Ḥamâsa 518 f.). Im Kâmil heisst der Vers: „Mit schönem Gesicht, lächelnd in seines Gastes Gegenwart, hell strahlend, von festem Entschluss, hülfreich gegen Andere".

3) Dieser Vers kommt nur im Kâmil vor.

نِعْمَ القتيلُ اذا الرياحُ [1] تَحَدَّبت [2] فوقَ الكَنيفِ [3] قتيلُكَ ابنَ الازورِ

أَدَعَوْتَهُ باللهِ ثمّ [4] قتلتَهُ [5] لو هُو دَعاكَ بذمّةٍ لم [6] يَغْدِرِ

ولَنِعْمَ حَشْوُ الدِرْعِ [7] يومَ لِقائهِ ولنِعْمَ مَأْوَى الطارِقِ المتنوِّرِ

لا [8] يَلْبَسُ الفَحْشاءَ تحتَ ثيابِهِ [9] صَعْبٌ مَقادَتُهُ عَفيفُ المِئْزَرِ

Wohl zu demselben Gedichte gehört der in Albakrī's geographischem Wörterbuch s. v. البعوضة angeführte Vers Mutammim's:

نِعْمَ الفَوارِسُ يومَ حَلْيةَ غادرت فُرْسانُ فِهْرٍ في الغُبارِ الأَقْتَرِ

„Wie herrlich zeigte sich der von Dir, o Sohn Al'azwar's, Getödtete, wenn die Winde die Hürde niederbeugten!

„Riefest Du ihn im Namen Gottes herbei und tödtetest ihn dann? Hätte er Dich auf Treu und Glauben gerufen, so hätte er keinen Verrath geübt [10]).

---

1) تناوحت Ag. Kâmil, Rasmussen, Ibn Chall.

2) خلف البيوت Kâmil, Rasm. Ibn Chall. تحت الاوار Ag. (A الازار); aber an der andern Stelle تحت البيوت.

3) قتلتَ بها Ag. Kâmil, Rasm. Ibn Chall.

4) غدرته Rasm. Ibn Chall. Kâmil; andere Handschriften des Kâmil haben غررته.

5) ولقد Goth. واذا C.

6) تغدر Goth. تعذر A.

7) كان وحاسرًا Goth. Ibn Chall. كنت وحاسرًا Kâmil; andere Handschriften desselben كنت وصابرًا oder كنت وصايرًا; انت وحاسرا C; انت وخاسرا A.

8) بضمر Ag. يمسك Kâmil, Ibn Chall.

9) حلو شمائله Ag. Kâmil, Ibn Chall.

10) Wenn zwischen Vers 1 und 2 Nichts fehlt, so ist nicht Châlid, sondern Ḍirâr b. Al'azwar der Angeredete, der dann der Anführer

„Wie herrlich war er im Panzer am Tage der Schlacht[1])!
und welch herrliche Zuflucht für den Nachtreisenden,
der nach einem (gastlichen) Feuer spähte.
„Nicht barg er unter seinen Gewändern schmutzigen Sinn,
er war streng als Führer, sittsam im Benehmen“.

„Welch herrliche Ritter liessen die Reiter von Fihr am
Tage von Ḥalya im Staub und Sande liegen!“[2])

Yâqût's geographisches Wörterbuch hat s. v. البُطاح folgende Verse Mutammim's auf Mâlik:

تَطَاوَلَ هٰذا اللَّيلُ ما كادَ يَنْجَلي   كَلَيْلِ تَمامٍ ما يُرِيدُ صَرامَا
سأَبْكي اخي ما دامَ صَوْتُ حَمامةٍ   تُؤَرِّقُ في وادي البُطاحِ حَماما
وأَبْعَثُ أَنْواحًا عليه بِسُحْرَةٍ   وتَذْرِفُ عَيْنايَ الدُّموعَ سِجاما

„Diese Nacht ist lang geworden und will kaum enden
gleich der längsten Winternacht, die nicht weichen will.
„Ich werde meinen Bruder beweinen, so lange noch eine
Taube im Thal Albuṭâḥ eine andere (mit ihren Klagen)
erweckt,
„Und Klageweiber über ihn in der Frühe (zum Klagen)
aufregen, und meine Augen sollen die Thränen strom-
weise vergiessen“.

---

der gegen Mâlik kämpfenden Muslime gewesen sein muss. Ganz falsch wird der 2te Vers im Ag., im Kâmil, bei Ibn Chall. und bei Rasm. auf Abû Bekr bezogen, in dessen Gegenwart Mutammim diese Verse vorgetragen haben soll, während er nach den besseren Nachrichten erst nach Almedîna kam, als Abû Bekr schon todt war.

1) Eigentlich „wo man mit ihm (Mâlik) zusammen traf“. Die andere Lesart bedeutet: „wie herrlich warst Du im Panzer und in leichter Rüstung“.

2) Albakrî sagt ausdrücklich, dass dieser Vers auf Mâlik gehe, und dass Ḥalya nicht weit von Alba'ûḍa liege. Die Reiter von Fihr sind die Qurais'iten.

Nach dem Ag. trafen Ṭalḥa und Azzubair einst zwischen Mekka und Almedîna einen Beduinen, der sich durchaus ihnen anschliessen wollte. Als sie ihn wegen seiner Zudringlichkeit zur Rede stellten, gab er sich ihnen als Mutammim zu erkennen. Da bedauerten sie ihr unfreundliches Benehmen gegen ihn und baten ihn, er möchte ihnen einige von seinen Elegien auf Mâlik vortragen. Er that dies, gerieth aber dabei so in's Weinen, dass sie fürchteten, er möchte blind werden. Sie verheiratheten ihn bald darauf mit einer Frau Namens Umm Châlid. Als er nun auch dieser gegenüber gleich zu weinen anfing, machte sie ihm Vorwürfe, und er antwortete darauf in folgenden 3 Versen 1). Von diesen finden sich 2 und 3 auch in der Ḥamâsa Albuḥturi's (p 331).

اقول لها لمّا نهتني عن البكا   افي مالك تلحينني امّ خالد

فان 2) كان اخواني 3) اصيبوا واخطأت   بني امّك 4) اليوم 5) الحتوف الرواصد

فكلّ بني امّ سيمسون ليلةً   ولم يبق من اعيانهم غيرُ 6) واجد

„Ich sage zu ihr, nachdem sie mich vom Weinen abhal-

---

1) Auf eine solche Geschichte ist natürlich Wenig zu geben. Dass die Frau den Mann vom Klagen wie von der Verschwendung und Trunksucht abzuhalten sucht, ist eine bei den Arabischen Dichtern sehr beliebte Figur, von der wir schon oben ein Beispiel hatten (S. 101f.) und von der wir sogleich ein anderes Beispiel sehen werden.

2) يك Ḥam. Buḥt.

3) توفّوا ebend.

4) الدنيا ebend.

5) Der Reim hat اقواء, wie die oben S. 114 übersetzten (Ḥamâsa 371 unten, 372 oben). Dies vermeidet Ḥam. Buḥt durch die Lesart حتوف الرواصد.

6) Die Handschriften alle واحد. Ist dies nicht blosse Nachlässigkeit, so bezog man sehr unpassend den واحد auf Gott.

ten wollte: „Schiltst Du mich um Mâlik's willen, o Umm Châlid?

„Wenn nun meine Brüder getroffen wurden, während die lauernden Todesgeschicke Deiner Mutter Söhne noch verschonten,

„So werden doch einst alle Söhne einer Mutter dahin kommen, dass von ihrer aller Augen keines ohne Schmerz bleibt".

Nach einer andern Erzählung des Ag. veranlasste ʿOmar die Verheirathung Mutammim's mit Umm Châlid, welche aber dann von ihm wieder entlassen wurde. Dieselbe Geschichte hat Ibn Challikân, der auch die Quelle, den Anhang zu den Vorlesungen (امالى) des Abû ʿAlî Alqâlî, nennt. Nach Beiden sprach Mutammim bei der Scheidung folgende Worte:

اقول لهند حين لم أرض [1]فعلها   أهذا دلال [2]الحب أم [3]فعل فارك

أم الصرم [4]ما تبغي فكل مفارق   [5]يسير علينا فقده بعد مالك

„Ich sage zu Hind, da ich ihr Benehmen nicht mag: ist das Liebeszierererei oder das Benehmen eines widerspänstigen Weibes?

„Oder verlangt sie nach der Scheidung? Nun, jeden Scheidenden vermissen wir ohne Schmerz nach Mâlik's Tode".

Wenn hier die Lesarten des Ag., nach denen der Reim auf ك ausgeht (während die Verse bei Ibn Challikân auf ك auslauten), richtig sind, so ist es möglich, dass

1) عقلها Ibn Chall.

2) منك Goth. العشق Ibn Chall.

3) انت Ibn Chall.

4) تهوين Ibn Chall. (gegen das Metrum; lies etwa تهوى).

5) على يسير بعد ما بان مالك Ibn Chall.

der von Albakrî s. v. القنعاء citierte vereinzelte Vers Mutammim's:

يُثيرُ قَطا القَنْعاءِ في كلِّ ليلةٍ اذا جُنَّ فَحْلَ الشَّوْلِ وَسْطَ المبارِكِ

„Der Qatâvogel von Alqanʿâ' regt in jeder Nacht, wenn es dunkel wird, den zu den trächtigen Kameelinnen gehörenden Hengst mitten in den Lagerplätzen auf"
aus derselben Qaṣîde ist, natürlich aus einem ganz andern Theile derselben. Doch ist dies ganz unsicher, zumal da zu vermuthen ist, dass Mutammim mehrere Lieder gemacht hat, deren Reim durch den Namen Mâlik's bestimmt war.

Eine etwas längere Stelle aus einer Elegie Mutammim's auf Mâlik theilt Yâqût s. v. البعوضة mit. V. 4 finden wir auch bei Albakrî s. v. البعوضة und s. v. فيد, im Ṣiḥâḥ s. v. لام (Name des Buchstaben) und im cod. Lugd. 564 (einem grammatischen Werk von Ibn Al'anbârî) pg 169.

لَعَمْري وما عَمْري بتأبينِ هالكٍ ولا جَزَعٍ والدَّهْرُ يعرُكُ بالفتي
لَئِنْ مالكٌ خلّي عليَّ مكانَه فلي أُسْوَةٌ ان كان ينفعني الأسي
كُهولٌ ومُرْدٌ من بني عمِّ مالكٍ وأيفاعُ صِدْقٍ قد تمليتُهم رِضي
علي مثلِ اصحابِ البَعوضةِ فاخمِشي لكِ الويلُ حُرَّ الوجهِ او يبكِ مَنْ بكي
علي بَشَرٍ منهم أُسودٌ وذادةٌ اذا ارتَدَفَ الشرُّ الحوادثُ والرَّدي
رجالٌ اراهم من ملوكٍ وسوقةٍ جَنَوْا بعد ما نالوا السلامةَ والغِني

„Bei meinem Leben — obwohl mein Leben nicht dazu da ist, Todte zu beklagen oder mich zu betrüben[1]), während das Geschick doch den Mann aufreibt —
„Wahrlich, wenn Mâlik mir (durch seinen Tod) seine

1) Vrgl. den Aufang der grossen Elegie oben S. 97.

Stelle leer liess, so habe ich Beispiele vom gleichen Unglück — wenn mir so Etwas überhaupt nützt —
„An (mit ihm gefallenen) schon gealterten und noch unbärtigen Vettern Mâlik's und an herrlichen Jünglingen, welche lange meine ganze Gunst genossen hatten.
„Ueber Leute wie die in Albaʿûḍa Gefallnen zerkratze Dir — wehe Dir! — das glatte Gesicht (o Weib), oder möge weinen[1]), wer da weinen will,
„Ueber Männer, unter welchen Löwen und Leute waren, die da (alle Feinde und alle Noth) zurücktrieben, wenn das Unheil mit Schicksalsschlägen und Tod einher fuhr[2]).
„Es waren Männer, die ich sah, theils Fürsten, theils zum Gefolge gehörig, welche (durch ihren Abfall vom Islâm) Unglück auf sich zogen, nachdem sie schon Sicherheit und Wohlfahrt erlangt hatten".

Aus dieser Qaṣîda kann auch folgender, in Almubarrad's Kâmil citierter, Vers Mutammim's sein, der sich wahrscheinlich auf Mâlik bezieht:

اذا القومُ قالوا مَنْ فتًى لعظيمةٍ فما كلّهم يُدْعَى ولاكنّه الفتى

„Wenn die Leute sagten: „Wer ist ein Mann für eine grosse Sache?", so wurden sie (damit) nicht alle gerufen, sondern *er* war der Mann".

Es bleiben nun von Mutammim's Klageliedern auf Mâlik nur noch die schönen Verse übrig, welche Abû Tammâm in seine Ḥamâsa (370) aufgenommen hat, und von denen ich gestehen muss, dass sie zuerst meine Aufmerksamkeit auf jene beiden Männer gezogen haben. Allein, obgleich der zweite und dritte Vers von vielen Schriftstellern unter Mutammim's Namen angeführt wer-

---

1) Das Ṣiḥâḥ und Ibn Al'anbârî erklären يبك richtig als für ليبك stehend, wie in dem bekannten Beispiel محمّدُ تَفْدِ نفسَك كلُّ نفسٍ für لتفد steht تفد.

2) Eigentlich: sie hinter sich auf demselben Kameele reiten liess.

den, so ist hier doch der Einspruch eines Einzigen hin-
reichend, ihre Abkunft von ihm sehr zweifelhaft zu
machen. Abû Muḥammed Al'aʿrâbî (am Schluss von
Attibrîzî's Kommentar zu diesen Versen) erklärt näm-
lich, die beiden Verse gehen auf einen ganz andern Mâ-
lik und stammen von dem Dichter Jidl-aṭṭîân Alfirâsî.
Da es nun viel leichter zu erklären ist, wenn Verse, in
denen ein sonst unbekannter Mâlik betrauert wird, irr-
thümlich auf den berühmten Mann dieses Namens, den
die bekannten Klagelieder seines Bruders feiern, bezogen
werden, als wenn sie umgekehrt dem bekannten Dichter
entzogen und einem sonst wenig genannten zugeschrieben
wären, so ist jenes Urtheil eines alten Kenners schon
an sich von grossem Gewicht. Dieses wird aber noch
grösser dadurch, dass er auch die sonst, so viel ich weiss,
nirgends angeführten Verse kennt, welche denen der
Ḥamâsa vorangehn und folgen und trefflich zu ihnen
stimmen. Freilich führt er nur v. 2 und 3 an, und v. 1
würde auch nicht recht zu den übrigen passen; aber es
ist nicht unwahrscheinlich, dass dieser, nur in der Ḥamâsa
und bei Ibn Challikân, der nach seiner eignen Erklärung
die Ḥamâsa als Quelle benutzt, vorkommende, Vers von
Abû Tammâm des bessern Verständnisses der folgenden
Verse wegen gemacht oder wenigstens zurecht gestutzt
ist [1]). Doch wie dem auch sei, ich will wenigstens die
drei Verse hierhersetzen. Ohne Varianten werden sie,
wie gesagt, aus der Ḥamâsa von Ibn Challikân citiert;
v. 2 und 3 finden wir noch in Almubarrad's Kâmil, in
der Ḥamâsa Albuḥturî's (p. 371), bei Albakrî s. v. الدكادك,
in Wright's opuscula Arab. 108 und bei Rasmussen 7.

لقد لامَني عنـد الـقُـبـور على الـبُـكا   رَفيقي لِتَذْرافِ الدُّموعِ السَّـوافـكِ

---

1) Die Andern begnügen sich zum Theil damit, durchgängig den
Plural (وقالوا u. s. w.) für den Singular zu setzen, um den einen
Freund, der im Vorigen erwähnt sein musste, zu eliminieren.

[1]فقال اتبكي كلّ [2]قبرٍ رايتَه   [3]لقبرٍ [4]ثوى بين [5]اللوى [6]فالدكادكِ

فقلتُ [7]له انّ [8]الشجا يبعثُ [8]الشجا   [9]فدعني [10]فهذا كلّه قبرُ مالكِ

,,Wahrlich mich tadelte mein Genosse bei den Gräbern über das Weinen, weil meine Thränen so heftig rannen,

,,Und er sprach: „Weinst Du denn über jedes Grab wegen eines Grabes, welches zwischen Alliwâ und Addakâdik liegt?"

,,Da sagte ich: „Ja, ein Schmerz regt den andern wieder auf: drum lass mich, denn dies Alles ist Mâlik's Grab!'''

Aber nicht bloss in Versen, sondern auch in ungebundener Rede verkündigte Mutammim Mâlik's Ruhm. So antwortete er, als er einst gebeten wurde, Mâlik zu schildern: „Mein Bruder pflegte, bei Gott, in einer kalten[11], nebligen Nacht ein langsames Kameel zu reiten und an seiner Seite ein wildes Ross zu führen; dabei hielt er in der Hand eine schwere Lanze, war bekleidet mit einem zu engen Leibrock (der vorne nicht zuging

---

1) وقالوا Kâmil, Rasm. Ham. Buht. فقالوا Wright.

2) رمس Abû Muhammed.

3) كقبر Ham. Buht. لرمس Abû Muh. لميْت Kâmil.

4) مقيم بالملا Abû Muh. Wright.

5) الملا Ham. Buht.

6) والدكادك Kâmil, Rasm. Ham. Buht. فالدوانك bei Albakrî und bei Wright, sowie im Schol. zur Hamâsa, als Variante angeführt. والدوانك Abû Muh.

7) لهم Kâmil, Rasm. Ham. Buht. Wright.

8) الاسى Kâmil, Albakrî, Rasm. Für das zweite hat Kâmil البكا.

9) دعوني Rasm. Ham. Buht. ذروني Kâmil.

10) فهذى كلّها Wright.

11) Die Varianten البارده und القرّه (Ag.) machen es wahrscheinlich, dass ازيز hier „Kälte" und nicht „Donner" heisst, wie Ibn Challikân will.

und daher wenig gegen die Kälte schützte) und sass zwischen zwei (kalten und feuchten) Wasserschläuchen; so ging es bis zum Morgen, und dann lächelte er (trotz aller ausgestandenen Mühsal und Kälte)" [1]). In einem andern Spruche preist er Mâlik's Gastfreundlichkeit, der stets in Sorge gewesen sei, dass ein obdachsuchender Wanderer seine Wohnung verfehlen möchte. Besonders aber hebt er hervor, wie ihn Mâlik einst aus der Gefangenschaft befreit habe. Die ausführlichste und doch natürlichste Version dieser Erzählung steht im Ag. und lautet folgendermaassen: „ʿOmar fragte den Mutammim, nachdem er ihm das Lied لعمرى وما دهرى الخ (siehe oben S. 97 ff.) vorgetragen hatte; „Liebte Mâlik Dich, wie Du ihn liebst, und glich er Dir?" Da erwiederte er: „Wie könnte ich mich mit ihm zusammenstellen? Kann ich an Mâlik reichen? Bei Gott, o Fürst der Gläubigen, einst hatte mich ein Araberstamm [2]) gefangen genommen, mich mit Lederriemen fest gebunden und so in den Hof (فناء) geworfen. Als das Mâlik hörte, bestieg er sein Thier und kam zu den Leuten, welche gerade zur Berathung (فى ناديهم) bei einander sassen. Als er mich erblickte, wandte er sich ab, sah nach den Leuten hin und ging auf sie zu. Da merkte ich, was er wollte. Er aber trat zu ihnen heran, unterhielt sich und scherzte mit ihnen, trug ihnen Lieder vor, und so ging es, bei Gott, immer weiter, bis er sie alle mit Heiterkeit erfüllt hatte. Da kam die Frühstückszeit, und sie baten ihn, sich mit ihnen zum Frühstück niederzulassen. Das that er auch; dann

---

1) So Ibn Challikân und Rasmussen. Mit manchen Varianten Ag. (2 verschiedene Versionen, von denen die eine kürzere dies gerade von Mutammim über sich selbst erzählen lässt). Die zweite Version auch in den Dichterbiographien Ibn Qutaiba's. Vrgl. Albalâḏurî ed. de Goeje 99.

2) In der andern Version im Ag. und bei Ibn Qutaiba a. a. O. wird der Stamm als der der Taġlib bestimmt.

sah er plötzlich nach mir hin und sprach: „wahrlich es ist schmählich für uns, dass wir essen, während vor uns ein Mann liegt, der nicht mit uns isst", und damit zog er seine Hand vom Essen zurück. Als die Leute dies sahen, standen sie auf, gossen Wasser auf meine Fesseln, dass sie weich würden, und machten mich los. Dann liessen sie mich neben sich beim Frühstück Platz nehmen. Als wir mit Essen fertig waren, sagte er ihnen: „Was meint Ihr dazu: dieser Mann hat als Gast unsern Schutz genossen (تحرّم بنا) und mit uns gegessen; wäre es nicht schmählich für Euch, ihn wieder in Fesseln zu legen?" Da liessen sie mich frei".

Kürzere Versionen dieser Erzählung finden sich noch im Ag., bei Ibn Qutaiba und bei Ibn Challikân, welcher Letztere dem Mutammim auch noch eine fabelhafte Geschichte in den Mund legt, nach welcher Mâlik durch sein blosses Erscheinen einst einen ganzen Stamm gezwungen hätte, die Waffen zu strecken. Wenn die alten Araber in ihren Lobsprüchen auch gern übertrieben, so logen sie doch nicht so arg. Charakteristisch ist folgender Zug, welcher im Ag. unmittelbar an die eben erzählte Geschichte von Mutammim's Befreiung angeschlossen ist: „Er (ʿOmar) sprach: „war er denn wirklich so, wie Du ihn geschildert hast?"; da antwortete er: „nur in einem Stück habe ich in seiner Schilderung die Unwahrheit gesagt, indem ich den Ausdruck خميص البطن „mit eingefallnem Bauch" von ihm gebrauchte, während er einen Bauch hatte (كان ذا بطن) [1])"".

Schon oben haben wir gesagt, dass Mâlik erst durch seinen Tod und Mutammim's Lieder so berühmt geworden ist. Wir haben daher die Geschichte seines Unter-

---

1) Magerkeit galt als Zierde für den Helden, der oft tagelang hungern musste. Der Ausdruck خميص البطن muss in einem verloren gegangenen Verse vorgekommen sein.

gangs und die darauf bezüglichen Verse und Lobsprüche seines Bruders [1]) vorangestellt, und wollen nun noch einen Blick auf sein früheres Leben werfen und sämmtliche Bruchstücke, die wir ausser den beiden oben angeführten von seinen Gedichten gefunden haben, zusammenstellen. Ich muss dabei die Nachsicht des Lesers ganz besonders in Anspruch nehmen, wenn ich ihm der Vollständigkeit wegen Bruchstücke vorlege, bei denen wegen der Abgerissenheit derselben, der schlechten handschriftlichen Ueberlieferung und des Mangels von alten Erklärungen ein sicheres Verständniss nicht zu erreichen war.

Annuʿmân b. Almundir, König von Alḥîra, so erzählt der Scholiast zu Jarîr's Dîwân (fol. 127), bot dem Mâlik die Ridâfa an d. h. eine Art Stellvertretung des Königs, eigentlich die Stelle dessen, der beim Reiten den Ehrenplatz auf dem Kameele des Fürsten gleich hinter diesem selbst einnahm [2]). Mâlik aber verschmähte die Stelle, entfloh und machte einige beissende Verse auf den König, in denen er nach Arabischer Sitte besonders die Mutter desselben beschimpfte. Ob Mâlik bloss aus Stolz diese Stelle zurückwies, oder ob noch andere Gründe dabei mitwirkten, ist mir ziemlich zweifelhaft; sonst rechnete sich wenigstens der freie Beduine solche Auszeichnungen von Seiten der kleinen Fürsten im Norden zu hoher Ehre an, und namentlich Mâlik's Stamm, die Yarbûʿ, waren stolz darauf, dass ihnen die Ridâfa beim König von Alḥîra zukam. Auf diese Verse spielt offenbar Ibn Zaidûn (Rasmussen 5) in den Worten an: وانّ مالك بن نويرة انّما ردفْ لك, („selbst der stolze Mâlik würde sich Dir

---

1) Wir bemerken noch, dass noch von einem andern Dichter Abû Zuhair (Ibn Challikân) oder Abû Numair (Abûl'fidâ') einige Verse auf Mâliks Tod vorhanden sind. (Ibn Challikân a. a. O. und 2 Verse davon bei Abû'lfidâ' I, 216).

2) Auf diese Grundbedeutung geht Mâlik in seinen Versen zurück.

gern unterordnen“), eine Anspielung, die aber Ibn Nubâta nicht verstanden hat. Die Verse lauten nach dem Dîwân Jarîr's [1]):

قد قال نعمان قولا لا قنعت به ‎ ‎ اردف ورائي عند العجب والذنب

فقلت لا اردف الاعجاز قد علموا ‎ ‎ خلف ابن حمراء لم يسمع له باب

حمش شواها لئيم من يناسبها ‎ ‎ زلاء عارية الظنبوب والعصب

لن يذهب اللوم تاج قد حبيت به ‎ ‎ من الزبرجد والياقوت والذهب

ولا ثياب من الديباج تلبسها ‎ ‎ هي الجياد وما في النفس من دبب

„Annuʿmân sagte Etwas, womit ich nicht zufrieden war: „Nimm hinter mir Deinen Sitz bei der Schwanzwurzel und dem Schweif (des Kameels)“

„Da sagte ich: „Ich reite nicht hinten an den Enden, wie man wohl weiss, hinter dem Sohn einer rothfarbigen (Sklavinn) [2]), von dessen Vater man nie Etwas gehört hat,

„(Dem Sohn einer Frau) mit dürren Händen und Füssen, mit welcher nur ein Elender verwandt sein mag, mit fleischlosem Hintern, so mager, dass Schienbein und Sehnen durchscheinen [3]).

„Nie kann die Schmach getilgt werden durch eine Krone von Smaragd, Rubin und Gold, die Dir zu Theil ward,

„Noch durch Kleider von Seidenstoff, die Du anziehst: sie sind zwar schön, aber was in Dir, ist elend [4])“.

1) Sie stehn da zur Erläuterung von Jarîr's Worten اخذنا على الخور قد تعلمون رداف الملوك واصهارها

2) Bei حمراء steht als Erklärung مولاة. احمر „roth“ ist hier soviel als „hellfarbig, nordländisch“ (Ḥamâsa 192 Z. 10 f., 658 oben).

3) Magerkeit, welche bei dem Manne ein grosses Lob ist, wird dagegen bei den Frauen sehr getadelt.

4) Zu الدبب (mit einem unten punktierten د, um es vom ذ zu unterscheiden) lautet die kurze Erklärung العيب.

Yâqût s. v. اسبذ hat ein anderes satirisches Bruchstück von Mâlik; dieser greift darin heftig den Muḥriz b. Almukaʿbar vom Stamme Ḍabba [1]) an, welcher Dichter sich in einem Streit zwischen Mâlik und Qais b. ʿÂṣim [2]) für diesen ausgesprochen hatte.

ارى كلّ بِكْرٍ تمّ غيرَ ابيكمُ [3]) وحالفتمُ [4]) جِنًّا من اللؤم [5]) حَيْدَرا
ابى أن يريم الدهرَ وسطَ بيوتكم كما لا يريم الاسبذيّ المشقّرا
حميتَ بذى [6]) الابيين قيسَ بن عاصم مطرًّا فمن يحمى اباك المكعبرا

„Ich sehe, dass jedes Erstgeborne vollkommen geworden ist mit Ausnahme Eures Vaters; und Ihr habt Euch mit einem verkümmerten, kurzleibigen Wesen von Schande verbündet.

„Er (Euer Vater) mag niemals Eurer Häuser Mitte verlassen (um auf kühne Thaten auszugehn), wie der Asbadit (der fest angesiedelte Bewohner von Baḥrain) das (Schloss) Almusʿaqqar [7]) nicht verlässt.

„Du hast mit Deinem doppelt schmählichem (Gedicht) den Qais b. ʿÂṣim vertheidigt, kühn darauf los hauend, aber wer vertheidigt denn nun Deinen Vater Almukaʿbar [8])?"

Im Dîwân Jarîr's kommen noch zwei Bruchstücke von Mâlik vor, welche sich auf die oben erwähnte Schlacht bei Malham beziehen. Das eine enthält einen Angriff

---

1) Einige Verse von ihm Ḥamâsa 284.

2) Vrgl. Wüstenfeld's Tabellen L. 20 u. s. w.

3) Die Handschriften وخالفتم.

4) Var. جنسا.

5) Var. جيدرا.

6) Var. الابرين.

7) Siehe oben S. 108.

8) Ich brauche wohl kaum zu bemerken, dass ich diese Uebersetzung durchaus nicht für in allen Theilen sicher ausgeben will.

gegen einen gewissen Firâs b. ʿUdus[1]) b. ʿIqâl b. Muḥammed und dessen Geschlecht, das an dem Kampf keinen Theil genommen hatte (fol. 160 r).

جمعنا الجيادَ الحُوَّ والكُمْتَ والقنا   وكلَّ دِلاصٍ نسجُها متضائلُ
لأعدائنا في الحرب انّ عتادكم   مرائرُ في أطرافهنّ الزواجلُ
وما كنتمُ في الحرب أهلاً لتفخروا   وللحرب رأسٌ من تميم وكاهلُ
سواكم وأنيابٌ حِدادٌ وضِرسُكم   اذا [2])أنقذته الحربُ أسنخُ ناصلُ
وأرماحُنا صبّحن عمرو بن صابرٍ   وعصبتَه سمًّا وهنّ مقاتلُ

„Wir sammelten die schwarzen und die röthlichen Rennpferde, die Lanzen und alle schimmerden Panzerhemden von zartem Geflecht

„Gegen unsere Feinde im Kriege, während Eure Rüstung aus Stricken mit hölzernen Handhaben an ihren Enden besteht.

„Und nicht durftet Ihr Euch im Kriege rühmen: denn der Krieg hat zwar Haupt und Schulter von Tamîm,

„Aber ohne Euch, und scharfe Zähne, während Euer Gebiss, wenn der Krieg daran rüttelt, wackelt und ausfällt.

„Unsere Lanzen aber haben dem ʿAmr b. Ṣâbir und seiner Schaar Gift zum Morgentrunk gegeben, denn sie sind Todeswerkzeuge“.

Das andere Bruchstück, das sich auf diese Schlacht bezieht, besteht nur aus 2 Versen, die nach dem Reime des ersten Halbverses den Anfang der Qaṣîda bildeten (fol. 159 v.):

---

1) So punktiert die Handschrift. Wenn die Bemerkung Ḥamâsa 371 Z. 2 richtig ist, so muss der Name hier ʿUdas ausgesprochen werden. ʿIqâl b. Muḥammed kommt in Wüstenfeld's Tafeln K, 18 vor.

2) Handschrift انقدته.

طَلَبْنا بيومٍ مثلِ يومك علقما   لعمري لمن يسعى به كان اكرما
قَتَلْنا بجنبِ العِرضِ عمرو بن صابرٍ   وحمران اقصدناهما والمثلّما

„Wir strebten nach einem Tag, wie Deiner (der, an welchem Du fielst) war, o ʿAlqama, um Rache zu nehmen. Bei meinem Leben, der, welcher das ausführte, war hochedel!

„Wir haben an der Seite von Alʿirḍ den ʿAmr b. Ṣâbir und den Ḥumrân getödtet, indem wir sie wohl trafen, und den Almutallim.“

ʿAlqama b. Alḥârit war nämlich von den Yaškur erschlagen, und in der Schlacht bei Malham wurde sein Tod gerächt.

Einen ganz anderen Ton schlägt Mâlik in einem Bruchstücke an, das uns Ibn Qutaiba a. a. O. (fol. 64 r.) giebt, leider ohne die Veranlassung desselben zu erwähnen:

ساهدي مِدحةً لبني عديٍّ   اخصّ بها عديَّ بني جَناب
تُراثَ الاحوصِ الخيرِ ابنِ عمرٍو   ولا أعني الأحاوِصَ مِن كِلاب
اتينا حيَّ خيرِ بني معدٍّ   هُمُ اهلُ المرابع والقِباب
شُرَيحٌ والفُرافِصةُ بن عمرٍو   وإخوتُه الأصاغرُ للزباب

„Ich will meinen Lobspruch den Banû ʿAdî darbringen, das heisst bloss dem Stamm ʿAdî von Janâb[1]),

„Den Erben des trefflichen Al'aḥwaṣ b. ʿAmr[2]) — aber nicht meine ich damit die Aḥwaṣ von Kilâb[3]).

„Wir kamen zu dem Stamm der besten von den Kindern Maʿadd's[4]); sie sind die Leute der festen Häuser und der Zelte.

1) Wüstenfeld, Stammtafeln 2, 27 f.

2) Ebend. 2, 34.

3) Ebend. E, 18.

4) Auf wie gebrechlichen Grundlagen die Stammeseintheilungen

„Śuraiḥ und Alfarâfiṣa b. ʿAmr[1]) und seine kleinen Brüder . . . . [2])“.

Der tapfere Sinn, den wir in den oben gegebenen Versen fanden, spricht wieder aus folgenden Worten Mâlik's bei Ibn Nubâta (Rasmussen 7):

وقالوا لِيَ استأسِرْ فانّك آمِنٌ   فقلتُ اِن استأسرتُ انّي لخائنٌ

علي ما تركتُ المَشْرَفِيَّ مُضاجعي   ومطّرِداً فيه المنايا كوامنُ

فان تقتلوني بعد ذاك فانّني   اموتُ بمقدارٍ وتبقَى الضغائنُ

„Und sie sagten: „gieb Dich gefangen, denn dann bist Du Deines Lebens sicher“; aber ich sprach: „gebe ich mich gefangen, so bin ich ein Verräther!

„Wozu habe ich doch das Masʿrafitische (Schwert), meinen Lagergenossen, und eine gerade (Lanze), auf welcher die Todesgeschicke lauernd liegen, (zu Hause) gelassen? [3])

„Wenn Ihr mich nun später tödtet, so sterbe ich nach einem Verhängniss, aber es bleibt der Groll (meiner Stammesgenossen, die mich an Euch rächen werden)““.

Folgende Verse Mâlik's, von denen Yâqût die 4

---

der Arabischen Genealogen ruhen, zeigen recht solche Beispiele, wo von alten Dichtern Yemenische Stämme zu den Kindern Maʿadd's gerechnet werden. (Ein anderes Beispiel siehe im Dîwân des Amra-alqais ed. Slane 39, 10, wo der Scholiast sicher falsch erklärt).

1) Vielleicht = Farâfiṣa b. Al'aḥwaṣ b. ʿAmr (Wüstenfeld 2, 35.)

2) Das letzte Wort scheint verderbt zu sein. Vielleicht ist zu lesen للرَّباب „von Arrabâb“ (ihrer Mutter).

3) Wenn تركت richtig ist, so ist kaum eine andere Uebersetzung möglich, obgleich der Sinn viel näher läge: „warum habe ich denn meine Waffen immer bei mir (dass ich mich jetzt ohne sie zu gebrauchen ergeben sollte)“; aber تركت lässt sich nicht übersetzen „sein lassen“ d. h. „dazu machen“. Uebrigens vrgl. Dîw. des Amra-alqais ed. Slane S. 21, 14.

ersten s. v. مخطط[1]), die 4 letzten s. v. البردان (also die beiden mittleren zweimal) anführt, lasse ich wegen der Unsicherheit des Textes und der Schwierigkeit des Verständnisses an einigen Stellen unübersetzt. Die Unsicherheit wird noch dadurch gesteigert, dass der Reim bald auf *di*, bald auf *du* ausgeht und so für einige Verse nicht fest steht. Wie weit ich den Text verstanden habe, mag der Leser an der Vokalisierung sehn. Ueber den Kampf bei Muchaṭṭiṭ und Alġabîṭ (zwischen den Yarbûʿ und Bakr b. Wâil) vrgl. Caussin de Perceval, Essai II, 583.

ألا اكن لاقيت يوم مخطط   فقد خير الركبان ما اتودد

اتاني *بنفو* الخبر لما لقيته   رزين وركب حوله متصعد

فاقررت عيني يوم ظلوا كانهم   ببطن الغبيط [2]خشب اثل مسند

صريع عليه الطير تنقر عينه   وآخر مكبول [3]بمال مقيد.

لدن غدوة حتى اتى الليل دونهم   ولا تنتهي عن ملها منهم يدي

واصبح منهم بعد قل لقائنا   بقية ادة البرديين قل مطرد

(In v. 1 lies خبّر, in v. 2 etwa ببعض).

Freytag prov. ar. II pg. 877 hat zwei Verse von Mâlik, in welchen dieser erklärt, dass er sich von seinen Genossen getrennt habe, nachdem sie sich verkehrt oder unwürdig benommen hätten. Wie fast bei allen diesen kleineren Bruchstücken sind uns leider auch hier die näheren Umstände unbekannt.

ولما اتيتم ما تمنى عدوكم   عدلت فراشي منكم ووسادي

وكنت كجد حين قد بسيفه   حذار الخلاط خطه بسواد

---

1) Zu dieser Stelle konnten nur zwei schlechtere, in ihren Fehlern grossentheils übereinstimmende Handschriften benutzt werden.

2) S. v. مخطط eine Handschrift حشب, eine حيث.

3) S. v. مخطط die beiden Handschriften بيمان.

„Und nachdem Ihr vollbracht hattet, was Euer Feind wünschte, wandte ich meine Decke und mein Kopfkissen von Euch weg,
„Und ich war wie Jadd, als er aus Furcht, mit Andern vermengt zu werden, in Sawâd (?) seinen Antheil mit dem Schwerte abhieb“ [1]).

Von den folgenden 3 Versen Mâlik's hat Albakrî v. 1 und 3 s. v. سرار, v. 2 s. v. الهيماء. Der Zusammenhang beider Bruchstücke, der schon an und für sich wahrscheinlich war, zumal da beide nach Abû ʿUbaida citiert werden, wird gesichert durch Yâqût, der s. v. الهيماء v. 1 und 2 anführt.

تركتم لِقاحي ولَّهًا وانطلقتمُ   بآلافها [2]) من غيرِ حاجٍ ولا فَقْرِ
وباتت علي [3]) جَوْفِ الهُيَيْماء مِنْحَنَى   معقَّلةً بين الرَّكيّة والجَفْرِ [4])
كانّ هضيمًا من سَرَارٍ مغيَّبًا   تعاوَرَه أخْلافُها مَطْلَعَ الفَجْرِ [5])

„Ihr liesset meine Milchkameele in Angst und führtet Tausende von ihnen ohne Noth und Bedürftigkeit weg.
„Und so blieb mein Geschenk (meine Kameele) in der Niederung von Alḥuyaimâ' mit gefesselten Füssen zwischen den beiden Brunnen [4]).
„Es war, als ob ihre Brüste beim Sonnenaufgang auf einem verborgenen Röhricht vom (Thale) Sarâr hin und her gegangen wären“ [5]).

Folgende Verse Mâlik's, welche Almubarrad im Kâmil citiert, beziehn sich auf einen Kampf der Yarbûʿ mit

1) Ueber Jadd vrgl. Freytag a. a. O.
2) على وجهه من غير وقع ولا نفر Yâqût.
3) حوف Albakrî, وجه eine Hdschr. Yâqût's.
4) Der Unterschied von ركيّة und جفر ist mir nicht klar.
5) Albakrî erklärt هضيم durch قصب الزمر (Pfeifenrohr) und verweist auf ʿAntara's Muʿallaqa v. 31.

den Asad, in welchem auf Seiten jener der Held ʿUtaiba b. Alḥâriṯ fiel[1]):

فَخَرَتْ بنو أَسَدٍ بمقتلِ واحدٍ   صَدَقَتْ بنو اسدٍ عُتيبةُ افضلُ

فخرتْ بمقتلهِ ولا يُوفِي بهِ   مَثْنَى سَراتِهِم الّذين نقتّلُ

„Die Banû Asad rühmten sich, dass sie Einen getödtet; die Banû Asad hatten Recht: ʿUtaiba ist der Vorzüglichste.

„Sie rühmten sich, dass sie ihn getödtet, denn nicht wiegen ihn (all) ihre Häuptlinge, die wir hinmorden, auf, wenn sie auch doppelt genommen werden“.

Auf denselben Kampf bezieht sich der Vers Mâlik's bei Albakrî s. v. خَوّ:

وهَوَّنَ وجدي أَنْ اصابتْ رِماحُنا   عشيّةَ خَوٍّ رَهْطَ قيسِ بن جابرِ

„Und meinen Schmerz (um ʿUtaiba) linderte es, dass unsere Lanzen am Abend von Chau die Familie des Qais b. Jâbir trafen“.

Auf den oben erwähnten Kampf mit den Bakr b. Wâil scheint sich zu beziehn das Verspaar Mâlik's bei Yâqût s. v. فردوس الاياد:

وَرَدَّ عليهم سَرْحَهم حولَ دارِهم   ضرابٌ ولم يستأنفِ المتوحّدُ

حُلولٌ بِفِرْدَوسِ الايادِ واقبلتْ   سراةُ بني البَرْشاءِ لمّا تأبّدوا

„Und ihre Heerden brachte ihnen rings um ihren Wohnsitz ein (muthiges) Losschlagen wieder ein, ohne dass der Vereinzelte angefangen hätte.

„Sie wohnen in Firdaus-Al'iyâd, und die Fürsten der Söhne Albarśâ's[2]) kamen herbei, nachdem sie sich in die Einsamkeit zurückgezogen hatten“.

---

1) Vrgl. Wüstenfeld's Tabellen K, 20; Ḥamâsa 387 f; Ibn Duraid ed. Wüstenfeld 138; Caussin, Essai II, 594.

2) Ueber Albarś'â' vrgl. Wüstenfeld's Tabellen B, 16 und das Register s. v.

Ganz unbekannt ist die Veranlassung folgender zwei Verse Mâlik's, welche ebend. s. v. نعامة stehn:

أَبْلِغْ ابا قَيْسٍ اذا ما لقيتَه[1] نَعامةُ أَدْنى دارِها فظَليمُ

بأَنّا ذَوو[2] وَجْدٍ وأَنَّ قبيلهم بني خالد لو تَعْلَمين كريمُ

„Melde (ihr), o Abû Qais, wenn Du ihr begegnest[3]) — Naʿâma und dann Ẓalîm sind ihre nächsten Wohnsitze —:

„Dass wir schmerzerfüllt sind, und dass ihr Stamm, die Banû Châlid, — wenn Du das wüsstest — edel ist".

Mâlik's Ross hiess ذو الخمار[4]). Nach Arabischer Sitte pflegte er dasselbe sorgfältig und liess zur Zeit des Mangels lieber seine Kinder hungern, als sein Pferd. So sagte er (Ag. Ḥamâsa 102 oben):

جَزاني[5]بَلائي ذو الخِمارِ وصَنْعتي [6]بما باتَ أَطْواءً بَنِيَّ الأَصاغِرُ

„Dû'lchimâr hat mir (in der Schlacht) meine Mühe und Sorgfalt vergolten, (die ich an ihn wandte) indem meine kleinen Kinder lange hungern mussten (während er gepflegt ward)".

Dem Sinn, dem Reim und Versmaass nach könnte ein Vers von ihm zu demselben Gedicht gehören, welchen Albakrî s. v. فيحان hat:

---

1) Vielleicht zu lesen لقيتها.

2) Die Handschrift ذو.

3) Oder wenn die Textlesart richtig ist: „Melde dem A. Q., wenn Du ihm begegnest".

4) Im Dîwân Jarîr's heisst es, das Pferd sei so genannt wegen seiner Blässe (لغرّته). Diese muss wohl eine eigenthümliche Gestalt gehabt haben, wenn sie mit einem Chimâr verglichen werden konnte.

5) دوائي Ḥamâsa. Dies Wort, das wir unten (S. 140) in dem grossen Liede Mutammim's in der Bedeutung „Pflege des Pferdes" wieder finden werden (v. 24), ist wohl ursprünglicher.

6) اذا Ḥamâsa, Goth.

كأنّي وأبدانُ السلاحِ عشيةً   تمرّ بنا في بطن فيحان طائرُ

„Es war, als ob mit mir und meiner Waffenrüstung Abends ein Vogel in der Schlucht von Faiḥân dahin flöge“.

Der Vogel, der ihn im Fluge trägt, ist eben das Ross. Dasselbe Bild findet sich in dem bei Yâqût s. v. ناصفة العناب citierten Verse unseres Dichters:

كأنّ الخيلَ[1] مرّ لها سنيحًا   قطاميٌّ بناصفة العُناب

„Als ob bei den Rossen links vorbei gegangen wäre ein Falk in Nâṣifat-al‘unâb“.

Das Ross *Ḏ*û'lchimâr kommt noch in einem Verse Mâlik's bei Ibn Qutaiba a. a. O. fol. 62'v. vor:

متى أعلُ يومًا ذا الخمارِ وشكّتي   حسامٌ وصدقٌ مارنٌ وشليلُ

„Wenn ich eines Tages den *Ḏ*û'lchimâr besteige, gewappnet mit einem schneidigen (Schwerte), einer festen, glatten (Lanze) und einem leichten Panzer“.

Ganz unverständlich ist mir der aus dem Zusammenhang gerissene Vers Mâlik's bei Ibn Hišâm 696:

وما لي نَحْبٌ عندهم غيرَ أنّني   تلمّستُ ما تبغي من الشُّدنِ الشُّجرُ

„Und ich habe von ihnen Nichts nöthig, nur dass ich aufsuchte, was die . . . . . . von den eben erwachsenen Gazellen suchen“.

Zum Schluss geben wir noch ein Rajazstück von Mâlik, welches Yâqût s. v. بثاء anführt. Es bezieht sich darauf, dass er einst den Banû Sa‘d durch die Schnelligkeit seines Rosses entkommen war, als sie ihn vom Wasser Ba*ṯ*â' aufgejagt hatten.

---

1) Die Handschrift الخليل.

قلتُ لهم والشَّنءُ منّي بادِ ما غرَّكم[1] بسابقٍ جَوادِ

يا ربِّ انت العَوْنُ في الجهادِ اذ غاب عنّي ناصرُ الاوتادِ[2]

واجتمعتْ معاشرُ الاعادي علي بثاء باهظي[3] الاوراد

„Ich sagte ihnen, indem der Hass von mir offen hervortrat:
„„Was macht Ihr Euch eitle Hoffnung auf ein eilendes Rennpferd (es einzuholen)?
„O mein Gott, Du bist die Hülfe im Kampf,
„Da die Retterschaaren fern von mir sind,
„Und die Rotten der Feinde sich gesammelt haben
„Beim (Wasser) *Batâ'* und das Wasserholen schwer machen''''.

Von *Mutammim* haben wir ausser den oben gegebenen Liedern auf Mâlik noch eine einzige grössere Qaṣîda und einige Bruchstücke. Das grosse Lied findet sich vollständig in den Mufaḍḍalîyât (fol. 63 ff). V. 39—43 hat die Ḥamâsa Albuḥturî's (pg. 128) unter *Mâlik's* Namen; ebenso Rasmussen 7 v. 39, 40, 42, 43. Albuḥturî hat auch noch v. 44, 45 (pg. 138); v. 42, 39 werden von Alwâḥidî zu Almutanabbî (ed. Dieterici S. 782) angeführt; v. 6 citiert Albakrî an 3 Stellen (s. v. اثال, الملا, حزن بني يربوع); Yâqût hat s. v. اثال v. 4—8.

قال متمّم بن نويرة

صرمتْ زُنيبةُ حَبْلَ مَن لا يُقطّع[4] حبْلَ الخليلِ ولِلامانةِ[5] تَفْجَعُ

1) Die Handschriften عزّكم.

2) Var. الارفاد.

3) Var. باهط.

4) Aus dem Scholion ergiebt sich, dass neben unserer Lesart (welche Al'aṣma'î hatte) auch تقطع vorkommt.

5) Die Handschrift ولا الامانة, aber dies ist korrigiert in لِلامانة,

ولقد حَرَصْتُ على قليلِ مَتاعِها ‏ يومَ الرَّحيلِ (1فدَمْعُها المستنفِعُ

جُدِّي (2حبالَكِ يا زُنَيْبُ فانّني ‏ قد أَستَبِدُّ بصُرْمِ مَنْ هو اقطعُ

ولقد قطعتُ الوَصْلَ يومَ خِلاجِهِ ‏ وأخو الصريمةِ في الأمورِ (3المزمعُ

بمُجِدّةٍ عَنْسٍ كأنّ سَراتَها ‏ فَدَنٌ تُطيفُ به النَّبيطُ مرفَّعُ

قاظت أُثالَ الي (4المَلا وتربَّعت ‏ بالحَزْنِ (5عازبةً تُسَنُّ وتُودَعُ

حتّي اذا لَقِحت وعُولِيَ فوقها ‏ قَرِدٌ (6يَهِمُّ به الغُرابَ (7المُوقَعُ

قرّبتُها للرَّحْلِ لمّا اعتادني ‏ سَفَرٌ أَهُمُّ به وأمرٌ مُجْمَعُ

فكأنّها بعد الكلالةِ والسُّرَى ‏ عِلْجٌ تُغاليه قَذورٌ مُلْمِعُ

يَحْتازُها عن جَحْشِها وتَكُفُّه ‏ عن نفسها انّ اليتيمَ مدفَّعُ

ويَظَلُّ مُرتبئًا عليها جاذلًا ‏ في رأسِ مَرْقَبةٍ فَلايًا يَرتَعُ

---

und eine Lesart mit لا wird im Schol. gar nicht erwähnt, welches dagegen die 3 Aussprachen لَلامانةَ, لَلامانةُ (als weniger gut) und لِلامانةِ erlaubt. Letzteres auch als Randlesart.

1) فدَمْعُها المستمتع Schol.

2) Korrigiert aus وصالك.

3) المجمع Yâqût.

4) Eine Handschrift Yâqût's المياه وربّعت.

5) Hdschr. ohne diakritische Punkte (wie sehr viele Wörter in dieser Qaṣîda), aber im Schol. richtig. Bei Albakrî einmal عازبة, einmal عاريا und einmal fehlt es ganz (wie auch الى und الحزن). Yâqût غادية.

6) Das Schol. scheint auch die Lesart يُهَمِّ für möglich zu halten.

7) Punktiert الموقَع und auch das Schol. erwähnt die Lesart الموقِع, welches dann Adjektiv zu الغراب = الذى يوقع نفسه عليه sei. Dann ist يُهَمِّ به الغرابُ zu lesen. So punktiert eine Handschrift Yâqût's.

حتّى يهيّجها عشيّة خِمسها — للورد جأبٌ خَلْفها (1) متقرّع
يعدو تُبادره المخارمَ سَمْحَجٌ — كالدلْو خان رِشاؤها المتقطّع
حتّى اذا وَرَدا (2) عيونًا فوقها — غابٌ طوالٌ (3) ثابتٌ ومصرّع
لاقى على جَنْب الشريعة (4) لاطئًا — صَفْوانَ في ناموسه يَتطلّع
فرمى فاخطأها وصادف سهمه — حَجَرًا ففلّل والنضيّ مجزّع
أهوى ليحمي فرجها (5) اذا دَرَتْ — زَجِلًا كما يحمي (6) النجيدُ المشرِع
فتصكّ صكًّا بالسنابك نحره — وبجندلٍ صُمٍّ ولا يتورّع
لا شيء يأتو أتْنه لمّا علا — فوق القطاة وراسه مستتلع
ولقد غدوتُ على القنيص وصاحبي — نَهْدٌ مراكله مسحّ جرشع
ضافي السبيب كأنّ غصن أباءة — ريّان (7) ينفضها اذا ما يُقدَع
تئق اذا أرسلته متلاذق — طمّاح أشراف اذا ما ينزع

---

1) Schol. hat die Lesart مندرع, welche durch الواسع الخطو الخفيف السير erklärt wird, also متدرّع oder متدرِّع.

2) جاب فوقها عيانا وقال Schol. (Das Zweite sicher Variante, das Erste vielleicht Schreibfehler).

3) نابت Schol.

4) كارزًا Schol. Die Hdschr. لاطبًا.

5) Die Handschrift اذا درتْ, das Schol. اذا درب. Auf alle Fälle fehlt eine Silbe, resp. steht eine Kürze für eine Länge. Beispiele von ◡ — ◡ — oder — ◡ ◡ — für ◡◡ — ◡ — im Kâmil sind sehr selten vrgl. Dîwân Amra-alqais ed. Slane 37, 4; Ibn His'âm 531. Lin. 9 und 2 Beispiele aus Jarîr's Dîwân, wo ein Kâmilvers mit لم أر مثلك anfängt (2r und 29v).

6) الكميّ Schol.

7) ينفضه Schol.

وكأنّه فوتَ الجوالبِ (1 جانيا   رِيمٌ تضايفه كلابٌ أخضعُ

داويتُه كلَّ (2 الدَّواء وزدتُه   بَذْلًا كما يُعطي (2 الحبيبُ الموسَعُ

فله ضَهيبُ الشَّوْلِ الّا سُوْرَه   والجُلُّ فهو (3 مربَّبٌ لا يُخْلَعُ

فاذا نُراهِن كان أوَّلَ سابقٍ   يَخْتالُ فارسُه اذا ما يُدْفَعُ

بَلْ رُبَّ يومٍ قد حَبَسْنا سَبْقَه   نُعطي ونُجْمِرُ في الصديقِ ونَنْفَعُ

ولقد سَبَقْتُ العاذلاتِ بشَرْبةٍ   رِيًّا وراووقٍ عظيمٌ مُتْرَعُ

(4 جَفْنٍ من الغِرْبيبِ خالصُ لَوْنِه   كدمِ الذبيحِ اذا يُشَنُّ مُشَعْشَعُ

أَلْهو بها يومًا وأُلْهي فِتْيةً   عن بَثِّهم اذ (5 أُلْبِسوا وتَقَنَّعوا

يا (4 لَهْفَ من عَرْفاءَ ذاتِ فَليلةٍ   جاءتْ اليَّ على ثَلاثٍ تَخْمَعُ

ظَلَّتْ تُراصِدني وتَنْظُرُ حولَها   ويَريبُها رَمَقٌ (4 وأنّي مُطْمِعُ

وتَظَلُّ تَنْشِطني وتُلْحِمُ أَجْرِيًا   (6 وَسْطَ العَرينِ وليس حيٌّ يَدْفَعُ

لو كان سَيْفي باليَمينِ ضَرَبْتُها   عنّي ولم أُوكَلْ وجَنْبي الأَضْيَعُ

ولقد ضَرَبْتُ به فتَسْقُطُ ضَرْبَتي   أَيْدي الكُماةِ كأنّهنَّ الخِرْوَعُ

ذاك الضَياعُ فان حَزَزْتُ بمُدْيةٍ   كَفّي فقُولي مُحْسِنٌ ما يَصْنَعُ

ولقد غُبِطْتُ بما أُلاقي حِقْبةً   ولقد يَمُرُّ عليَّ يومٌ أَشْنَعُ

---

1) Hdschr. جَانيًا. Der Schol. erklärt الجانى (sic) durch المنحنى (sic, mit einem ح unter dem ح).

2) Beide Punktationen sind erlaubt. (Schol.)

3) ملبّب Schol.

4) Beide Punktationen sind erlaubt (Schol.).

5) ابلسوا und ابسلوا Schol. Die Textlesart wird erklärt durch جعل الهمّ لباسًا لهم وقناعًا.

6) تحت Schol.

أفبعد من ولدت (1 نبيشة اشتكي — (2 زو المنية او ارى اتوجع
ولقد علمت ولا محالة انني — للحادثات فهل (3 تريني اجزع
افنين عادا ثم آل محرق — فتركنهم (4 بلدا وما قد جمعوا
ولهن كان الحارثان كلاهما — ولهن كان اخو المصانع تبع
(5 فعددت آبائي الى عرق الثرى — (6 فدعوتهم فعلمت أن لم يسمعوا
ذهبوا فلم ادركهم (7 ودعتهم — غول (8 أتوها (9 والطريق المهيع
لا بد من تلف مصيب فانتظر — ابارض قومك ام باخرى تصرع
وليأتين عليك يوم (10 مرة — يبكي عليك (11 مقنعا لا تسمع (12

1. „Zunaiba riss die Verbindung mit Einem ab, der (seinerseits) nicht die Freundesverbindung abschneidet, und sie verletzt wahrlich die Treue.
2. „Wohl sehnte ich mich am Tage der Abreise danach,

---

1) Als Randlesart نشيبة und so stand Anfangs auch im Text.

2) Am Rande روى وزء المنية (Lies زوء oder رزء).

3) Für ترينى vrgl. oben S. 91. ترانى steht im Kommentar zu Almutanabbî a. a. O., und diese Lesart erwähnt auch das Schol., erklärt sie aber für schlechter.

4) بددا Rasmussen.

5) وعددت Rasm.

6) Mit و Ḥam. Buḥt. Rasm. Erstere auch وعلمت.

7) ودهتهم Rasm.

8) الليالى Rasm.

9) والسبيل Ham. Buht.

10) واحد Ham. Buht.

11) مقنع Ham. Buht.

12) Derselbe Vers in dem Gedichte eines späteren Dichters Ḥamâsa 433.

noch ein Wenig von ihr zu geniessen; aber ihre Thräne war (das Einzige), was ich davon hatte[1]).

3. „Reiss Deine Verbindungen nur ab, o Zunaiba, denn ich bin Manns genug, den fahren zu lassen, der sich (von mir) trennt.

4. „Und wahrlich hab' ich die Freundschaft abgebrochen, als sie schwankend wurde — weiss doch der entschlossene Mann sich bei allen Verhältnissen schnell loszureissen —

5. „(Und mich getröstet) mit einer schnellen, starken Kameelinn, deren Rücken einem hochgebauten Schlosse gleicht, das die Nabatäer umwandeln.

6. „Sie weidete den Sommer über in Utâl bis nach Almalâ und den Frühling frei hin schweifend in Alḥazn[2]), indem sie wohl genährt[3]) ward und von Arbeit frei blieb.

7. „Erst nachdem sie trächtig geworden war und ein fetter Höcker sich über ihr erhoben hatte, (so fest und glatt), dass der Rabe sich scheute, sich darauf niederzulassen[4]),

8. „Legte ich ihr den Sattel auf, als mir eine Reise, die mir Sorge machte, und ein fest beschlossenes Geschäft oblag.

9. „(Nun ist sie so stark, dass sie) nach Ermüdung und Nachtreise (im Laufen) noch einem wilden Esel

---

1) Oder nach der Variante: „aber mir bleibt Nichts übrig, als sie zu tadeln" (Schol.).

2) Dies sind nach dem Schol. die besten Weiden, und zugleich deutet die Entfernung der Oerter von einander die ausgedehnte Macht des Besitzers an.

3) Eigentlich „geglättet". Sie wird durch die fette Weide feist und rund.

4) Ich übersetze nach dem Schol. Dass der Rabe sich gern dem Kameel auf den Höcker setzt, finden wir auch sonst z. B. Ḥamâsa 711 unten.

gleicht, dem eine unbändige, trächtige (Eselinn) den Vorsprung abgewinnen will[1].

10. „Er (der Esel) treibt sie von ihrem Füllen weg, während sie ihn von sich selbst abwehrt: wahrlich das Waisenkind wird umhergestossen[2].

11. „Den Tag über passt er auf sie, hoch auf einem Bergesgipfel stehend, und weidet nur wenig[3].

12. „Endlich am Abend des fünften Tages treibt sie ein dicker (der Esel selbst), der hinter ihr hereilt, zur Tränke.

13. „Er läuft, während eine langrückige (Eselinn, nämlich die eben genannte) mit ihm nach den Bergspitzen in die Wette rennt (so schnell), wie der (hinabstürzende) Brunneneimer, dessen Strick reisst und (den Heraufziehenden) betrügt[4].

14. „Als sie nun zu Quellen kommen, welche hohes Schilf bedeckt, theils feststehend, theils umgeknickt,

15. „Da trifft er an der Seite des Baches den Ṣafwân[5], wie er verborgen in seiner Jagdhütte lauert.

16. „Dieser schiesst, aber verfehlt sie[6], und sein Pfeil

---

1) Aehnliche Schilderungen wie die nun folgende siehe z. B. in Labîd's Muʿallaqa v. 25 ff., Dîwân d. Hudailiten 92 v. 27 ff.; Amra-alqais ed. Slane S. 29 f.; S. 47. Vrgl. die vortreffliche Zusammenstellung von Stellen über den wilden Esel bei Ahlwardt, Chalef elahmar 341 ff.

2) Das Eselfüllen, welches von einem andern Vater ist, oder das er aus Eifersucht wegjagt (Schol). Die schlechte Behandlung, welche der wilde Esel selbst seinem eignen Füllen aus Eifersucht angedeihen lässt, wird auch sonst erwähnt. Vrgl. Addamîrî bei Ahlwardt a. a. O. 354; Alqazwînî ed. Wüstenfeld I, 378.

3) D. h. gar nicht. (Schol.).

4) Dies Bild auch sonst z. B. bei Zuhair in Ahlwardt's Chalef elahmar S. 351; bei Labîd (vom Löwen) يَغْشَى المهاجهجَ كالذنوب المرسَل (Ḥamâsa Albuhturî's S. 124).

5) Einen berühmten Jäger jener Zeit (Schol.).

6) Dass der geübte Schütze sie doch nicht trifft, zeigt die Schnel-

fliegt gegen einen Stein, dass die Spitze stumpf wird und das Holz in Stücke fliegt.

17. „Er (der Esel) eilt wiehernd hinzu, sie vor Gefahr zu schützen, als sie davon läuft, wie der zum Stoss bereite Held (die Seinigen) schützt.

18. „Sie trifft ihn (im Lauf) mit ihren Hufen und mit harten Steinen (die von ihren Füssen aufspringen) auf die Brust, aber er lässt sich (dadurch) nicht abhalten (immer dicht hinter ihr her zu sein).

19. „Das macht Nichts! er erlangt (endlich) sein Ziel (die Begattung), nachdem er ihr über den Hinterkörper kommt, mit hoch emporgehobenem Kopfe. —

20. „Wohl bin ich (öfter) schon früh auf die Jagd gegangen, im Verein mit einem Ross mit fleischigen Weichen, einem breiten Renner[1])

21. „Mit reichem Schwanzhaar, das es wie ein feuchtes Schilfrohr schwingt, wenn es angehalten wird[2]),

22. „Das munter ist, wenn es losgelassen wird, sich fortstürzend, begierig, seine Laufbahn zu durcheilen[3]), wenn es angetrieben wird.

23. „Und während es sich niederbeugend der (ihm) zujauchzenden Menge entläuft, gleicht es (an Schnelligkeit), einer weissen Antilope mit niedergesenktem Kopf, welche von Hunden von der Seite angefallen wird.

24. „Ich habe ihm alle (nöthige) Pflege angedeihen las-

---

ligkeit ihrer Bewegung an, und dadurch wird wieder die Schnelligkeit des Reitkameels angedeutet, das der Dichter ja mit dem wilden Esel vergleicht (Schol). Aehnlich Diw. d. Hudailiten 92, 62 ff.

1) جرشع, auch vom wilden Esel (Ahlwardt a. a. O. 353, v. 31) und Kameel (Ḥamâsa 783) gebraucht, ist genauer „mit dicken Seiten“, hier bedeutet es wohl „wohlgenährt“.

2) Dies deutet auf die Muskelkraft seines Rückens hin (Schol.).

3) يقال جرى الفرس شرفًا او شرفين كما يقال طلقًا او طلقين (Schol.).

sen und noch ausserdem so Viel dafür gethan, wie es nur der reiche Mann für seinen Freund thun kann.

25. „So bekommt es die reine Milch der schon weit in der Trächtigkeit vorgeschrittnen Kameele [1], nur nicht den Bodensatz, und (warme) Decken; es wird im Hause erzogen und nicht hinausgejagt.

26. „Aber beim Wettrennen überholt es auch alle anderen; so dass sein Reiter stolz sein kann, wenn es losfährt.

27. „Doch wie manchmal haben wir den durch dasselbe verdienten Preis dazu bestimmt, Geschenke zu machen, Freunden auf Lebenszeit den Niessbrauch zu überlassen und Hülfe zu leisten! —

28. „Wohl bin ich (schon oft) den tadelnden Weibern zuvorgekommen mit einem reichlichen Trunk aus grossem, vollem Fass.

29. „(Es war) ein edles Gewächs von der dunklen Art, dessen reine Farbe, wenn Wasser dazu gegossen ward, dem Blut des Opferthieres glich, richtig gemischt [2]).

30. „Damit erheitere ich mich zuweilen und mache andere Männer ihre Sorgen vergessen, wenn sie bekümmert (ابلسوا) und verzagt sind. —

31. „O weh mir ob einer langmähnigen (Hyäne) mit einem dicken Haarbüschel, welche (einst) auf drei Füssen hinkend (zu meiner Leiche) herankommt [3]).

32. „Lange hat sie mich beobachtet und sich umgesehen, denn mein letztes Röcheln machte ihr noch Angst, während ich doch ihre Gier reizte.

---

1) Wenn die Kameelstuten so weit sind, geben sie nur noch wenig Milch, und diese kostbare Milch erhält das Pferd, nicht die Familie des Dichters (Siehe oben S. 135).

2) Zu مشعشع vrgl. z. B. ʿAmr's Muʿallaqa v. 2.

3) Ausser den unten S. 147 angeführten Stellen vrgl. im Dîwân der Hudailiten 21 v. 12 ff.; 87, v. 5 ff.

33. „Und lange zerrt sie mich nun und giebt mich mitten im Dickicht ihren Jungen zum Frass, ohne dass ein Lebender sie fortjagte.

34. „Hätte ich nur mein Schwert in der Rechten, würde ich sie mit Hieben von mir abwehren und mich nicht so mit unbewehrter Seite fressen lassen.

35. „Denn ich habe damit gehauen, dass mein Hieb den Helden die Hände herunterschlug, wie die Früchte des Wunderbaums.

36. „Das ist der (wahre) Verlust[1]; drum (füge Dich in allen Stücken meinen Anordnungen, und) wenn ich mir selbst mit einem Messer die Hand abschneide, so sprich doch: „in allen Dingen handelt er recht".

37. „Wohl wurde ich lange Zeit meines Glückes wegen beneidet, aber wohl wird ein böser Tag kommen.

38. „Soll ich denn nach dem Tode derer, welche Nubais'a gebar[2], noch über irgend einen Schicksalsschlag klagen oder mich bekümmert zeigen?

39. „Ja wohl weiss ich, dass ich ohne Rettung den Unglücksfällen preisgegeben bin; aber meinst Du (o Weib), dass ich mich darum abhärmen soll?

40. „Sie rafften 'Âd hinweg und darauf das Haus Muḥarriq's[3] und liessen sie mit aller gesammelten Habe als (ödes) Land.

41. „Ihnen verfielen beide Ḥârit[4], ihnen verfiel der Erbauer der Schlösser Tubba'.

42. „Ich zählte nun meine Väter bis zur Wurzel der

---

1) Er wendet sich an die Tadlerinn. Mein Tod, nicht der Verlust des Vermögens, das ich verschwende, ist das wahre Unglück.

2) Nubais'a scheint seine Mutter zu sein.

3) Das Geschlecht der Könige von Alḥîra, welches kurz vor der Muḥammedanischen Eroberung vom Thron gestossen ward.

4) Könige aus dem Stamm der Ġassâniden, von denen in ähnlicher Zusammenstellung auch andere Dichter reden z. B. Labîd a. a. O. S. 126.

Erde hin und rief sie an, aber ich weiss wohl, dass sie es nicht hörten.

43. „Sie gingen dahin, so dass ich sie nicht einholen konnte, und sie rief eine verderbliche Macht, der sie folgten, und der breite Weg (zum Tode).

44. „Unvermeidlich ist ein tödlicher Streich; drum warte ab, ob Du in Deiner Heimath oder in einem fremden Lande niedergestreckt wirst.

45. „Und sicher wird Dich einst ein Tag erreichen, an dem man über Dich weint, während Du verhüllt daliegst[1]) und Nichts hörst".

Wir haben hier eine ächte Qasîda, welche uns eine ganze Reihe von Arabischen Lebensbildern vorführt. Liebe und Scheiden machen, wie gewöhnlich, den Anfang; dann folgt die Reise auf dem Kameel, dessen Vergleich mit dem wilden Esel zu einer anschaulichen Schilderung dieses Thieres Veranlassung giebt, welches mit seinem Weibchen um die Wette durch die Wüste dahin eilt; dann schildert der Dichter die übrigen Lebensfreuden, Jagd und Zechgelage, und weist die zurück, welche ihn tadeln, dass er sie geniesst, denn wohl weiss er, dass der Tod ihn plötzlich ereilen kann, dass er vielleicht unbegraben auf dem Schlachtfelde liegen bleiben und der leichenfressenden Hyäne, dem am meisten verhassten Thiere, zur Beute werden muss[2]); der Tod, der ihm die Liebsten geraubt hat, der alle Machthaber vor ihm getroffen, wird ihn so wenig verschonen, wie irgend einen Andern. — So schliesst das schöne Lied tief ernst. Ich glaube, dass dasselbe vorislâmisch ist, besonders da

1) مقنّعا ist حال zu ك in عليك. (Schol). Vrgl. Hamâsa a. a. O.

2) Dieser Gedanke kehrt bei den Arabischen Dichtern öfter wieder, z. B. in As's'anfarâ's berühmtem لا تقبروني ان قبرى محرّم الخ und bei Taabbaṭa s'arran.

bei der Erwähnung der erlittenen Unglücksfälle sonst schwerlich Mâlik's Name verschwiegen wäre, während andererseits Nichts auf muslimische Zustände hindeutet.

Von einem andern vorislâmischen Gedichte Mutammim's giebt uns der Kommentar zum Dîwân Jarîr's (fol. 94 v. f.) ein Bruchstück. Es bezieht sich auf ʿUtaiba, von dessen Tode S. 134 in einigen Versen Mâlik's die Rede war. ʿUtaiba hatte im Kampfe die beiden Söhne Hujaima's Qais und Alhirmâs getödtet.

وقد عَلِمَ الهِرْماسُ أنّ سُيوفَنا تَقَطَّعُ في هامِ المُلوكِ وتَنْشَبُ
على البَيْضةِ العُلْيا (1 على حَدِّ قِرْنِه عُتَيْبَةُ بالمَغْلوبِ غيرَ (2 التَّخَلُّبِ
أسَرَّكُما يا ابْنَيْ هُجَيْمَةَ أنّه بِكِنْهِلَ إذ لاقاكما مُتَغَيِّبُ

„Und wohl weiss Alhirmâs, dass unsere Schwerter sich zerschlagen auf den Köpfen der Könige und fest darin stecken bleiben.

„Ueber den höchsten Helmgipfel, über die Spitze seiner Waffe kam ʿUtaiba mit dem Schwert, dessen Schaft mit einer Halssehne umwunden war, ohne dass es ihn getäuscht hätte.

„Freute es Euch, o Söhne Hujaima's dass er sich in Kinhil verbarg, als er auf Euch traf?"

Auf ʿUtaiba's Tod beziehen sich noch zwei Verse Mu-

---

1) So die Hdschr. Vielleicht ist zu lesen عَلا حَدَّ vrgl. ʿAmr b. Maʿdî-Karib: فانّي لو ادركتُك ابنَ خُويلد عَلوتُك والعُزّى بصَمْصامةٍ عَضْبِ (Ḥamâsa Albuḥturî's S. 83).

2) So lese ich für التجلّب der Handschrift wegen der Erklärung التكذّب (sic) التجلّب (was denn auch in Freytag's Lexikon übergegangen ist, obgleich der Stam جلب nie die Bedeutung „täuschen" hat). Uebrigens ist hier wieder Iqwâ'.

tammim's bei Albakrî s. v. خو, von denen aber der zweite in der Handschrift so entstellt ist, dass nur durch sehr willkührliche Veränderungen ein richtiger Vers mit vernünftigem Sinn hergestellt werden kann. Dieses Verspaar gehört vielleicht zu demselben Liede, wie das eben angeführte Stück.

Der erste Vers lautet:

وَنَحْنُ بِخَوٍّ اذ أُصيبَ عَمِيدُنا   وَعَرَّدَ عنه كُلُّ نِكْسٍ مُرَكَّبِ

Der zweite:

اناباس سادةِ الحي سِتّةٌ وكذا متي تطلب الثار تغضب

wofür sich etwa lesen liesse:

أَبَأْنا بِهِ مِنْ سادَةِ الحَيِّ سِتَّةً   كَذاكَ[1]) متي ما نَطْلُبِ الثارَ نَغْضَبِ

„Und wir haben in Chau, als unser Führer (ʿUtaiba) fiel und alle Elenden und Untüchtigen von ihm flohen,
„Ihn gerächt durch den Tod von sechs der Fürsten des (feindlichen) Stammes: so zornig werden wir, wenn wir nach Blutrache streben!"

Nun sind wieder nur noch einige wenige einzelne Verse von Mutammim über. Ibn Qutaiba a. a. O. (63 v.) führt von ihm den Vers an:

جَزَيْنا بَنِي شَيْبانَ أَمْسِ بِقَرْضِهِمْ   وَعُدْنا بِمِثْلِ البَدْءِ والعَوْدُ أَحْمَدُ

„Wir bezahlten (im Kampf) den Banû Śaibân ihr Anlehen und wiederholten, was wir ähnlich schon vorher gethan hatten; aber die Wiederholung ist preiswürdiger"[2]).

1) Oder وكنّا.

2) Nach Ibn Qutaiba war er der Erste, der die später beliebte Redensart العود احمد gebrauchte, wie z. B. ein ungenannter Dichter sagte: فان عاد بالاحسان فالعَوْدُ احمد. Und so finde ich im Dîwân des Abû 'laswad (cod. Lips. D. C. 33 fol. 51 r): أَجُودُ على المولى اذا زَلَّ حِلْمُهُ بحِلْمِي وكان العَوْدُ أَبْقَى وأَحْمَدا. Vrgl. Alḥarîrî ed. de Sacy

Albuhturî's Hamâsa (p. 341) hat folgenden Vers Mutammim's:

وَأَقْبَلَ بِسْطامٌ بِأَنْ سانِ مَنْ غَوِي   وَمَنْ يَغْوِ او يُخْطِئْ فَلَيْسَ يُلامُ

„Und Bistâm kam heran mit den Worten: „behandle freundlich den Irrenden: denn wer irrt oder (aus Unwissenheit) fehlt, der wird nicht getadelt"".

Bei Albakrî s. v. مخطط steht der Vers von ihm:

[1]) قَدَدْتُ لها ما بين [2]) نِهْيِ مُخَطَّطٍ   ثَلاثَ [3]) مماءاتٍ وبين سُقامِ

„Ich habe für sie durchreist, was zwischen dem Sumpf von Muchattat liegt, 3 . . . ., und zwischen Saqâm" und s. v. مليحة der folgende, noch dunklere:

اخذن [4]) يناحبني أُناق وبطنها   فما رجعوا حتّي ارقّوا واعتقوا

„Sie (die Kameele?) nahmen . . . . Ufâq [5]) und dessen Niederung, und sie kehrten nicht zurück, bis sie gefangen genommen und wieder befreit waren [6])".

Dies ist Alles, was ich von den Gedichten dieser beiden Dichtern habe zusammenbringen können.

Mutammim, der ein kleiner (قصير Ag.), unansehnlicher (lies دميم für ذميم bei Ibn Challikân a. a. O. S. 136) Mann war, soll bis nach ʿOmar's Tod gelebt und auf

---

S. 604 (2. Ausg.) und Almaidânî (ibid. und Freytag, prov. ar. II, 130). Letzterer giebt den Ursprung dieses Sprichworts anders an.

1) Hdschr. فددت.

2) Hdschr. دهى.

3) Sic. Ist vielleicht مناءة die Zeit von einem نَوْء zum andern? Oder kann man übersetzen „3 Stationen" (مَبَآءات)?

4) Sic! Man könnte etwa lesen بنا جَنْبَى.

5) Bei Ufâq weideten die Yarbûʿ ihre Kameele nach dem Winter (Albakrî).

6) Oder „hatten", wenn aktiv auszusprechen ist.

diesen ein Klagelied gemacht haben, von dem aber sonst Niemand spricht, als Ibn Challikân.

Sowohl Mâlik (Ibn Qutaiba, Dichterbiographien 63 v.), als Mutammim haben Nachkommen hinterlassen. Ein Sohn des Letzteren, Dâûd, hatte von seinem Vater auch die dichterische Begabung geerbt [1]).

Auch von einem dritten Sohn Nuwaira's, Namens Qais, kommen in Yâqût's Wörterbuch s. v. جزر einige Verse vor.

Ich schliesse diese Arbeit mit den beiden Versen, welche Alḥaufazân, ein Vorkämpfer der Bakr b. Wâïl, zur Ehre Mutammim's machte, um diesem für die gute Behandlung zu danken, welche er von ihm erfahren, als er von den Yarbû' gefangen genommen war. Sie finden sich bei Yâqût s. v. الصمد.

جَزَى اللهُ رَبُّ النَّاسِ عَنِّي مُتَمِّمًا   بِخَيْرٍ جَزَاءَ مَا أَعَفَّ وَأَنْجَدا (2

كَأَنِّي غَدَاةَ الصَّمْدِ يَوْمَ لَقِيتُهُ   تَفَرَّعْتُ حِصْنًا لا يُرَامُ مُمَرَّدا

„Lohne Gott, der Herr der Menschen, um meinetwillen dem Mutammim auf's Herrlichste: welch enthaltsamer und edler Mann!

„Es war, als ob ich am Morgen von Aṣṣamd, als ich (feindlich) auf ihn traf, auf ein unantastbares, steiles Schloss gestossen wäre".

---

1) Im Kommentar zum Dîwân Jarîr's (fol. 159 v.) finden sich einige Verse von ihm, in der er die in der Schlacht bei Malham (siehe oben S. 129) gezeigte Tapferkeit seines Stammes rühmt.

2) Die beiden Handschriften احجدا.

Alchansâ'.

Aus dem Klagegeschrei (نَوْح), das von Alters her im ganzen Orient um den Verstorbenen erhoben wird, entwickelte sich, wie bei den Hebräern (קִינָה), so auch bei den alten Arabern eine eigne Gattung der Dichtung, die der Klaggesänge (مَرْثِيَة, رِثَآء). Wenn jenes kunstlose Wehgeschrei ganz den Weibern überlassen war, so konnte ein solches Klagelied, das ja im Grunde nur ein ehrender Nachruf an den Verstorbenen war, auch des Mannes nicht unwürdig scheinen; dennoch wurde diese Dichtungsart vielfach den Weibern überlassen, von denen auch keine andere Gattung so sehr gepflegt ward, wie diese. Das Arabische Trauerlied, namentlich das weibliche, ist meistens sehr einfach. Die Trauer um den Todten und der Preis desselben bilden gewöhnlich den einzigen Gegenstand des Gedichts, dessen Wendungen, so rein in ihnen oft das wahre Gefühl hervortritt, sich doch vielfach wiederholen. Die Dichterinn beginnt mit der Schilderung ihres Jammers, ihrer Thränen, die sie nicht stillen kann, und zeigt dann, wie würdig der Verstorbene gewesen, tief betrauert zu werden. Er wird als ein Muster der beiden Arabischen Haupttugenden, der Tapferkeit und der Freigebigkeit, geschildert, und ängstlich wird gefragt, wer nun hohe Entwürfe fassen, die Feinde niederwerfen und die Armen und Gäste zur Zeit des Mangels ernähren soll. Bei der Darstellung dieses Mangels muss man sich die Natur Arabiens vergegenwärtigen, bei der das Ausbleiben des erwarteten Regens sogleich den Mangel an Futter für die Kameele, dadurch Milchlosigkeit und also bitteren Hunger der Besitzer zur Folge hat. Unter diesen so häufig wiederkehrenden Umständen muss die Freigebigkeit eines Eigenthümers grosser Heerden, der für die Armen sein Vieh schlachten lässt, natürlich als die grösste Tugend erscheinen. Dazu kommt dann, wenn der Beklagte gewaltsam getödtet ist, eine glühende Rachelust, ein Durst nach dem Blute des Mörders, wie er sich in dem Grade nur bei Weibern findet und zwar im Orient noch heute (Vrgl. Petermann's Reisen im Orient I, 106 f.).

Unter den Werken Arabischer Dichterinnen sind die Trauergesänge der Alchansâ' auf ihre Brüder Muʿâwiya und Ṣachr besonders berühmt, und es scheint daher nicht unpassend, einige derselben hier bekannt zu machen. Von den Lebensumständen dieser Frau, welche Ibn Qutaiba für die bedeutendste Arabische Dichterinn erklärt [1]), wissen wir durch die Angaben ihrer eignen Gedichte, der Kommentatoren, des Kitâb al'agânî und der Dichterbiographien Ibn Qutaiba's zwar nicht viel Sicheres, aber doch Mehr, als von vielen andern berühmten Dichtern ihrer Zeit. Ihr eigentlicher Name war Tumâḍir [2]); sie gehörte dem grossen Stamm Sulaim an, dessen Gebiet sich weithin durch das nördliche Ḥijâz nach dem Najd hinein zog, und der einen Zweig der Qais-Stämme bildete. Um sie bewarb sich der alte Duraid b. Aṣṣimma, der angesehenste Mann der Banû Jus'am, welche zu den Hawâzin gehörten, wurde aber wegen seines hohen Alters von ihr höhnisch abgewiesen trotz der Zureden ihrer Ver-

1) Dichterbiographien (Wiener Handschrift N. F. 391.) 90 r, wo er sagt, Lailâ Al'achyalîya sei nach ihr die erste Dichterinn.

2) Ihr Stammbaum ist تُماضِر بنت عمرو بن الحٰرث بن الشَّرِيد بن رِياح بن يَقَظَة بن عُصَيّة بن خُفاف بن أمْرِئِ القيس بن بُهْثَة بن سُلَيْم.

wandten. Er rächte sich durch einige Verse, blieb aber in gutem Einvernehmen mit ihrem Geschlecht und dichtete auf den Tod ihres Bruders Muʿâwiya ein schönes Trauerlied. Da Duraid im Jahre 9 der Hijra nach der Schlacht bei Ḥunain von der Hand eines Muslims (und zwar eines Sulaimiten) etwa 100 Jahr alt fiel[1]) und, als er um sie anhielt, doch nicht gut über 70 Jahr alt gewesen sein kann, so bekämen wir als Zeitpunkt dieses Vorfalls etwa das Jahr 600. War sie damals 15—20 Jahr alt, so musste sie 50 Jahr alt sein, als sie zu ʿOmar und zu ʿÂïsʼa kam. Dass ihre Blüthezeit kurz vor den Beginn des Islâm's fällt, steht auch sonst fest. Sie selbst war bald nach der Schlacht bei Badr in Mekka (Freytag, prov. Arab. II, 617). Ihre Brüder fielen beide noch in der Heidenzeit; ihr Stiefsohn, der Dichter ʿAbbâs b. Mirdâs, der in den spätern Zeiten Muḥammeds Muslim ward und bei der Schlacht von Ḥunain zugegen war, war bei Muʿâwiya's Ermordung noch ein Jüngling, und so lebten in der ersten Zeit des Islâm's noch mehrere Leute ihres Stammes, welche bei den Ereignissen, in denen Muʿâwiya und Ṣachr fielen, betheiligt gewesen waren. Alchansâ' heirathete den Mirdâs b. Abî ʿÂmir und nach dessen Tod den ʿAbd-allâh b. Abd-alʿuzzâ; von Beiden hatte sie Kinder.

Obgleich Alchansâ' sich auch in anderen Dichtungs-

---

1) Dass er fast hundert Jahre alt war, sagte er selbst in den Versen:

اصبحتُ أقذف أهدافَ المنين كما يَرمى الدَرِيّةَ أدْنى فُوقةِ الوتَر

فى مَنْصَفٍ من مَدى تسعين من مائة — — — — — —

— — — — — — — — —

إنّ السنين اذا قرُبن من مائة يَلوين مِرّةَ أحوالٍ على مِرر (Kitâb alagânî, A. Bd. I, 562 v). Viel älter ist er wohl nicht geworden.

arten versuchte und auch auf andere Männer, z. B. auf ihren Gemahl Mirdâs, Trauerlieder dichtete, so nehmen doch ihre Lieder auf den Tod des Muʿâwiya und namentlich des Ṣachr unter ihren Gedichten bei Weitem den Hauptplatz ein. Von Muʿâwiya wissen wir Wenig mehr, als dass er von Hâs'im und Duraid, den Söhnen Ḥarmala's aus dem Stamme Murra (der zu den *D*ubyân gehörte), erschlagen ward. Ṣachr erscheint uns in den wenigen Nachrichten über ihn und in einzelnen Gedichten als ein Muster eines Arabischen Ehrenmannes [1]). Ich verweise nur auf das Lied Ḥamâsa 489 (das in etwas anderer Gestalt auch in unserm Dîwân und im Ag. vorkommt) und die schönen Verse, die er kurz vor seinem Tode, von der tödlichen Wunde gequält, sprach (Freytag, prov. Arab. II, S. 251; Französisch von Fresnel, Lettres sur l'hist. des Arabes I, 67) [2]).

Die Lieder der Alchansâ' wurden schon früh gesammelt und von den bedeutendsten Philologen, Al'aṣmaʿî, Abû ʿUbaida u. s. w. mit Erklärungen versehn. Abû Isḥâq Yaʿqûb b. Assikkît († 246 = 860—861 oder einige Jahre früher) gab diesem Dîwân die Gestalt, in der er uns in einem Theil der Sprengerschen Handschrift 1123 vorliegt. Es wäre zu wünschen, dass dieser nicht sehr umfängliche Dîwân ganz herausgegeben würde; allein ich muss gestehn, dass ich bei der Beschaffenheit der Handschrift trotz vielfacher Mühe bis jetzt nicht im Stande gewesen bin, für alle Lieder einen lesbaren Text herzustellen. Ein alt Arabisches Gedicht nach *einer* Handschrift von sehr mässigem Werth herauszugeben,

---

1) Nach Ibn Qutaiba a. a. O. 65 v. rühmte sich ihr Vater, seine beiden Söhne seien die besten Männer von ganz Muḍar, und die Araber gaben ihm Recht.

2) Zu beiden Liedern könnte ich aus dem Dîwân, dem Kitâb al'agânî und mehreren andern Quellen viele Varianten geben.

bleibt immer ein bedenkliches Geschäft[1]). Der Sprengersche Text enthält auf 24 Blättern 41 Gedichte (resp. Gedichtbruchstücke) von Alchansâ' nebst einigen damit in Verbindung stehenden Liedern anderer Dichter. Die ganz moderne Abschrift scheint ziemlich genau einer bedeutend ältern zu folgen, bei der aber einzelne Wörter unlesbar waren und der Schluss fehlte; daher ist auch sie am Ende defekt, und einzelne Wörter, namentlich gegen den Schluss hin, sind ausgelassen oder als zweifelhaft bezeichnet. Die hie und da angebrachten Vokale sind unzuverlässig. Ein wichtiges Hülfsmittel zur Verbesserung des Textes giebt uns das Kitâb al'agânî, welches eine ziemliche Menge von Liedern unserer Dichterinn enthält[2]). Dass auch die historischen Nachrichten desselben über die darin besungenen Personen mit den freilich weniger umfangreichen des Dîwâns oft fast wörtlich übereinstimmen, ist nicht einer Benutzung dieses, sondern der gemeinschaftlichen Quelle, Abû ʿUbaida, zuzuschreiben. Im Ganzen sind die Scholien des Dîwân's kurz; bei der Seltenheit der historischen Nachrichten fällt es auf, dass die Erzählung von Muʿâwiya's Tode und den darauf folgenden Ereignissen in doppelter, nur wenig von einander abweichender, Recension vorkommt[3]). Ausser den hierzu und zu einigen andern geschichtlichen Berichten gehörenden, gelegentlich angeführten Versen der

---

1) Sollte einem Leser ein anderes zugängliches Exemplar dieses Dîwâns bekannt sein, so wird er hiemit gebeten, davon Kunde zu geben.

2) A. = cod. Spreng. 1176 (Bd. II des ersten Exemplars); B. = cod. Spr. 1179 (Bd. 3 des zweiten Exemplars). Was sich sonst noch im Albakrî's geographischem Wörterbuch, bei Ibn Qutaiba a. a. O., in verschiedenen Scholien u. s. w. von Versen unserer Dichterinn findet, ist nicht Viel.

3) Fast wörtlich dazu stimmt Fresnel's Bericht aus dem ʿIqd alfarîd (a. a. O. 63 ff.). Der eigentliche Erzähler ist immer Abû ʿUbaida.

handelnden Personen stehen im Dîwân noch ohne nähere Motivierung einige von Alchansâ's Tochter ʿAmra.

Bei der Auswahl der hier wiedergegebenen Gedichte musste ich hauptsächlich darauf bedacht sein, nur solche Lieder zu berücksichtigen, deren Text und Sinn deutlich waren; gerade einige der schönsten musste ich auslassen, weil der Text an zu starken Fehlern litt oder mir wenigstens zu leiden schien. Dass auch in dem Gegebenen (namentlich in den Scholien) noch nicht Alles richtig ist, weiss ich selbst am besten, und bitte daher für die Fehler des Textes und der Uebersetzung um Verzeihung.

1. Lieder auf Muʿâwiya's Tod.

(1) أَلا لا أَرى في الناسِ مثلَ مُعاويةٍ   اذا طَرقت احْدَى الليالي بداهيه

بداهيةٍ (2) يُصْغِي الكلابَ حسيسُها   (3) وتُخرِج من سِرِّ النَجِيِّ عَلانيه

اي كان معاوية وهو حيٌّ يصدر له امورُهم ويكفيهم فيها النظر فلمّا مات واعلنوا امورهم لا يقدرون علي ان يصيرونها الي مصدرها عَزَبَ عنهم الرأيُ وقد كانت امورهم خفيّة بمعاوية فصار يتكلّم ذا بشيء وذا بشيء فلا يرضي بما قال حتي صحّوا (4) تقول اعلنوا الذي كانوا يتناجون به حين اشتدّ الامر

الا لا اري كفارس الوَرْد فارسًا   اذا ما علتْه جُرْأةٌ (5) وغلابيه

بلينا وما (6) تَبْلَي تِعارُ وما (7) تُري   علي حَدَثِ الايّام الّا كما هِيَه

1) Dies Lied auch bei A. B.

2) تصغى B.

3) So Ag. ويخرج Hdschr.

4) Hdschr. يقول.

5) So B. وعلانيه Hdschr. und A.

6) يبلى Hdschr. B.

7) يرى Hdschr. A.

Das Kitâb al'agânî hat nach dem dritten Verse noch folgende:

وكانَ لِزازَ الحربِ عند شُبوبها   اذا شمّرت عن ساقها وهي ذاكيه

وقوّادَ خيلٍ نحو أُخرى كانّها   سَعالٍ وعِقبانٌ عليها زَبانيه

فأقسمتُ لا ينفكّ دمعي وعولتي   عليك بحزنٍ ما دعا اللهَ داعيه[1]

„Wahrlich ich sehe unter den Menschen Keinen (mehr), der dem Mu'âwiya gliche, (wie er war) wenn eine der Nächte ein Unheil heranbrachte[2],

„Ein Unheil, dessen leiser Ton die Hunde bellen machte[3], und welches das Geheimniss der stillen Berathung an's Tageslicht führte.

„Wahrlich ich sehe keinen Reiter (mehr) gleich dem Reiter des Rothrosses, (wie er war) wenn ihn Muth und Siegeskraft überkam.

„[Und er war der Riegel des Krieges, so oft er entbrannte, wenn er (der Krieg) sich hoch aufschürzte und aufloderte,

„Und der Führer der Rosse zu andern hin, die da Spukgeistern und Adlern glichen, von Trabanten geritten.

„So schwöre ich, dass nimmer meine Thräne und mein Wehgeschrei über Dich vor Kummer aufhören soll, so lange noch eine Rufende Gott anruft[4].]

„Wir sind hingeschwunden, aber (der Berg) Ti'âr schwindet nicht, und nie sieht man ihn bei allem Wandel der Zeit anders werden, als er ist[5]".

---

1) Bei A steht dieser Vers ganz am Ende.

2) Vrgl. Zuhair's Mu'allaqa v. 45.

3) Das Unglück schleicht Nachts wie ein Feind oder ein Dieb heran; sobald die Hunde nur den geringsten Ton hören, bellen sie.

4) Dies ist wahrscheinlich muslimische Entstellung etwa für ein ursprüngliches دعا الويل داعيه oder Aehnliches.

5) Ein grossartiger Gegensatz des schwachen Menschengeschlechts

وقالت تحرّض بني سُلَيْم وعامرًا علي غطفان بقتلهم معاوية (1 هاشم بن حَرْمَلة المُرّيّ

لا شيءَ يبقَي غيرَ وجهِ مليكنا   ولستُ أُرَي شيأً علي الدهرِ خالدا

ألا إنّ يومَ ابنِ الشَّريدِ ورَهْطه   اباد جِفانًا والقُدورَ الرَّواكدا

اي مات فذهبت الجفان التّي كان يقري فيها ويروي اباد خُفافًا وهم قومه خُفاف بن امري القيس بن بُهْثة بن سُلَيْم

هُمُ يُلْبِسون لليتيم إناءه   وهم يُنْجِزون للخليل المَواعدا

الا أَبْلِغا عنّي سُلَيْمًا وعامرًا   ومَن كان من حَيَّيْ هَوازنَ شاهدا

بأنّ بني ذُبْيانَ قد عَزموا لكم   اذا ما تلاقيتم بأن لا تعاوُدا

ويروي قد (2 عرفوا لكم اي عرفوا انّكم ستنهزمون اي (3 يخيبونكم فلا تعاودونهم

علي كلّ جَرْداءَ النّسالةِ ضامرٍ   بآخِر ليلٍ ما (4 ضُفِرْن الحدائدا

جرداء قصيرة الشعر (5 هجنه (4 ضفرن الحدائدا علّت (?) اللُّجُم وهذا مستعار اصله من (6 ضَفَرَ البعير وهو ان تُدْبَل له اللُّقَم ثمّ يُحَشّي بها فوه فارادت

---

zu der unwandelbaren Natur. Dieser Vers klingt an Kohel. I, 4 an. Vrgl. Ḥamâsa 406 oben, 463. 505. Labîd:

بَلِينا وما تَبْلَى النجومُ الطوالع   وتبقى الجبالُ بعدنا والمصانع

(Ḥamâsa Albuḥturî's S. 127).

1) Einzuschieben وعلى oder etwas Aehnliches.

2) Hdschr. عرموا.

3) Hdschr. حسبونكم (sic).

4) Hdschr. immer mit ظ und ر.

5) هجلن?

6) Hdschr. ظفراء.

انّهم يُلْجمون من الليل للغارة اي (1ضغزن اللجم اي كرهتها ولا يقال لشيء
(1ضغز الاّ وهو يُكرهه

فقد زاح عنّا اللَوْمُ اذ تركوا لنا   أرومـًا فآرامــًا (2فماء بَوارِدا .

اروم وآرام مكانان ماء بوارد مكان لبني سليم معروف يسمّى ماء بوارد ويروي

اربما فآرامًا فماء ابارِدا فقد زاح عنّا اللوم (3كانّها تهكّم.

„Nichts bleibt als das Antlitz unsers Herrn[4]), und Nichts sehe ich der Zeit gegenüber ewig.

„Ja wahrlich der (Unglücks-) Tag des Sohnes As'ŝarîd's und seines Geschlechts hat vernichtet Schüsseln und die feststehenden Kessel[5]).

„Sie füllten dem Verwaisten sein Gefäss an und führten dem Freunde die Versprechungen aus.

„Auf! meldet Ihr beiden (Freunde) den Sulaim und ʿÂmir und den Anwesenden von den beiden Stämmen der Hawâzin[6]),

„Dass die Banû *D*ubyân[7]) wissen, dass später kein zweites Zusammentreffen mehr Statt finden wird, wenn Ihr jetzt zusammentrefft.

---

1) Hdschr. immer mit ظ und ر. Das erste اي ist wohl zu streichen.

2) Hdschr. فآباءا.

3) Wahrscheinlich zu lesen كانّه تهكّمْ.

4) Muslimische Veränderung (Sûra 55, 27). Es ist alles Mögliche, dass man aus على الدهر nicht auch الله سوى oder dergleichen gemacht hat.

5) Aus denen er Arme und Gäste speiste.

6) Die Hawâzin zu denen übrigens auch die ʿÂmir gehören, zerfallen in so viele Stämme, dass es schwer zu sagen ist, welche beiden von diesen sie hier meint. Wahrscheinlich ist einer von ihnen Jus'am b. Muʿâwiya.

7) Zu denen die Murra, welche den Muʿâwiya getödtet hatten, gehörten.

„Auf jedem kurzhaarigen, schmächtigen (Rosse) gegen Ende der Nacht, welchem das Gebiss nicht gewaltsam aufgezwungen wird.

„(Aber freilich:) wir sind ja schon vom Tadel frei, da sie uns noch Arûm und Ârâm und das Wasser Bawârid liessen! [7])“.

Der eine Mörder, Duraid b. Ḥarmala, ward zwar von Ṣachr erschlagen, aber damit war der Rachedurst der Dichterinn noch nicht gestillt, da der andere, Hâs'im, noch am Leben war. Dieser fiel erst bei einer ganz andern Gelegenheit durch einen Mann von den Hawâzin Qais b. ʿÂmir. Freudigen Dank gegen diesen spricht sie nun nebst bitterm Hohn gegen ihren Stamm aus, welcher die Rache dem Fremden überlassen.

خرج هاشم بن حَرْملة المُرّيّ مغيرًا يريد بني سليم حتّي اذا كان بناحية حَضَن وحضن جبل راي غنمًا فقال لاصحابه آتيكم [2])بهذه الغنم وراعيها فخرج اليها فلمّا رآه [3])الراعي وهو قيس بن عامر اخو بني عامر بن جُشَم هم عامر الأمْرار والامرار لقب وانّما أُخذ من المُرّ فعرفه فنَكَص حتّي عَقَل في رأس شجرة فرماه فقتله وفي ذلك تقول الخنساءٓ

سلامٌ علي قَيْس واصحابِ عامرٍ بما فعلوا بالجِزْع ان كنتَ شاكرا

---

1) Sie spottet: Der Feind weiss, dass er Euch mit einem Schlage vernichten wird, und daher vermeidet Ihr das Zusammentreffen und freut Euch, dass sie nur so gütig sind, Euch Euer Gebiet ruhig zu lassen.

2) Hdschr. بهذا الغنم وراعيه

3) In einem andern, ziemlich ähnlichen Bericht über dies Ereigniss im Dîwân und im Ag. wird nicht gesagt, dass Qais ein Hirt gewesen, und es ist auch auffallend, dass ein Mann von den Hawâzin, dessen Adel von der Dichterinn gerühmt wird, die Heerden gehütet haben sollte, was der Araber bekanntlich fast ganz den Sklaven überlässt.

الجزع هاهنا شطّ الوادي وفي غير هذا المكان شطّ كلّ شيء وجمعه اجزاع

هُمْ رجعوا السَّبْيَ الحِسانَ وجوهُهم   وهم أَسكنونا [1] مكتبًا فعُراعرا

وقالت في ذلك

اقسمتُ لا انفكّ أُهْدِي قصيدةً   لقيسِ اخي الأمرارِ في كلّ مَجْمَعِ

فدتْك سُلَيْم قَضُّها وقَضِيضُها   وجُدِّعَ منها كلُّ انف ومَسْمَعِ

„Gruss dem Qais und den Mitgliedern des Stammes ʿÂmir[2]) für das, was sie im Thal gethan, wenn Du dankbar bist;

„Sie brachten die gefangenen Frauen mit schönem Gesichte zurück und liessen uns sicher wohnen in Maktab (?) und ʿUrâʿir[3])“.

Und ferner:

„Ich schwöre dass ich niemals aufhören werde, dem Qais, dem Genossen der Amrâr, in jeder Versammlung ein Lied darzubringen!

„Möge (der ganze Stamm der) Sulaim, ihr Kiesel und ihr Kies[4]), für Dich hingegeben, mögen ihnen allen Nase und Ohr gespalten werden!“

---

1) Hdschr. مكتبا فعواغرا.

2) ʿÂmir b. Jusʿam mit den Beinamen Alʾamrâr ist der Stamm des Qais. Da das Kitâb alʾagânî erzählt, dass dies Ereigniss im Gebiet der Jusʿam b. [Muʿâwiya b.] Bakr b. Hawâzin stattgefunden habe, und der Dîwân den Qais an einer andern Stelle einen Mann von Hawâzin nennt, so ist die Genealogie dieses, in Wüstenfeld's Tafeln (F) fehlenden, Stammes festzusetzen als ʿÂmir b. Jusʿam b. Muʿâwiya u. s. w.

3) Man sieht aus diesem Verse, dass es sich um ein wirkliches Gefecht und das Abjagen schon gemachter Beute handelt; es muss sich also noch ein weiterer Kampf an den Tod des Hâsʿim geknüpft haben.

4) Sprichwörtliche, wohl etwas verächtliche Redensart für „Alle zusammen“, welche der alte Dichter Aus b. Ḥajar gerade von demselben Stamme anwendet (Ibn Qutaiba, Dichterbiogr. 23 v.). Ebenso Asʿsʿammâḥ (Ḥamâsa Albuḥturî's, cod. Lugd. pg. 38). Von anderen Stämmen auch sonst.

Demselben widmete sie folgende Verse, die an zwei verschiedenen Stellen des Dîwâns und im Kitâb al'aġânî vorkommen, jedoch von Einigen einem ungenannten Mann vom Stamme Jus'am zugeschrieben werden:

فِدًى [1]لفوارس الجُشَمِيِّ نفسي   [2]أُفَدِّيهِ [3]بمَن لي مِن حَمِيمِ
[4]خَصَصْتُ بها اخا [5]الامرار قيسًا   فَتًى في بيتِ مَكْرُمَةٍ كريمِ
افدّيه بجُلِّ بني سُلَيْمٍ   بظاعنهم وبالأَنَسِ المقيمِ
كما أَقْرَرْتَ عيني من هِشامٍ   وكانت لا تَنامُ ولا تُنِيمُ

وأنشأ ابو عبيدة [6]كما من هاشمٍ اقررت عيني

,,Mögen für die Ritter des Jus'amiten ich selbst und alle meine Vettern hingegeben werden!
,,Besonders zeichne ich damit aus den Genossen der Amrâr, einen Mann in einem edlen Ehrenhause.
,,Ich gebe für ihn hin die ganze Masse der Banû Sulaim, die Wandernden von ihnen und die, so feste Ansiedelungen haben,
,,So wie Du mein Auge an His'âm [7]) erquickt hast, während es vorher weder schlief noch (mich) schlafen liess" [8]).

---

1) للفارس Hdschr. oben.

2) وافديه A. B. Zu lesen ist wohl افدّيهمِ.

3) ومن Hdschr. unten.

4) Dieser Vers fehlt in der Hdschr. oben, wo auch der folgende fehlt, und bei A. B.

5) Hdschr. الاموان.

6) Diese Lesart des Abû 'Ubaida hat die Hdschr. oben und A. B. Mit der Textlesart wird der Vers citiert von Attibrîzî zur Ḥamâsa 214.

7) His'âm des Verses wegen für Hâs'im. Aehnliche Vertauschungen verwandter Namensformen sind nicht selten.

8) Vrgl. Diw. der Hudailiten 41, 10; Wright, opusc. arab. 109, Zeile 6 v. u.

2. Gedichte auf Ṣachr's Tod

(1 ابكتْ عيني وعلوّها قذاها   بعوّار قا (2 تقضّي كراهــا

علي صخرٍ وليُّ فتىً كصخر   اذا ما النابُ لم ترامُ طلاها

الناب للمسنّة من الابل لم ترأم لم تعطف عليه من الحدث وشدّة الزمان طلاها ولدُها واصل الطلا ولد الشاء والظبية ما كان صغيراً

فتى الفتيانِ ما بلغوا مدَاه   ولا يُكدِي اذا بلغت كُداها

المدي والنَدي الغاية ولا يكدي لا يقطع ما عنده يقال حفرها فاكدي اذا بلغ الي موضع صلب لذا بلغت كداها اي اذا قطعت ما عندها وبلغ اقصي غايتها

(3 حلَفْتُ بربّ صُهْبٍ مُعْمَلاتٍ   الي البيت (4 المحرَّم مُنْتَهاها

الصهب من الابل جمع اصهب وهو الذي يخلط بياضه حمرةٌ فيحمرّ ذفراه وعنقه وكتفاه وذروته واظفته معملات تُعْمَل في السير

لئن جَزعت بنو عمرٍو عليه   لقد رُزِئت بنو عمرو فتاهــا

له كفٌّ (5 يشُدّ بها وكفٌّ   تحلّبُ ما يجفّ نَدَي ثَراها

تَري الشُمّ الجَحاجِحَ من سُلَيم   (6 يبُلّ ذَرَي مدامعِها لحاها

1) Das ganze Lied bei A. B. بكت A. B.

2) يقضي B.

3) خلفت B, حلقت Hdschr. Bei A kommt dieser Vers nach dem folgenden.

4) المعظم B, aber daneben die Variante المحرّم. Jenes ist gewiss die ursprüngliche Lesart.

5) يشق بها يحلب B, بشدتها تحلّتْ وكفّ ما تجف ثرى نداها واخرى ما يجف ثرى يداها A. Aber am Rande hat B die Textlesart, nur mit der Variante يصول für يشدّ.

6) وقد بلّت مدامعها A. B.

الاصمعيّ الاشمّ الّذي ترتفع قصبة انفه في استوآء ويكون في ارنبته شيء من ارتفاع غير كثير-قال واذا مُدح السيّد بالشَمَم فانّه يُجعَل لا يدنو لدناءة ولا يضع لها انفه واذا وصفت المراة بالشمم فهو في انفها ويقال سيّد جَحْجَح وجَحْجاح ذري اعالي

وخَيْلٍ قد لففْتَ [1]بجَوْل خيلٍ   فدارت بين كَبْشَيْها رَحاها

جَوْل جَوْلان ويقال قطعة من خيل قال الراجز + أُصبحَ جيرانُك بعد خفْضِ + قد قرّبوا للبين والتقضّي + جَوْلَ مخاضٍ كالرّدي المنقضّ + كبشاها رئيساها ورحي الغيث مُعْظَمه ورحي الكتيبة معظمها

[2]ترفّع فَضْلَ سابغةٍ دِلاصٍ   علي خَيْفانةٍ خفقٍ حَشاها

الدلاص الخلقآء الليّنة الّتي ليس لقتير جوانبها ولأطراف حَلَقها حَجْم من ملاستها والتدلّص تفعّل من قولهم سنام مدلّص [3]وصَفاة مدلّصة دلّصها السيل ومن قولهم ظهر مدلّص من سمنه واستوائه خيفانة شبّه الفرس بالجرادة الخيفان الجراد اذا سلخ من قرنه الاسود والاصفر ثمّ صار الي الحمرة والخيفانة من الخيل الطويلة [4]القوائم القليلة النّحْض المُخطّفة البطن خفق حشاها اي هي قبّاء وربّما الخفوق من خلقة الفرس وربّما كان من الضمر والجهد وقد ياتي مفردًا وياتي مضافًا قال [5]حاتم الضلوع خفق الاحشآء والحشي ما بين آخر الضلوع الي الوَرْك

[6]وتَسْعي حين تشتجر العوالي   بكأس الموت ساعةَ مُصطلاها

---

1) بجول B.
2) يرفع B. تدفع A.
3) Hdschr. وضفاة.
4) Hdschr. القائم.
5) Wahrscheinlich zu lesen ابو حاتم.
6) ويسعى Hdschr. B.

تشتجر تختلف وتشتبك يقال تَشَجَرتْ بيني وبين فلان رَحِمٌ وعالية الرمح

اعلاه قال ابو عبيدة عالية الرمح ما فوق مقبضه الى سنانه وسافلته ما يلي

مقبضه الى زُجّه يكلس للموت اي يسقيهم للموتَ عند الحرب

مُحافَظَةً وعَصَبِيَةً اذا مـا   نَبا بالقوم من جَزَعٍ لَقَاها

لقاها حرّها نبا بالقوم اي لم يثبتوا (1

فتتركُها اذا اضطرمت بِطَعْنٍ   تَضَمَّنَهُ اذا اختلفت كُلاها (2

اضطرمت اشتعلت بالطعن كاضطرام النار اراد تضمن الطعنَ كلاها

فتى الضيف ان هبَّت شَمالٌ   مزعْزِعَةٌ يجاوبها صَداها (3

مزعزع الشَّجَر من شدّة هبوبها

هُنالك لو نزلتَ بآلِ صخرٍ (4   قرى الاضياف شَحْماً من ذُراها (5

امطِيكم وحاملكم (6 تركتم   لذا غبرآء منهجيرٍ رَجاها

ليبكِ عليك قومُك للمَعالي   ولِلهَيْجا فانّك ما فتاها

وقد فقدتْك ظَلّفَةُ (7 فاستراحت   فليتَ الخيلَ فارِسُها يراها

ظلفة فرسه

---

1) Hdschr. نطاها.

2) فتتركها اذا استحرت A. فيتركها قد استحرت B und als Variante اضطربت.

3) صباها B, aber als Variante صداها. Dieser Vers bei B und A nach dem folgenden, und dann haben beide noch diesen Vers: والجأ بردها الاشوال حُدْباً الى الحجرات بارزة كلاها (A باردة, B جدبا).

4) ببيت B.

5) سخنا A. B.

6) وحاميكم B.

7) B هلا, mit der Variante: وقد قعدت طليحة; A وقد فورت طلحة.

„Mein Auge will nicht (schlafen), und sein Splitter quält es immer wieder mit Augenschmerz [1]), so dass es seinen Schlummer nicht vollenden kann,

„Wegen des Ṣachr — denn welcher Mann ist wie Ṣachr, (wie er sich zeigte,) wenn (der Mangel so gross war, dass) die alten Kameele (vor Hunger) nicht (mehr) auf ihre Füllen achteten? —

„Des Mannes der Männer, dessen Ziel sie nicht erreichten, und der durchdrang, wenn sie beim Graben auf steinigen Boden stiessen.

„Ich schwöre bei dem Herrn rothweisser, angestrengter (Kameele), deren Reiseziel das erhabene Haus [2]) ist:

5„ Wahrlich, wenn ʿAmr's [3]) Söhne ihn betrauern, so haben ʿAmr's Söhne (Grund dazu, denn sie haben in ihm) ihren Mann verloren!

„Mit der einen Hand war er stark, während die andere sich melken liess (d. h. Wohlthaten erzeigte) und der Erguss ihrer Feuchtigkeit nie versiegte.

„Man sieht, wie den hohen Fürsten von Sulaim (aus Trauer um ihn) die Spitzen der (weinenden) Augenwinkel den Bart benetzen.

„Wohl hast Du einst Rosse mit dem Getümmel von (anderen) Rossen verwickelt, so dass zwischen ihren beiderseitigen Führern ihr Mühlstein kreiste [4]),

„Indem Du den Zipfel eines glatten Langpanzers herauf-

---

1) Die durch langes Weinen hervorgebrachte Entzündung der Augen wird oft mit einem Splitter, der darin sitzt, oder mit einer Augenkrankheit verglichen. In Ibn Qutaiba's Dichterbiographien 65 v. wird geradezu erzählt, dass sie von vielen Weinen über Ṣachr erblindet sei.

2) Der Mekkanische Tempel.

3) ʿAmr ist Ṣachr's Vater.

4) D. h. ein gewaltiger Kampf entstand, welcher Alles zermalmte. Ein nicht seltenes Bild.

zogst auf ein heuschreckenähnliches[1]) Ross mit schlankem Bauch,

„Und, während sich die Lanzenspitzen kreuzten, den Becher des Todes, wenn sie (die Lanzen) entbrannten, geschäftig umherreichtest,

„Zum Schutz und Schirm, wenn den Leuten vor Angst ihre (der Lanzen) Gluth zu lästig ward,

„Und indem Du sie verliessest, wenn sie (die Lanzen) von den Stichen erhitzt waren, welche ihre Seiten aufgefangen hatten, indem sie (die Lanzen) sich verwickelten.

„Wer ist nun da zur Bewirthung der Gäste, wenn ein erschüttender Nordwind weht, dem sein Echo antwortet?

(„Dessen Kälte die trächtigen Kameele zwingt, sich abgemagert mit hervortretenden Nieren in die Hürden zu flüchten).

„Da hätte Ṣachr, wenn Du als Gast bei seiner Familie eingekehrt wärest, die Gäste mit dem Fett aus ihren (der Kameele) Höckern bewirthet.

„Habt Ihr Euren Ernährer und Erhalter in einer staubigen (Gruft) mit eingestürzter Seite gelassen?

„Ueber Dich weine Dein Volk wegen der Grossthaten und wegen der Feldschlacht, denn dafür warst Du ja der Mann!

„Und (Dein Ross) Ẓalfa vermisst Dich und ruht aus: o dass doch der Ritter seine Rosse sähe!"

---

2) أعينيَّ جودا ولا تجمدا   ألا تبكيان لصخر الندى
ألا تبكيان الجريء الجميل   ألا تبكيان الفتى السيدا
طويل النجاد رفيع العماد   ساد عشيرته أمردا

---

1) Das tertium comparationis liegt in dem schlanken Bau des Leibes; also anders als Hiob 39, 20.

2) Das Lied ist auch bei A. B; die beiden ersten Verse sogar zweimal.

قال الاصمعيّ طويل النّجاد ارادت انّه طويل الجسم واذا كان كذلك لم يكن نجاده الّا طويلًا رفيع العماد اي مرتفع العُمُد اي انّه شريف وقال اخر ضدّ هذا

+ اذا دَخلوا بيوتهم أكبّوا + علي الرُّكُبات من (1 قِصَر العِمادِ +

اذا القومُ مَدّوا (2 ايادِيَهمْ   الي المجد مَدّ اليه اليدا
فنال الّتي فوق ايديهم   من المجد ثمّ (3 انتهي مُصْعِدا
(4 اذا بَسط القومُ عند (5 الفِضالِ   اكُفّهمُ تَبتغي المَحْمَدا
وكان ابتداؤهمُ للعُلي   اشارَ فمدّ اليها اليدا
يَحمِله القوم ما (6 نابهم   وان كان اصغرَهم مَولِدا
(7 تَري الحقَّ يَهْوِي الي بيته   يَري افضلَ (8 الكَسْب ان يُحْمَدا

يهوي يقال هوي اليدُ اذا قصد له ويروي جُوعُ الضيوفِ الي بيته فتريد ان الحقوق تنوبه (9 عن الاضياف

A. B. setzen hinzu:

فان ذُكِر المجدُ ألفيْتَه   تأزّرَ بالمجد ثمّ ارتدا

„O meine Augen fliesst reichlich und versiegt nicht; auf, weint über Ṣachr (‚den Mann) der Milde;

---

1) Hdschr. قعر.

2) بايديهم A. B.

3) مضى A. B.

4) Die beiden folgenden Verse fehlen bei A. B. und sind wohl nur Varianten oder Nachahmungen der beiden vorangehenden.

5) Hdschr. الفصال.

6) غالهم A. B.

7) يرى المجد B, ترى المجد A.

8) المجد A.

9) عن fehlt in der Hdschr.

„Auf beweint den Kühnen, Schönen; auf, beweint den Mann, den Häuptling
„Mit langem Wehrgehenk, hohem Zeltpfahl, der (schon) seines Geschlechtes Haupt war, als er (noch) bartlos;
„Der, wenn die Leute ihre Hände nach dem Ruhm emporstreckten, das Gleiche that
„Und Ruhm erreichte, der für ihre Hände zu hoch war, und dann immer noch höher kam.
[„Wenn die Leute beim Streit um den Vorzug ihre Hände ausstreckten, um damit Lob zu erlangen,
„Und sie anfingen, um die Grossthaten (sich zu bemühen), winkte er (bloss) und streckte dann die Hand darnach aus.]
„Man sah das Recht[1]) nach seinem Hause eilen, da er es für den besten Erwerb hielt, gelobt zu werden.
(„Und wenn man von Ruhm sprach, fand man, dass dieser ihm zum Ober- und Unterkleid diente).

يا عينِ جودي بالدموع المستهلّاتِ السوافحْ
فيضًا كما فاضت غُروبُ المترَعات من النواضح
وابكي لصخرٍ اذ ثوى بين الضَريحة والصفائحْ
الضريح والضريحة ان يُشَقّ في وسط القبر اللحدُ في جانب والصفائح حجارة عِراض
رَمْسًا لذي جَدَثٍ تُذيع بتُربه هُوجُ النوافح
الرمس الدفن والرمس القبر يقال ارمسْ هذا اي ادفنْه والرامسات الرياح

---

1) الحقّ ist hier, genauer genommen, die Pflicht, speciell die Pflicht, den Gast und den Bedrängten zu unterstützen; diese Pflicht eilt nach seinem Hause in der sicheren Aussicht, von ihm erfüllt zu werden.

الدوافق والجَدَث (1 والجَدَف القبر تذيع تفرقه هوج الرياح مثل التي تركب راسها في هبوبها (2 والمنفح من البرد (3 واللفح من الحرّ

السيّدُ الحجّاجُ وابنُ السادةِ الشُمّ الجَحاجِح

السيّد الّذي يسود بفعاله وبيته يقال ساد يسود سُودَدًا

الحاملُ الثِّقْلَ المُهِمّ من المُلِمّات الفَوادح

المُلِمّات ما يلمّ من الامور والفوادح المُثْقِلة يقال فَدَحه هذا الامر وفدحه الدَّيْن اي اثقله واشتدّ عليه

الجابرُ العَظْمَ الكسيرَ من المُصاهِر والمُمانح

المصاهر من الصِهْر وسمعت ابا عمرو يقول انّه لَمُصْهِر لي اذا (4 كنتُ قريبًا منه في قرابته والممانح المكافي يقال مانحه اذا كافأه

الواهبُ المائةَ الهِجانَ من الخَناذيذ السوابح

الهجان الكرام قال الراجز + هذا جَنايَ وهِجانُه فيهْ + الخناذيذ الطوال المُشْرِفة من (5 الخيل وخناذيذ الجبل شماريخه المشرِفة الطوال واحدها خِنْذيذة والسوابح الّتي تبسط ايديها بسطًا ولا يتلقّف

الغافرُ الذنبَ العظيم لذي القَرابة والمُمالح

ويردُّ بادرةَ العدوّ ونَخْوةَ الشَنِف المُكاشِح

1) Hdschr. والحدث (sic).

2) Hdschr. والنفح.

3) Hdschr. والنفح.

4) Hdschr. كان.

5) Zu lesen الابل? Wenigsten können الخناذيذ im Verse nur Kameele sein, da die edlen Rosse viel zu selten waren, als dass auch nur hyperbolisch gesagt werden könnte, er hätte sie zu Hunderten verschenkt.

البادرة الحدّة والوثوب يقال اخشَى بادرةَ فلان

فاصابنا ريبُ الزمان فنالنا (1 منّا (2 نواطحْ
فكانّما أمّ الزمانُ نحورَنا بمُدَى الذبائحِ
فنِسآؤنا يندُبْنَ بحًّا بعد هادئة (3 النوائح

بحًّا قد بحّت (4 اصواتهن ممّا يندبنه. هادئة ساكنة يقال اتيته بعد ما هدأت العيون بعد ما هدأت الرِجْل

يحنُنَّ بعد كَرَى العيونِ حنينَ (5 والهةٍ قوامح

(5 والهة من الوَلَه وهو ما يصيب المرأة والرجل عند المصيبة من شدّة الجزع والحنين والقوامح التي ترفع رؤوسها عن الحوض فلا تشربه يقال بعير قامح وناقة قامح وناقة مُقامح ويقال لكانونَ شهرُ (6 قُماح لانّ الابل تقامح فيها اي تدع شرب المآء من شدّة البرد

شُعْثٌ شواحبُ ما ينمنَ اذا وَنَى ليلُ النوابح

الشحب الهزال يقال شَحَبَ يشحب ينمن يفترُن النوابح الكلاب

يندُبْنَ فَقْدَ اخي النُهَى والخيرِ والشِيَمِ الصوالح
والجودِ والايْدي الطِوالِ (7 المستفيضات السوامح

---

1) Lies منه?

2) Hdschr. نباطح.

3) Hdschr. النوابح, was wegen v. 15 nicht gut geht. Auch würde, wenn dies richtig wäre, die Erklärung schon hier und nicht erst zu v. 15 gegeben sein.

4) Hdschr. اصواتهم.

5) Hdschr. والهنة.

6) Hdschr. اقماح.

7) Hdschr. المستفياضات.

الايدي الطوال اي النعمة السابغة ورفع الاصمعيّ الحديث الي النبيّ صلّعم لنسائه أسرعكنّ لي لحاقًا اطولكنّ يدًا قال فكنّ يتطاولن بالايدي حتّي ماتت زينب بنت جحش وكانت ذات مال وصدقة ومعروف فعُلم انّه اراد معروفها وافضالها ويقال فلان اوسعُ بني ابيه عليهم ثوبًا اي اكثرهم عندهم معروفًا المستفيضات المتّسعات

1) فالآنَ نحن ومَن سِوانا مثلُ أسنانِ القوارحْ

2) تقول كان لنا فضل علي الناس بحياته فلمّا مات استوينا

„O Auge vergiess reichlich die fliessenden, strömenden Thränen

„Im Guss, wie da giessen die Schläuche der wasserbeladenen Bewässerungskameele,

„Und weine über Ṣachr, da er ruht zwischen der Höhlung und den Grabsteinen

„In einer Gruft für den Inhaber eines Grabhügels, dessen Erde die eilenden, blasenden (Winde) zerstreuen.

5 „(Weine über) den Häuptling, den Fürsten, den Sohn der hohen Häuptlinge und Fürsten,

„Der auf sich nahm die Sorgenlast der niederdrückenden Unglücksfälle,

„Der dem Verschwägerten den zerbrochenen Knochen heilte, den Gabenreichen,

„Der da schenkte die hundert edlen Kameele, hochgethürmte Renner,

„Der dem Verwandten (selbst) grosse Vergehen vergab, der freundlich war im Umgange

---

1) Citiert bei Freytag proverb. Arab. I S. 603 mit der Variante فاليومَ.

2) Hdschr. يقول.

„Und zurück trieb den hastigen (Angriff) des Feindes und den Stolz des heimtückischen Hassers.

„So traf uns das Unheil des Geschicks und erlitten wir (des Schicksal's) Stösse,

„Und es ist, als ob das Geschick nach unserer Brust mit den Opfermessern zielte.

„Unsere Weiber klagen um ihn heiser, wenn (sonst schon) die Klagefrauen (wegen der späten Stunde) still geworden sind.

„Sie schreien sehnsüchtig, nachdem die Augen etwas geschlummert haben, gleich betrübten Kameelstuten (die ihre Jungen verloren haben), die nicht mehr trinken wollen,

„Schmutzig, abgemagert, (noch) nicht aufhörend, wenn die bellenden (Hunde) Nachts aufhören (zu bellen),

„Klagend, dass verloren der Mann des Verstandes, des Edelmuths und der guten Eigenschaften,

„Der Freigebigkeit, der (zum Geben) lang ausgestreckten, (von Gaben) strömenden, milden Hände.

„Jetzt sind nun wir und die Andern (gleich geworden), wie die Zähne der fünfjährigen Kameele[1])".

Es verdient bemerkt zu werden, dass der Dichter Umaiya b. Abî'ṣṣalt aus Aṭṭâif in seinem Trauerliede auf die bei Badr gegen Muḥammed gefallenen Quraisiten (Ibn His'âm 531 f.) genau dasselbe Versmaas und denselben Reim, wie Alchansâ' in diesem Gedicht anwendet. Bei der verhältnissmässigen Seltenheit beider ist es kaum zu bezweifeln, dass er dies Gedicht bei der Abfassung des seinigen vor Augen gehabt hat, zumal da auch einige Ausdrücke desselben bei ihm wiederkehren.

---

1) Welche alle Zähne bekommen haben. Bis dahin waren wir durch Ṣachr den Andern weit überlegen; jetzt nach seinem Tode sind wir ganz auf eine Linie mit ihnen herabgekommen.

لقد صوّت الناعي بفقد اخي النّدي   (1 نداءً لعمري لا ابا لك يسمع
فقمتُ وما كادت لروعة هُلكه   واعزازه نفسي من الحزن تتبع
اليه كاني حيبةً وتخشّعًا   أخو الخمر يسمو تارةً ثمّ يصرع

يقال تحوّب اذا توجّع ويقال باتت بحيبة سوءٍ اي (2 بحالة سوء

فمن لقري الاضياف بعدك ان هم   فناءك حلّوا ثمّ نادوا فاسمعوا
كعهدهم اذ انت حيٌّ واذ لهم   لديك مثالاتٌ وربٌّ مشيّع
ومن لملمّ حلّ بالدار فادح   وامرٍ دهي من صاحب ليس يرقع
ومن (3 لجليس مفحش لجليسه   عليه (4 بجهد جاهدًا يتسرّع
فلو كنت حيًّا كان اطفاء جهله   بحلمك في رفق وحلمك أوسع
وكنتُ اذا ما خفتُ أرداف عسرة   أظلّ لها من خيفة اتقنّع
دعوتُ لها صخر الندي فوجدته   لها يسرا يجلي به العسر اجمع

يسّر اي سهل يقال يسر امرهم اذا سهل

„Wahrlich der Todesbote rief aus den Verlust des Mannes der Milde so laut, dass, er, bei meinem Leben, wahrhaftig (weit) gehört ward!

„Da stand ich auf, während vor Grauen über seinen Untergang und vor Schrecken darüber meine Seele aus Kummer kaum folgen konnte,

„Zu ihm hin, als wäre ich vor Elend und Niedergeschlagenheit ein Weinberauschter, der bald aufsteht, bald wieder hingestreckt wird 5).

---

1) Hdschr. بدا.

2) Hdschr. بحلالة.

3) Hdschr. للجليس.

4) Vielleicht zu lesen بجهل جاهلا.

5) Vrgl. Ḥamâsa 481.

„Wer ist nun nach Dir da für die Bewirthung der Gäste, wenn sie zu Deiner Halle einkehren und dann laut rufen,

5 „Wie sie's gewohnt waren, als Du noch lebtest, und als sie bei Dir Geschenke und reichlichen Trank fanden?

„Und wer ist da für ein niederdrückendes Unheil, das sich in der Wohnung niederlässt, und für ein durch eines Genossen Schuld hereinbrechendes Ereigniss, das nicht zu heilen ist? [1])

„Und wer ist da für einen Gesellschafter, der den andern schmäht, indem er in vollem Eifer gegen ihn los geht?

„Ja, wärest Du noch am Leben, so würde sein Unverstand durch Deine Besonnenheit in Güte gedämpft, da Deine Besonnenheit so Viel ausrichten konnte.

„Wenn ich (früher) die Folgen einer Bedrängniss fürchtete, wegen der ich mich vor Furcht dicht verhüllte,

10 „So rief ich dazu Ṣachr, den Mann der Milde herbei und fand in ihm Erleichterung dafür, indem durch ihn alle Beschwerde gelöst ward“.

ابَتْ عيني وعاوَدت السُهودا   وبتُّ الليلَ جانحةً عميدا

جانحة مائلة (2) وعميدا اي معمودةَ الفؤاد مثل مقتولة وقتيل عمدها الحزن وقال ابو عبيدة اظنّ العمود من الحبّ اشتُقّ من السنام العَمِد الّذي ينّغل داخلُه ثمّ ينقبه القيح وربّما هجم علي الجوف فيَنْطَف البعيرُ ونَطَفَ البعير ان يهجم الصديد علي الجوف فيقتله يقال عمِد البعير يعمَد عمَدًا وعمده الذارُ وعمده الحب

---

1) D. h. für eine Fehde, welche durch die Schuld eines Stammesgenossen entstanden und nicht mehr auszugleichen ist, sondern durch das Schwert entschieden werden muss.

2) Hdschr. وعميد.

لِذِكْرَي مَعْشَرٍ وَلَّوْا وَخَلَّوْا   علينا مِن خِلافتهم فُقُودا

ابو عمرو خلافتهم ما خلّفوا ابو عبيد الله بعدهم اي خلفوا علينا بعدهم فقدهم فلا ننساهم

ووافوا ظِمْءَ خامسةٍ فَأَمْسوا   مع الماضين قد تَبِعوا ثمودا

ويروي تولّوا خامسة ابل تَرِدُ الخِمْس

فكم من فارسٍ لكِ أُمَّ عمرو   يُجِلُّ سِنانُه الأَنَسَ الحريدا

الحريد المتنحّي المنفرد الجيش يجلّ (1 برُمحه اذا أَحلّ قومًا حِماهم ومنعهم

كصخر او مُعاويةَ بن عمرو   اذا كانت وجوهُ القوم سودا

يَرُدُّ الخيلَ دامِيةً كُلاها   جديرًا يومَ هَيْجا أَن يسودا

يَكُبّون العِشارَ لِمَن اتاهم   اذا لم يُحْسِب المائةُ الوليدا

ويروي اذا لم تُسْكِت المائةُ الوليدا يقال ما عنده سَكْتةٌ ليلةٍ ولا صَمْتة ليلة ولا بيْتة ليلة ولا قَنْية لبلة والعِشار التي اتي عليها من لقاحها عشرة اشهر وهي انفس الابل فارادت انّهم ينحرون الابل النفيسة (2 يُحْسِبُ يكفي ارادت انّه لا يُرْوِيه ما يُحلَب من مائة ناقة من شدّة الزمان وقالت امرأة من بني تميم + ونُقْفي وليدَ الحيِّ إن كان جائعًا + ونُحْسِبه ان كان ليس بجائعِ

„Mein Auge will nicht (schlafen) und wacht immer wieder auf; ich liege die ganze Nacht schräg und schmerzvoll,

„Weil ich gedenke an ein Geschlecht, das dahin schied

---

1) Hierin liegt eine Variante. Im Folgenden ist wohl جماه zu lesen.

2) Cod. يُحَبّ.

und uns als Vermächtniss (nur) den Schmerz des Vermissens hinterliess

„Und vollständig erlitt den Durst eines Kameels, das vier Tage nicht getrunken hat [1]), und dahin ist mit den Entschwundenen, gefolgt dem (ausgerotteten Stamm) Ṯamûd.

„Und wie manchen Ritter hattest Du, o Mutter ʿAmr's, dessen Speer sichere Wohnung gab den einsamen Ansiedlern,

5 „Wie den Ṣachr oder Muʿâwiya, ʿAmr's Sohn, wenn (vor Kummer) den Leuten das Antlitz schwarz war;

„Der die (feindlichen) Rosse mit blutenden Nieren zurücktrieb, würdig, am Tage der Feldschlacht Anführer zu sein.

„Sie streckten die hochschwangeren [2]) (Kameele) nieder für Jeden, der zu ihnen kam, zu einer (unfruchtbaren) Zeit, wo (aus Mangel an Futter) nicht 100 (Kameele) für einen (einzigen) Knaben genug (Milch) gaben".

هَرِيقِي مِن دموعِك واستفيقِي　　وصَبْرًا ان اطقْتِ ولَنْ تُطيقِي

وقُولِي أَنَّ خير بني سُلَيْم [3])　　واكرَمُهم بِبَقْعاَءِ العقيق

[4]) العقيق علي مسيرة ليلتين من المدينة به قبره ورواها بصحرآء العقيق

فانّكِ والبُكا بعد ابن عمرو　　لَكالساري بعاندة الطريق

يروي سوى وَضحِ الطريق [5]) تقول انّكِ ان حزنت علي ما جدّ بعد صخر

---

1) Dies scheint eine Vergleichung ihrer Todesqual mit der Qual des verschmachtenden Kameels zu sein.

2) Das sind die Kostbarsten.

3) Dieser Vers bei Albakrî s. v. العقيق mit den Varianten وقالوا und وفارسهم بصحرآء und der Angabe, dass hier Ṣachrs Grab sei.

4) Hdschr. العضيق.

5) Hdschr. يقول.

كسارٍ علي غير الطريق اي لا ينبغي لك ان تحزني علي غيره اي بكاؤك بعده ضلال

فلا وابيكَ ما سَلّيتُ نفسي   لفاحشةٍ اتيتَ ولا عُقوقِ

ويروي فلا والله ما سلّيت صدري

ولاكنّي وجدتُ الصبرَ خيرًا   من النَّعلَيْن والرأس الحليق

كنّ يلتدمن بالنعل قال الهُذَليّ + اذا تجرّد (1 نَوْحٌ قامتا معه + ضربًا اليمًا بسبْتٍ يَلْعَج الجلدا

(2 الا يا لهفَ نفسي بعد عيْشٍ   لنا بجنوب دَرٍّ فذي نَهيق

ذو نهيق ودرّ قليبان يبقي فيهما ماء الشتاء الربيعَ كلّه فاذا ذهب الصيف ذهب

واذ نتحاكم الحُكمآء فينا   الي أبنائنا وذَوو الحُقوق

واذ فينا فوارسُ كلِّ هَيْجا   اذا فزعوا وفتْيانُ الحُروق

واذ فينا مُعاويةُ بن عمرو   علي أدْمآء كالفحل الفنيق

ادمآء ناقة صادقة البياض لا يخلطها شيء من الالوان سودآء الحاليق (3 والاشغار

هو الرُّزْءُ المبيّنُ لا كُباسٌ   عظيمُ الرأس يَحْلُمُ بالنَّعيق

ويروي فذاك الرزء عمرك لا كُباس الاصمعيّ يقال ناقة كَبْسآء وكُباس اذا كانت ضخمة ورجل كباس ضخم الهامة والعنق ارادت انّه لا يشبه راعي الغنم

„„Vergiess Thränen, aber richte Dich (dann endlich) wieder empor, und (fass) Geduld, wenn Du kannst — doch Du wirst es nicht können!

1) Hdschr. نوح.

2) Dieser Vers bei Albakrî s. v. دَرّ.

3) Hdschr. والاشقار.

„Und sage, dass der Beste und Edelste der Banû Sulaim in der Niederung von Aʿaqîq (begraben) ist.

„Wenn Du nun noch nach dem Tode von ʿAmr's Sohn (über Etwas) weinst, so gleichst Du Einem, der Nachts auf falschem Pfade wandelt“.

„Nicht — bei Deinem Vater — nicht habe ich meine Seele (endlich doch) beruhigt wegen einer schimpflichen That von Dir oder wegen Lieblosigkeit (die Du mir bewiesen hättest),

5 „Sondern ich fand, dass Geduld besser sei, als die beiden Schuhsohlen [1]) und der geschorene Kopf [2]).

„O Jammer meiner Seele nach dem Leben im Süden von Darr und *D*û-Nahîq,

„Da die Weisen (anderer Stämme) und die, welche Rechtsansprüche hatten, unsere Söhne bei uns zu Schiedsrichtern nahmen,

„Und da unter uns waren die (welche sich zeigten als die) Ritter jeder Feldschlacht, wenn sie aufgeschreckt (alarmiert) wurden, und die Mannhaftesten der Freigebigen,

„Und da unter uns war Muʿâwiya, ʿAmr's Sohn, auf einem Kameelschimmel, gleich dem edlen Zuchthengst.

10 „Das ist der offenbare Verlust! nicht der Tod eines Dicken, Grossköpfigen, der da träumt vom Hirtengeschrei“.

Nach einer weiter unten im Dîwân erzählten Geschichte trug Alchansâ' der Wittwe Muḥammed's, ʿÂïsʼa, das vorstehende Lied vor, als diese ihr Vorwürfe machte, dass sie nach der Annahme des Islâm's noch in Trauer ginge. Eine andere Wendung dieser Geschichte lässt ʿÂïsʼa die Dichterinn fragen, wie sie noch immer über

1) Mit denen sich die Weiber bei der Todtenklage zerschlugen.

2) Bis hierher geht der Kampf, das Streben, sich zu fassen, das von der Trauer immer wieder überwältigt wird, bis endlich doch die Besonnenheit siegt.

Ṣachr Trauerkleider tragen könnte, der doch als Heide gestorben sei, worauf sie erzählt, ihr Bruder habe dreimal sein Vermögen mit ihr, die durch die Verschwendung ihres Mannes in Noth gekommen sei, getheilt und dann ihr noch einmal das Beste seines Vermögens gegeben; auf die Vorwürfe, die ihm seine Frau deshalb gemacht, habe er geantwortet:

واللهِ لا (1) أَمنَعُها خِيارَها ولو هَلَكْتُ قَدَّدَتْ خِمارَها

واتَّخذَتْ من شَعَرٍ صِدارَها

„Bei Gott, nicht verwehre ich ihr das Beste davon (vom Vermögen); denn, wenn ich stürbe, würde sie ihren Schleier zerreissen und ein härenes Trauerhemd anziehn".

Hiernach wird man den schönen Vers, der übrigens in unserm Dîwân fehlt, richtig würdigen und nicht für eine blosse Redensart halten:

يُذَكِّرني طُلوعُ الشمسِ صخرًا واذكُرُه لكلِّ غروبِ شمسِ

„Der Sonne Aufgang erinnert mich an Ṣachr, und ich gedenke sein bei jedem Sonnenuntergang" (2).

بلغنا انّ الخنسآء دخلت علي عُمَر بن الخطّاب فقال لها أَنشديني اجْودَ بيت قلته في صخر فقالت

وكنتُ أُعيرُ الدمعَ قبلك من بُكا فانت علي من مات بعدك شاغلُهْ

تقول كنت اجعل دمعي عاريةً لمن مضي قبلك فانّ قلبي كان يسلو فامّا اليوم

---

1) Ibn Qutaiba a. a. O. 66r., welcher diese Geschichte kurz erzählt, hat dafür امنحها اشرارها.

2) Kitâb al'agânî (an einer andern Stelle) und Attibrîzî zur Ḥamâsa 449, (wo fälschlich الخنسآ). Dieser Vers ist nachgeahmt in einem untergeschobenen Gedicht bei Ibn His'âm ed. Wüstenfeld, S. 161, 1.

فانّ قلبي مشغول لا يسلو

وارعيهم سمعي اذا ذكروا الاسي   وفي الصدر منّي غصّة لا تزايله

قال وسألها عن افضل بيت قالته فقالت

وما بلغت كفّ امرئٍ قطّ غايةً   من المجد الّا حيث ما نلتَ اطولُ [1]

Alchansâ' kam zum (Chalifen) ʿOmar b. Alchaṭṭâb [2]); da sagte er: „trag mir den besten Vers vor, den Du auf Ṣachr gedichtet hast", und sie sagte:

„Und ich pflegte vor Deinem Tode meine Thräne weinend zu verschenken [3]), aber Du nimmst sie statt Aller, die nach Dir sterben, allein in Anspruch.

„Und ich leihe ihnen (äusserlich) mein Ohr, wenn sie von Trostgründen sprechen, aber in meiner Brust sitzt eine Beklemmung, die sie nie verlässt".

Darauf fragte er sie nach ihrem besten Verse (überhaupt); da sagte sie:

„Und nie gelangte die Hand eines Mannes zu einem Ziele des Ruhmes, dass Du nicht noch ein ferneres erreicht hättest".

---

1) Dies ist der vierte Vers eines im Dîwân vollständiger erhaltenen Gedichts, das gleichfalls auf Ṣachr geht, sodass die Erzählung in dieser Weise nicht richtig sein kann. Dort hat er die Varianten امرئٌ متطاولٍ بها المجد.

2) ʿOmar scheint überhaupt viel Sinn für Poesie gehabt zu haben.

3) D. h. ich weinte über diesen oder jenen aus blosser Rücksicht, ohne eigentliche Trauer.

Die Beduinen als Betrüger ihrer Gläubiger.

Die Ḥamâsa Albuḥturî's (cod. Lugd. 889) steht zwar ihrem Vorbilde, der Ḥamâsa Abû Tammâm's, an Bedeutung der in sie aufgenommenen poetischen Stücke im Allgemeinen sehr nach, hat aber doch auch ihre eigenthümlichen Vorzüge. Die Eintheilung in sehr viele Kapitel, deren jedes einen ganz bestimmten Gegenstand behandelt (z. B. „was die Dichter zum Lobe des Alters sagen", „was sie zum Tadel des Alters sagen" u. s. w.), macht es uns möglich, über sehr verschiedene Dinge eine Reihe ähnlicher, sich gegenseitig erläuternder Dichterstellen benutzen zu können, die wir sonst schwer zusammenfänden. Die meisten Abschnitte haben eine gewisse moralische oder doch didaktische Tendenz, wie sie in solchen Sammelwerken gern hervortritt. Aber einige Kapitel behandeln Gegenstände, welche Nichts weniger als moralisch sind, über welche man aber vergeblich in den sonst erhaltenen Resten der alten Arabischen Poesie mehrere Stellen suchen würde. Eine solche Abtheilung bilden die drei Kapitel, welche vom Betrug und Meineid im Handel sprechen (S. 376—387).

Wer die Anpreisungen der Treue und des Worthaltens in Arabischen Gedichten gelesen hat, der wird sich vielleicht wundern, hier eine Reihe von Dichterstellen zu finden, in denen man sich der Schlauheit oder Frechheit rühmt, mit der man die Gläubiger geprellt hat. Dass es unter den Wüstenarabern so gut, wie unter jedem andern Volke, Betrüger und Meineidige gab, ist nicht auffallend; aber daraus, dass verschiedene Dichter sich solcher Dinge rühmten, geht hervor, dass sie ein Beifall spendendes Publikum hatten, welches sich auf die Seite des Prellenden gegenüber dem Geprellten stellte. Hier ist nun erstlich der Reiz zu beachten, den ein etwas humoristisch erzähltes Schelmenstück auf die meisten Menschen ausübt, besonders wenn es sich um das Prellen von Wucherern und hartnäckigen Gläubigern handelt; sodann sind die besondern Verhältnisse der Araber zu erwägen. Der Beduine, dem bei seinem Räuberleben der Sinn für den Unterschied des Mein und Dein leicht ganz abhanden kam, musste sich einige seiner wenigen Bedürfnisse bei den in den Städten und Flecken wohnenden oder zu den Märkten dahin kommenden Händlern kaufen oder musste von solchen Leuten auch wohl einmal baares Geld leihen. Diese benutzten offenbar die Armuth und Unwissenheit der Wüstenbewohner oft, um sie zu übervortheilen. Einen solchen Kaufmann oder gar Wucherer, zumal wenn er ein Nicht-Araber war, wieder zu betrügen, wurde nun nicht für sehr arg gehalten, und der Betrüger hatte leicht die Lacher auf seiner Seite, selbst wenn die Mittel, durch die er jenen überlistet hatte, sehr unlauter war. Dies ist die Situation in der Mehrzahl dieser Stücke; bei andern sind die Umstände etwas anders[1]).

Uebrigens ist zu bemerken, dass die in diesen Kapiteln vorkommenden Dichter fast alle sonst gänzlich unbekannt sind. Bei einigen dieser Fragmente ergiebt sich aus sicheren Zeichen (z. B. Anspielungen auf den Qorân, Erwähnung von Alkûfa, muslimischen Eigennamen u. s. w.), dass sie aus der islâmischen Zeit sind, und

---

1) Vergl. die Verse im de Sacy's Kommentar zu Alḥarîrî's Maqâmen S. 97 (Ende der 8ten Maqâme), 2. Ausg.

es ist fraglich, ob nur eins von ihnen heidnischen Ursprungs ist (doch vrgl. S. 186, Anm. 2).

Wir geben das erste der drei Kapitel, das vom Nichtbezahlen der Schulden handelt, hier vollständig.

الباب الحادي والسبعون والمائة

فيما قيل في مطل الديون وكسرها علي الغرماء

قال دليم بن مرّة الجهني في تاجر اخذ منه مالًا وكان اسم التاجر عرابة

الله لقّي من عرابة بيعةً   علي حين كاد النقد يعسر عاجله

ولوي بنان الكفّ يحسب ربحه   ولم يحسب المطّل الّذي انا ماطله

سيرضي من الربح الّذي كان يرتجي   ببعض الّذي اعطي وما هو نائله

وقال صهيب بن نبراس العنبري

ومصفرةٍ عيناه يرشح وجهه   لحبّ القضاء قد لويتُ لياليا

وكلّ غريم حظّه جحد ماله   اذا شحّ يومًا او أساء التقاضيا

وقال هاني بن قشير العبسي

ويفرح اعدائي بديني سفاهةً   كأن لم يداين منهم احد قبلي

وليس ديَاني مانعًا أن اغلّهم   من الغيظ تارات تشبه بالقتل

وقال عطيّة بن مخراق الهلالي واشتري من تاجر يقال له عبيد ثيابًا وطيقانًا حصينة[1]) ونقده بعض الثمن

رجعتُ بها سودًا وبيضًا كثيفةً   وصلصلت الاوراق في كفّ سربالي

وضمّ علي طرس براعي شهودهُ   ويعقد بالكفّين ما احتاج من مالي

---

1) Liesse sich auch حضية lesen. Was طيقانا حصينة ist, weiss ich nicht sicher.

لِيَأْخُذَهُ عِنْدَ انْقِضَاءِ مَحِلِّهِ . وَاحْسِبْنَا لا نلتقي بعد أَحْوالِ
وخَطَّ عُبَيْدٍ طِينةً وشَهادةً وصَكًّا يُؤَدِّيهِ الي طُولِ اعْوالِ
كذلك فِعْلِي بالخبيثين انّني رايتُهم عَوْنًا علي الزَمَنِ الغالي

كان تاجر من الثعلبيّة يقال له يَحْيَي بن جابر يبيع الاعاريب ويُعينهم فتعيّن منه رجلان من بني أَسَد يقال لهما طَريف بن منظور وحِصْن بن مَطَر وخَدَما له في الربح حتّي بلغا ما احبّ فلمّا انصرفا بحاجتهما قال طريف

اقولُ غَداةَ الثَعْلَبِيّةِ بعدما حَوَيْنا علي أَوراقِ يَحْيَي بن جابرِ
لِحِصْنٍ فكان المرءُ يُفْضِي بِسِرِّهِ اليّ ولا أُخْنِي عليه سَرابِري
ايطمعُ يحيي في الوَفاء وقد عَدا علي مالنا في البَيْعِ عَدْوَةَ فاجِرِ
فلا يَحْسِبِ الكوفيُّ أَنَّ عُقولَنا هَفَتْ عن حِسابٍ مُثْبَتٍ في الدَفاترِ
ولاكنّني أَغْرَقْتُ في الربح وانثني وليس له علمٌ بِصَفْقَةِ خاسرِ
فلا يرجُوَنْ يحيي (1اختيارًا وقد رمي بِسِلْعَتِهِ المجنونُ في قَعْرِ زاخرِ

وقال عُوَيْفُ القَوافي الفَزاريّ

حاجَيْتُكم يا بني اللَخْناءِ اينَ انا في حَيْصَ بَيْصَ علي الصَلْعاءِ نابغوني
أَنّي لكم ولعقلٍ بين أَضْلُعِكم ما ذا وثقتم به منّي ومن ديني
من أَفْلَسِ الناسِ من دينٍ ومن حَسَبٍ وأَظْلَمِ الناسِ طُرًّا للمَساكينِ

وقال (2عبدُ الله بن الابرص الاسديّ

أَلِينُ اذا لانَ الغريمُ وأَلْتَوِي اذا اشتدّ حتّي يُدْرِكَ الدَيْنَ قاتلي
وأَمْطُلُهُ العَصْرَيْنِ حتّي يَمَلَّني ويرضَي ببعض الدَيْنِ في غير نائلِ

---

1) Vielleicht zu lesen اجتنبارا?

2) Wahrscheinlich zu lesen عبيد بن (ein vorislâmischer Dichter).

وقال وبر بن مُعاوية الاسديّ وكان يُعامل تجار المَعْدِن ويلويهم بحقوقهم

أعددتُ للغُرماء سيفاً صارماً   عندي وفضلَ هِراوةٍ من أرزنِ

عجراءَ ظاهرةَ الحيودِ متينةً   اعددتُها لتجار أهلِ المعدنِ

وقال ايضاً

انّي وجدّك ما أقضي الغريمَ اذا   حان القضاء ولا تأوي له كبدي

الّا عصا أرزنٍ طارت برايتها   تنوء ضربتُها بالكفّ والعضدِ

كان بالمدينة تاجر يقال له سيّار بن الحكم يداين الأعرابَ فاخذ منه ابو النبّاش العُقَيليّ مالاً وارغبه في الربح وانصرف فغلب عنه مُدّةً ثمّ دخل المدينة مستخفياً واتّصل خبره بالتاجر فطلبه حتّي وجده وقبض عليه وطالبه بماله عنده [1] واستعوي جماعةً من التجار عليه فلمّا رأي ما قد دُفع اليه ولم يقدر علي الجحود للصكّ الذي كان عليه للجماعة الّذين اجتمعوا قال لهم صيروا معي الي شارع بني فلان فانّ لي جَلَباً اقدر [2] علي موافاته ودفع المال الي صاحبكم من ثمنه ففعلوا فلمّا تمكّن من الهرب سبقهم حُضْراً علي رجليه وطلبوه فأعجزهم وانصرفو يتلاومون ويرجعون باللوم علي صاحبهم فقال ابو النبّاش عند ذلك

أهونْ عليّ بسيّارٍ [3] وصَغْوته   اذا جعلتُ ضِراراً دون سيّارِ

التابعي ناشراً عمْداً صحيفتَه   في السُوق وسْطَ شُيوخٍ غيرِ أبرارِ

قد ضيّعوا كلّ شيءٍ من تجارتهم   الّا ابتغائي كأنّي وسْطَهم شاري

يولون بالله جهْداً لا أُزايلُهم   ما دام يطلبني منها بدينارِ

---

1) Im Text واستغوى; am Rand als Variante واستعدى.

2) Fehlt in der Handschrift.

3) Am Rande der Handschrift die unnöthige Verbesserung von Europäischer (wahrscheinlich Reiske's) Hand: وصغوته.

لما أبوا سفهنا الا ملازمتي   ازمعت مكرا بهم في غير اسرار
وقلت اني سيأتيني غدا جلبي   وان موعدكم دار ابن هبار
وما اواعدهم الا مخادعة   مني ليغفلتني نقضي وامراري
حتي اذا استمكنت رجلاي من هرب   لم آل شدا بتعداء وتحضار
لما راوني وقد فتّ النجاء بهم   سعيا يقصّر عنه كلّ طيّار
قالوا لصاحبهم هيهات تلحقه   فارجع بنا ودع الاعراب في النار
انّ القضاء سيأتي دونه احد   فاطو الصحيفة واحفظها من الفار

وقال ابو الربيس الكلابيّ في غريم له يقال له مكحول كان عند مبايعته اياه لم يسأله عن سعر ولا نقصان كيل بل كان يستصلح جميع ما يدفعه اليه خديعة ومكرا فلمّا لحق منه ما اراد لحق بالبادية

اما راب مكحولا سماحي وانّني   اذا بلغ البيع المكاس اسامح
وقولي ولم يبلغ رضاي ولا دنا   رضيت وهذا من شري الناس صالح
سيعلم مكحول اذا ضمّ رقعة   لها طينة ايّ الفريقين رابح

Dulaim b. Murra Aljuhanî:

„Gott liess mir einen Einkauf von ʿArâba gelingen zu einer Zeit, wo beinahe die (sonst) schleunigsten Bezahlungen zögerten[1]).

„Er bog die Finger seiner Hand um, indem er (an den Fingern) seinen Gewinn berechnete, ohne zu berechnen, wie lange ich mit der Bezahlung säumen würde.

„Er wird sich freuen, wenn er statt des Gewinns, auf den er hoffte, nur Etwas von dem wiederkriegt, was er (mir) gab; und auch das soll er nicht erhalten!“

---

1) Wo das Geld äusserst rar war.

Ṣuhaib b. Nibrâs Alʿanbarî:

„Wohl hab ich einen (Gläubiger) mit (vor Aerger?) gelb werdenden Augen, dem das Gesicht aus Verlangen nach der Bezahlung schwitzte, (lange) Tage[1]) hingehalten.

„Denn jedes Gläubiger's[2]) Theil ist, dass sein Geld (vom Schuldner) abgeläugnet wird, wenn er einmal geizig ist oder es beim Eintreiben zu arg macht".

Hâni' b. Qus'air Alʿabsî:

„Und meine Feinde freuen sich aus Unverstand über meine Schulden, als wenn vor mir nie Einer von ihnen Schulden gemacht hätte.

„Mein Schuldenmachen soll mich nicht hindern, dass ich sie wiederholt so wüthend (über mich) mache, dass sie davon fast umkommen[3])".

ʿAṭîya b. Michrâq Alhilâlî:

„Ich brachte es (das Zeug) mit, dicht und theils schwarz, theils weiss, während die Münzen (die ich eigentlich dafür hätte bezahlen müssen) noch im Aermel meines Rockes[4]) klangen.

„Und er fasste ein Blatt Papier, indem er seine Zeugen ansah und mit beiden Händen zählte, wie Viel von meinem Gelde (ihm) nöthig wäre

„Zu erhalten bei Ablauf der Zahlungsfrist; ich aber glaube, dass wir uns (noch) nach Jahren nicht wiedersehn werden!

„Und ʿUbaid setzte ein Siegel und Zeugenunterschriften

1) Eigentlich „Nächte".

2) غريم ist in diesen Abschnitten immer der Gläubiger, nie der Schuldner.

3) Dieses Stück gehört nicht recht in dies Kapitel, da die Feinde doch schwerlich die Gläubiger sind, welche er durch Nichtbezahlen erzürnt.

4) Der Aermel dient im Orient oft als Tasche.

und eine Verschreibung auf, welche ihn zu langem Wehklagen bringen wird!

„So mach' ich's mit den Elenden, denn ich sehe in ihnen eine Hülfe gegen die theure Zeit".

Ṭarîf b. Manẓûr Al'asadî:

„Ich sagte am Morgen in Attaʿlabîya[1]), nachdem wir die Münzen des Yaḥyâ b. Jâbir in Händen hatten,

„Zu Ḥiṣn — denn *der* Mann pflegte mir sein Geheimniss mitzutheilen, wie ich ihm meine Geheimnisse nicht vorenthielt: —

„„„Verlangt Yaḥyâ, dass wir die Bedingung halten sollen, da er doch gegen unser Geld beim Handel wie ein Frevler wüthete?

„Nicht meine der Kûfier[2]), dass unser Verstand eine auf die Tafeln geschriebene Rechnung nicht durchschaute.

„Aber ich versprach ungeheuren Gewinn; da wandte er sich um, ohne zu wissen, dass er bei dem Geschäft Alles verlieren müsste.

„Drum möge Yaḥyâ nicht hoffen, dass das wieder gut gemacht werde; denn der Verrückte hat seine Sachen in den Schlund eines hoch fluthenden (Meeres) geworfen"".

ʿUwaif-alqawâfî Alfazârî[3]):

„Ich habe Euch, o Banû 'llaḥtâ', zu rathen aufgegeben, wo ich sei im Wirrwarr der Noth; so sucht mich!

„Pfui über Euch und den Verstand zwischen Euren Rippen[4]): wie konntet Ihr Euch auf mich und meine Religion verlassen,

„Da ich doch an Religion und gutem Ruf der ärmste der

1) Ein Flecken auf dem Wege von Mekka nach dem ʿIrâq.

2) Yahyâ, der Handelsmann aus Alkûfa.

3) Dieser Dichter lebte unter ʿAbd-almalik b. Marwân; vrgl. z. B. Ḥamâsa 127; 263.

4) Der Verstand sitzt nach Arabischer Anschauung im Herzen (لبّ).

Menschen und der grösste aller Frevler gegen die Armen bin"!

ʿAbd-allâh (ʿUbaid?) b. Al'abraṣ Al'asadî:

„Ich bin sanft, wenn der Gläubiger sanft ist, und halte mich so lange zurück, wenn er dringend wird, dass (noch) mein Mörder die Schulden vorfindet[1]).

„Tag und Nacht halte ich ihn hin, bis er endlich meiner überdrüssig wird und sich freut, nur einen Theil der Schuld ohne weiteren Gewinn wiederzukriegen".

Wabr b. Muʿâwiya Al'asadî:

„Ich halte für die Gläubiger ein schneidiges Schwert bei mir bereit und einen vortrefflichen Knittel von Arzanholz,

„Einen dicken mit hervortretenden Knoten, einen festen, den ich für die Kaufleute von Almaʿdin[2]) bereit halte".

und ferner:

„Ja, bei Deinem Grossvater[3]), wenn die Zeit der Bezahlung da ist, und meine Leber keine Lust dazu hat, so bezahle ich den Gläubiger

„Bloss mit einem Stock von Arzanholz, von dem die Spähne abgeflogen sind, mit dem zu schlagen (wegen seines Gewichts) der Hand und dem Arme schwer wird".

Abû 'nnabbâṣ' Alʿuqailî:

„Wenig kümmerte mich Saiyâr und sein Gebrüll, als ich den Ṣirâr zwischen (mich und) Saiyâr gebracht hatte,[4])

1) Dies soll wohl weiter Nichts heissen, als: „ich bezahle ihm mein ganzes Leben lang nicht, so dass ich die Schulden noch bei meinem Tode habe". Eine bei einem alten Araber natürliche Voraussetzung ist, dass er keines natürlichen Todes, sondern von der Hand eines Feindes fallen werde.

2) Wahrscheinlich einer der Orte in Arabien, welche genauer معدن mit folgendem Genitiv heissen.

3) So scheint mir وجدّك richtiger aufgefasst zu werden, als, wie man gewöhnlich erklärt: „bei Deinem Glücke". Vrgl. وابيك und Aehnliches.

4) „Als ich auf der Flucht beim Brunnen Ṣirâr, 3 Arabische

„Der mir gefolgt war, mit Eifer sein Papier (den Schuldschein) ausbreitend auf dem Markte unter lauter lieblosen Greisen,

„Welche ihre ganzen Geschäfte hatten liegen lassen, bloss um meine Sache zu untersuchen, als hätte ich unter ihnen ein Unheil angerichtet.

„Sie schwuren bei Gott ernstlich, dass ich von ihnen nicht los käme, so lange er noch ein Goldstück von mir zu fordern hätte.

„Da sie mich nun aus Unverstand durchaus festhalten wollten, so ersann ich eine List gegen sie ohne Heimlichkeit

„Und sprach: „Morgen kommt mir ja meine verkäufliche Habe ein, und ich bestelle Euch nach dem Hause des Ibn Habbâr".

„Ich bestellte sie aber bloss, um sie zu betrügen, damit mein Auflösen und Festdrehen (d. h. Versprechen und Nichthalten) mich rettete.

„Doch als meine Füsse endlich Gelegenheit zur Flucht fanden, da hörte ich nicht auf, stark zu laufen und zu gallopieren.

„Als sie nun sahen, dass ich ihnen glücklich entkommen war mit einem Lauf, hinter dem jeder Vogel zurück bleibt,

„Da sagten sie zu ihrem Genossen: „Lass nur, Du holst ihn doch nicht ein! so kehre mit uns zurück und lass die Beduinen im Höllenfeuer".

„Ja, bis zur Bezahlung wird noch einige Zeit hingehn: drum lege das Papier zusammen und nimm es vor den Mäusen in Acht!"

Abû 'rrabîs Alkilâbî:

„Ja, den Makhûl bethörte meine Freundlichkeit, da ich,

Meilen von Almedîna, vorbei war". Die Handschrift punktiert صرارا, aber vrgl. die Marâṣid s. v.

wenn es im Handel zum Dingen kommt, immer freundlich bin,

„Und dass ich sagte, ehe er es mir auch nur annähernd zur Zufriedenheit gemacht hatte: „Ich bin es zufrieden, und dies ist ein vortheilhafter Kauf unter den Leuten“.

„Makhûl soll es erfahren, wenn er einen Zettel mit einem Siegel darauf anfasst, welcher von den beiden Theilen Gewinn davon hat“ 1).

Die beiden folgenden Abschnitte handeln vom Meineid in Schuldensachen, und zwar enthält der erstere und kürzere Verse über den Fall, in dem der Schuldner sich erst scheinbar aus Gewissensbedenken weigert, zu schwören, um seinem Eide desto mehr Kraft zu geben: (الباب الثاني والسبعون والمائة فيما قيل في اليمين وامتناعهم منها بدءا ليغرّوا غرماءهم بذلك ثم مسامحتهم بها وتسهيلها عليهم عند المطالبة وتصميمهم عليها) der zweite über den Fall, wo der Schuldner ohne Weiteres schwört: (الباب الثالث والسبعون والمائة فيما قيل فيمن تبجّح باليمين وبذلها لغريمه من غير تمنّع).

Es ist übrigens zu bemerken, dass es sich hier nicht immer um Meineide im strengen Sinn des Wortes handelt. Mehrfach war der Eid so gestellt, dass der Schuldner schwur, er wollte sich, wenn er sein Versprechen endlich richtig zu zahlen, nicht hielte 2), von seiner Frau scheiden lassen; natürlich ward dabei vorausgesetzt, dass er das nicht thun würde; er aber that es doch und verspottete den Geprellten noch dazu, indem er sagte, er hätte sich

---

1) Anspielung auf einige Stellen in Qorân.

2) Meistens ist von promissorischen Eiden die Rede; in einigen dieser Stellen wird aber auch eine geschehene Thatsache abgeschworen

doch schon scheiden lassen wollen, oder er wollte die Geschiedene wieder heirathen. Im ersten Abschnitt stehen unter anderen folgende Stücke:

قال الاخيل بن مالك الكلابي

تمنّعتُ لمّا قيل لي احلِفْ هُنيهةً   لتحلو في النوكي الخساسِ يميني
فلمّا رأوا منّي التمنّعَ خيّلوا   صُعوبتَها عندي كقطعِ (1 وتيني
ولم يعلموا انّي قديمًا أُعِدّها   لِفكّ خِناقي من وَثاقِ ديوني

Al'achyal b. Mâlik Alkilâbî:

„Ich weigerte mich, als man mir sagte „schwöre", kurze Zeit, damit den elenden Narren mein Eid angenehm wäre (, indem sie meinten, nun Viel darauf geben zu können):

„Und als sie nun meine Weigerung sahen, bildeten sie sich ein, er werde mir so schwer, als ob mir die Herzader abgeschnitten würde.

„Und sie wussten nicht, dass ich schon früher ihn vorbereitet hatte, um meinen Hals aus den Banden der Schulden zu befreien".

وقال مُصيم بن عويمر الاسدي

يقولون (2 هلْ تحلِفْ فقلتُ مُبادرًا   أَيِ اللهِ انّي في اليمين مُخاطرُ
فلمّا رايتُ القومَ ظنّوا بأنّني   من الوَجْد والاشفاق ربّي أُحاذرُ
وايقنتُ انّي ان حلفتُ تساقطتْ   شُهودُ رِقاعي نوفلٌ ومُسافرُ
اتيتُ بها تفري الجبالَ كأنّها   حِجارةُ قذّافٍ دحتها أُساوِرُ

1) Variante يمينى (يمينى). Für die Textlesart spricht Sûra 69, 46.

2) Die Konstruktion von هل mit dem modus apocop., für welche mir sonst kein Beispiel vorgekommen ist, ist zu vergleichen mit der häufigeren Verbindung derselben Partikel mit dem mod. emphat.

Musammim b. ʻUwaimir Al'asadî:

„Sie sagten mir: „willst Du schwören?“; da sagte ich schnell: „bewahre Gott, dass ich mich auf den Eid einliesse!“

„Als ich nun sah, dass die Leute meinten, dass ich mich aus tiefem Gefühl und Furcht vor meinem Gott (vor dem Schwören) scheute,

„Und ich einsah, dass, wenn ich schwüre, die Zeugen [1]) meiner Zettel, Naufal und Musâfir, Nichts mehr gelten würden,

„Da leistete ich ihn (den Eid), dass die Berge davor barsten, als wären es Steine, welche die Krieger aus dem Wurfgeschütz geschleudert hätten“.

Aus dem 173sten Kapitel sind folgende Stücke genommen:

وقال ايضًا (اي الاخيل بن مالك الكلابي)

اذا أحلفوني بالاله منحتهم   يمينًا كسحق الأتحمي المرقّق

وان أحلفوني بالعتاق فقد درى   دهيم غلامي انه غير معتق

وان أحلفوني بالطلاق رددتها   كأحسن ما كانت كأن لم تطلّق

Al'achyal b. Mâlik Alkilâbî [2]):

„Lassen sie mich bei Gott schwören, so schenke ich ihnen einen Eid (der so wenig werth ist), wie ein abgeriebenes Stück zerissenen bunten Zeuges.

„Und lassen sie mich schwören bei der Freilassung (d. h. unter der Bedingung, dass ich, wenn ich falsch schwöre, einen Sklaven freilasse), so weiss mein Bursche Duhaim [3]) wohl, dass er (doch) nicht freigelassen wird.

1) Der Plural شهود steht hier offenbar für den Dual شاهدا. Vrgl. das Mufassal 75, dessen Beispiele aber doch alle anderer Art sind.

2) Siehe S. 194. Das vorhergehende Stück trägt die Ueberschrift قال الاخيل بن مالك الكلابي وجحد غرماءه مالهم عنده وحلف لهم عليه.

3) „Schwärzchen“, wahrscheinlich Name eines Negersklaven. Es

„Und lassen sie mich schwören bei der Scheidung (d. h. unter der Bedingung, dass ich mich scheiden lassen will, wenn ich falsch schwöre), so nehme ich sie (die Frau) wieder und mache es ihr so schön, wie sie es (nur je) hatte, als ob sie nie geschieden wäre“.

وقال مسعود بن مازن العُكْليّ وكان لرجل من تَيْم الرِباب عليه دَيْن فجحده اياه وحلف له عليه

كَفَى لك بالوَفاء أُخَيَّ تَيْمٍ   يمينى اذ مضَتْ عنك الحُقوقُ
وما يُدْريك ما أَيْمانُ عُكْلٍ   اذا يَبِست من الريق الحُلوق
ابتْ أَيْمانُهم إلّا مُضِيًّا   كما يأْتَجّ في الأَجَم الحريق

Masʿud b. Mâzin Alʿuklî:

„Statt der Bezahlung, o Männchen vom Stamme Taim, genügte Dir mein Eid, da Deine Ansprüche (nun) dahin sind.

„Woher wusstest Du denn, was die Eide der ʿUkl (werth sind), sobald ihnen die Kehle vom Speichel (nach dem Schwören wieder) trocken ist?

„Ihre Eide müssen durchaus einherfahren, wie das Feuer, das im Röhricht entbrennt[1]“.

Die beiden folgenden Bruchstücke zeigen uns, auf wie traurige Weise eine Religion mit einem falsch ausgebildeten Sündenvergebungsapparat die sittlichen Begriffe einfacher Leute verwirren kann. Aehnliche Aussprüche wären bei einem heidnischen Araber schwerlich möglich gewesen:

قال مَرْزوق بن عامر الأَسْلَميّ لامرأته وحلف علي صَداقها أنّه قد وَفّاها اياه

ist Diminutiv von ادهم, wie سُحَيْم (gleichfalls Name schwarzer Sklaven) von اسحم.

1) Das tertium comparationis ist die Gewalt, mit der der Eid gleichsam aus dem Munde hervorbricht.

الم تعلمي أني طموح عنانه   وأني لا يعدي علي أمير
طمست الذي في الصك مني بحلفة   سيغفرها الرحمان وهو غفور

Marzûq b. ʿÂmir Al'aslamî:

„Weisst Du nicht, dass ich ein (Ross) bin, dessen Zügel schwer zu handhaben sind, und dass kein Emîr (als Richter) gegen mich einschreiten kann?
„Ich wische das, was von mir (über meine Verpflichtungen) in der Verschreibung steht, mit einem Schwur weg, den der Allbarmherzige verzeihen wird; da er ja gern verzeiht!"

وقال حماس بن ثامل الاسدي

الله نجى قلوصي بعد ما علقت   من الأمير ومن عمرو بن سيار
بحلفة من يمين غير صادقة   لحقتها وهي لم تلحقك بالنار
احلف يمينا اذا ما خفت مضلعة   وتب الى غافر للذنب غفار

Ḥimâs b. Tâmil Al'asadî [1]):

„Gott rettete mein junges Kameel, nachdem es schon fest sass, vom Emîr und von ʿAmr b. Saiyâr (dem Kläger)
„Durch einen falschen Eidschwur, zu dem Du (noch glücklich) kamst, ohne dass er (gleich) bewirkte, dass Du in's Höllenfeuer kommst.
„Schwöre einen (Mein-) Eid, wenn Du ein Unglück fürchtest, und (darnach) bekehre Dich zu dem vergebungsreichen Sündenvergeber!"

In poetischer Hinsicht ist folgendes Rajazgedicht durch lebendige Darstellung ausgezeichnet. Mit besonderer Erbitterung ist der Dichter darüber erfüllt, dass seine Dränger nicht einmal Araber sind; um so weniger,

1) Von diesem zwei schöne Verse Ḥamâsa 740.

meint er, braucht er sich ein Gewissen daraus zu machen, sie zu betrügen. Der kurze Schluss ist sehr geschickt nach der langen Einleitung angebracht.

كان بالكوفة رجل فارسيّ يبيع البَزّ ويعامل الاعرابَ يقال له سالم بن مهران فاخذ منه رُدَيْنيّ بن عَبْس الفَقْعَسيّ ثيابًا واستنظره في الثمن ايّامًا فطالت المدّة ووقع للتاجر خبرٌ انّه قد دخل الي الكوفة فواناه وجماعة من اهل سوقه فطالبه بحقّه فلواه به وجحده فاستحلفه بالطَلاق وخلّي سبيلَه وقال في ذلك

لمّا اتاني سالمٌ بالطِرْس ... مبتكرًا قبل طُلوع الشمْس

أطلسُ في وسْط ذُبابٍ طُلْس ... شيوخ سوءٍ من نِتاج الفُرْس

يرون للاعراب كلّ نحْس ... جِنسهم الاعلاجُ غيرُ جِنسي

فكلّموني بكلامِ الخُرْس ... وهدّدوني ساعةً بالحبْس

حتّي اذا خفتُ ذهابَ نفسي ... من لكْزةٍ تابعةٍ لرفْس

قلتُ لهم قولًا مبينَ اللبْس ... يفهمه كلّ غبيٍّ نِكْس

أعطيكم المالَ بغير بخْس ... وغيرِ نقصانٍ وغيرِ وكْس

من جَلَبٍ جاء غداةَ أمس ... فقال شيخٌ منهم كالقبْس

ذو لحيةٍ وافرةٍ كالترْس ... كانّها مخلوقةٌ من بِرْس

هيهاتَ أن تفلتَ يا ابنَ عبْس ... الّا بوزنٍ او يمينٍ غمْس

فقلتُ لا واللهِ باري النفس ... أحلفها حتّي ازورَ رمْسي

خديعةً اشوبُها بدلْس ... خين طال حبسهم وحبسي

أفلتُّ منهم بطلاقِ عِرْسي

Rudainî b. ʿAbs Alfaqʿasî[1]):

„Nachdem Sâlim mit dem Papier zu mir gekommen war,

1) Die Faqʿas gehörten zu den Asad (Wüstenfeld's Tafeln M 15).

„Früh Morgens vor dem Aufgang der Sonne,
„Ein glatter (Wolf) unter glatten Wölfen,
„Schlechten Greisen aus dem Stamm der Perser,
„Welche den Beduinen alles Unglück ersinnen,
„Deren Barbaren-Geschlecht nicht mein Geschlecht ist:
„Da redeten sie mich in der Sprache der Stummen[1]) an
„Und bedrohten mich einen Augenblick mit dem Gefängniss.
„Endlich, als ich fürchtete, mein Leben zu verlieren
„Vor Faustschlägen, die auf Fussstösse folgten,
„Sagte ich ihnen ein Wort, dessen trügerische Absicht klar war,
„Das (nur) jeder Dumme und Verdrehte annimmt, (nämlich):
„„Ich will Euch das Geld geben ohne Abzug,
„Ohne dass Etwas daran fehlen oder mangeln soll,
„Aus verkäuflichen Waaren, die gestern Morgen angekommen sind".
„Da sprach ein Greis von ihnen, gleich dem Feuerbrand (?),
„Mit einem langen Bart, gleich einem Schilde,
„Als wäre er aus Baumwolle geschaffen:
„Nein, nicht sollst Du davon kommen, o Sohn des ʿAbs,
„Als nur durch Baarzahlung oder durch einen förmlichen Eid!"
„Da sprach ich: „Bei Gott, dem Schöpfer der Seele,
„Nicht schwöre ich ihn, bis ich mein Grab aufsuche[2]),
„Betrügerisch, mit Falschheit gemischt".
„Als wir uns nun so lange gegenseitig aufgehalten hatten,
„Kam ich (endlich) von ihnen dadurch frei, dass ich mich (einem Schwur gemäss) von meiner Frau schied".

1) Mit der an so verschiedenen Orten wiederkehrenden Bezeichnung der fremden, unverständlichen Sprache als der der Stummen meint er hier die Persische Sprache (Auch أعجم bedeutet ja eigentlich „stumm").

2) Sur. 112, 2.

Zur Kritik und Erklärung der Qasîda Aš'šanfarâ's (Lâmîyat al'arab).

Das herrliche Lied Aš'šanfarâ's hat, seitdem es zuerst durch de Sacy herausgegeben ist (Chrest. arab. ed. 1 Tome I, 309 ff; ed. 2 Tome II, 134 ff), wiederholt die Aufmerksamkeit gelehrter und geschmackvoller Orientalisten auf sich gezogen. Wir besitzen von ihr ausser der Uebersetzung des ersten Herausgebers, auf welcher alle späteren Uebersetzer fussen, eine andere Französische prosaische Uebersetzung von Fresnel (Journ. as. 1834, Sept. und verbessert in den Lettres sur l'histoire des Arabes avant l'Islamisme I, 108 ff), ferner eine Deutsche in Prosa von Weil (Die poetische Lit. der Araber 9 ff; nicht vollständig) und in Versen von Kosegarten (Hermes 1823, IV, 13 ff), Rückert (in der Uebersetzung der Ḥamâsa I, 181 ff.), Reuss, (Zeitschr. d. D. M. G. VII, 97 ff, auch aufgenommen in Jolowicz Polyglotte der or. Poesie), Hammer (Arab. Literaturgesch. I, 250) und Ahlwardt (Chalef elahmar 67 f; nur einige Verse). Von diesen poetischen Nachbildungen möchte ich die von Reuss allen andern, selbst der übrigens gleichfalls vortrefflichen von Rückert, vorziehn. Dies Gedicht verdient es gewiss, mit der grössten philologischen Genauigkeit behandelt zu werden. Eine solche ist ihm denn auch schon von de Sacy zu Theil geworden. Da ich jedoch mehrere bis dahin unbekannte Handschriften desselben habe vergleichen können, von denen zwei mit Kommentaren versehen waren, so bin ich in der Lage, eine Reihe von textkritischen und erklärenden Bemerkungen zu machen, welche ich als eine Zugabe zu de Sacy's Arbeit zu betrachten bitte, und die hoffentlich auch nach Fresnel's Arbeit nicht als überflüssig erscheinen werden.

Ehe wir jedoch zur Betrachtung des Einzelnen übergehn, ist noch eine allgemeine Frage zu erörtern. Es ist dies die Frage nach der Echtheit des ganzen Liedes. Ich muss gestehn, dass ich dieselbe nie würde bezweifelt haben, wenn ich nicht in der besten der von mir benutzten Handschriften (Pet. siehe unten) auf dem Titel die Worte gefunden hätte لاميّة الشَّنْفَرَى وقيل انّها منحولة und in der Ueberschrift قال الشنفرى ويقال انّها منحولة „nach Einigen ist das Gedicht untergeschoben". Dieser Verdacht wird nun durch einige Umstände unterstützt. Der wichtigste scheint mir der zu sein, dass wir keine Spur davon finden, dass einer der ältesten Philologen, die sich vorzugsweise mit der poetischen Litteratur der alten Araber beschäftigeten, dies Lied gekannt hat. Der älteste Erklärer des Gedichtes, den Ḥâjjî Chalîfa s. v. لاميّة العرب nennt, ist *Ta*'lab (200—291), und die Auslegungen dieses werden denn auch von dem ausführlichsten der mir zu Gebote stehenden Scholiasten (dem Sprenger'schen) öfter citiert, während Abû 'Ubaida, Al'aṣma'î (beide † um 210), Ibn Assikkît († bald nach 240) u. a. m. nie als Erklärer dieses Gedichts angeführt werden, obgleich jener die Namen der beiden ersten gelegentlich als philologische Autoritäten erwähnt. Ein wenig führt uns der genannte Kommentar freilich über die Zeit des *Ta*'lab hinauf[1]), indem derselbe zum Theil Erklärungen und Lesarten ausdrücklich als von denen jenes Mannes verschieden bezeichnet; wahrscheinlich bezieht er sich hier auf die

1) Die nächste philologische Autorität ist dann Abû'lfatḥ (Ibn Jinnî † 392), nach welchem Attibrîzî zur Ḥamâsa 183 einen Vers des Liedes anführt.

Auktorität von *Ta'lab's* Zeitgenossen Almubarrad (210—285), den er wahrscheinlich einmal citiert (siehe unten zu v. 41), und dessen Kommentar zu unserm Gedicht Fresnel bei seiner zweiten Uebersetzung benutzte. Doch würde uns dies nicht Viel helfen, da das Lied, wenn es überhaupt untergeschoben ist, nicht gut nach dem 2ten Jahrhundert gemacht sein kann, denn nach diesem war die poetische Kraft der Araber nicht mehr gross genug, ein solches Werk zu schaffen. Dass die Kenntniss des Liedes in älteren Zeiten nicht sehr verbreitet war, scheint mir auch aus der verhältnissmässig geringen Anzahl der Varianten hervorzugehn. Denn, wenn man alle die Varianten abzieht, welche durch blosse Schreib- oder Gedächtnissfehler erst in späterer Zeit entstanden, so bleibt keine sehr grosse Zahl; auch die Zahl und Ordnung der Verse ist nur durch Nachlässigkeit späterer Abschreiber an wenigen Stellen verwirrt, so dass man sieht, dass alle Texte im Wesentlichen auf eine einzige und zwar frühzeitig *schriftlich* fixierte رواية zurückgehn. Man vergleiche damit nur die Verschiedenheit in den Texten der Gedichte des Amra-alqais, um den Unterschied zu merken. Es ist aber immerhin möglich, dass ein solches Gedicht unter der Masse des Ueberlieferten der Aufmerksamkeit der älteren Sammler entging und erst von einem etwas späteren Gelehrten aufgefunden wurde. Der Verdacht der Unechtheit könnte dann leicht von den Schülern der älteren Gelehrten erhoben werden.

In dem Gedichte selbst kann ich Nichts finden, was eine spätere Zeit verriethe, man müsste denn etwa in dem Wortspiel v. 19 eine den alten Dichtern fremde Künstlichkeit sehen wollen, was ich jedoch nicht für richtig halten kann. In einigen Versen könnte man Nachahmung anderer Dichter finden. So gleicht v. 1a den Worten des 'Urwa b. Alward اقيموا بنى لُبْنَى صدورَ رِكابكم;

aber einerseits könnte einer von diesen beiden Dichtern dem andern nachgeahmt haben, obgleich sie (wie sicher steht) gleichzeitig lebten, andrerseits könnten sie beide die Worte eines ältern Dichters oder einer gangbaren Redensart aufgenommen haben. Zu v. 31 bemerkt der Sprengersche Scholiast: هذا البيت اخذه من علقمة بن عبدة, وصف الظليم فوه كشق العصا لأيًا تبيّنه اسل (lies اشلّ) ما يسمع الاصوات مصلوم (lies مظلوم), aber. ʿAlqama's Blüthe fällt auch entschieden vor die Asʹšanfarâ's, der ihn somit immerhin nachahmen konnte. Den Vers Alfarazdaq's Ḥamâsa 330 oben würde ich eher für eine Nachahmung von v. 3 und eben so die beiden Verse des Maʿn b. Aus (aus der frühesten Zeit des Islâm's) Ḥamâsa 503 für eine Nachahmung von v. 3 und 4 unseres Liedes halten, als umgekehrt für ihr Vorbild. Auf einige andere Ausdrücke und Wendungen des Liedes, die sich auch bei andern alten Dichtern finden, ist Nichts zu geben, da ja eine grosse Anzahl von Bildern und Redensarten der allgemeinen Dichtersprache angehörte, und von verschiedenen Dichtern, wenig verändert, angewandt wird.

Alle diese Gründe reichen also nicht hin, das durchaus alterthümliche Gepräge des Liedes als künstlich nachgebildet erscheinen zu lassen. Denn das ist gewiss, wenn das Lied nicht wirklich von dem alten Wüstenhelden herrührt, so ist es mit der Absicht gemacht, einem solchen untergeschoben zu werden. Denn so konnte kein späterer islâmischer Dichter aus seiner eignen Lage heraus reden, wie hier der alte, v. 44 auch namentlich erwähnte, Recke spricht. Nur ein sehr gelehrter Kenner der alten Dichtkunst war im Stande, sich so in das Leben der Alten zu vertiefen, um ein solches Gedicht hervorzubringen, und wie wenig Gelehrte hatten schliesslich die dazu nöthige Dichtergabe! Wenn das Gedicht überhaupt untergeschoben ist, so kann es nach Allem, was wir wissen, nur von Chalaf al'aḥmar herrühren, dem ja auch das herrliche Lied Ḥamâsa 382 ff. beigelegt wird (Vrgl. oben Ibn Qutaiba S. 15; Ahlwardt, Chalef elahmar 21 ff.) [1]). Wie dem aber auch sei, das Gedicht selbst verliert durchaus nicht an Bedeutung, wenn es ein späteres Kunstprodukt ist. Der Dichter muss dann eine gewaltige Kraft der Phantasie gehabt haben, welche ihn in den Stand setzte, rein objektiv das Leben eines solchen Wüstenhelden zu malen, als ob Alles seiner unmittelbaren Erfahrung entspräche. Der Gelehrte, welcher die eben so mannhafte wie wilde Natur des Beduinen schildert, welcher lieber mit den reissenden Thieren umgeht, als sich irgend eine Demüthigung gefallen zu lassen, der mit den meisterhaft geschilderten Wölfen hungert und den nicht weniger treu gemalten Qatavögeln voraneilt, der Dichter, der uns den Schaden, den sein Held heimlich seinen Feinden anthat, so lebendig darstellt (v. 54—60), verdient auf alle Fälle unsere höchste Bewunderung.

Ich habe zu diesem Gedichte die schon von Rau für de Sacy verglichenen Leydener Handschrift (527) auf's Neue durchgesehn und mir dabei einige wenige von jenem übersehene Lesarten, sowie die nicht zahlreichen und sehr unbedeutenden Glossen dieser übrigens ziemlich schlechten Handschrift notiert. Ausserdem habe ich ver-

1) Die wenigen bekannten sicher von Chalaf herrührenden Gedichte zeigen allerdings eine tüchtige, an den alten Vorbildern geschulte, dichterische Begabung (so ist namentlich die Schilderung der Qaṭavögel und des unter sie fahrenden Adlers in dem von Ahlwardt so meisterhaft hergestellten Gedicht v. 25 ff. recht gelungen), aber sie reichen nicht entfernt an die Lâmîyat al'arab oder das genannte Lied in der Ḥamâsa, (bei dem, um dies hier beiläufig zu bemerken, v. 5 vor v. 1 zu stellen ist). — Besondere Anklänge an unser Gedicht finden sich bei Chalaf kaum, denn dass in den von ihm erhaltenen Versen zufällig منهرت الشدق (Ahlwardt, 397 v. 11) und مهروتة الشدقين (ebend. 28 v. 4) vorkommt — vrgl. v. 31 der Lâmîya —, ist ebenso wenig von Bedeutung, wie dass beide Dichter eine Schilderung von Wölfen und Qaṭâvögeln geben, wie noch so viele andere.

glichen den Text in der Gothaer Handschrift 618 des ungedruckten Katalog's, in der Sprengerschen Handschrift 1005 und in der vor wenigen Jahren aus Bağdâd angekommenen Handschrift des Herrn Professors Petermann, der mir mit seiner gewohnten Freundlichkeit gestattete, eine Abschrift davon zu nehmen.

Von diesen Handschriften ist die Petermannsche bei Weitem die beste; sie möchte wohl überhaupt von allen bekannten Handschriften des Gedichts die am sorgfältigsten geschriebene sein. Sie enthält ausser demselben noch 2 andere Gedichte (eine Qaṣîda von Alḥasan b. Wahb Almanbijî und die Bânat Suʿâd mit dem Kommentar Attibrîzî's). Der Abschreiber hat sich nicht genannt, aber die Schrift und die ganze Einrichtung verstatten uns mit Sicherheit den Schluss, dass sie aus dem 7ten Jahrhundert d. H. stammt; das älteste Datum eines Besitzers ist von 720. Die Verse sind, soweit es der Raum verstattet, im schönsten Tultî geschrieben, die letzten Worte der Verse, soweit sie nicht in eine Reihe hineingehn, wie der Kommentar in gutem Naschî. Sie ist fast durchgängig vokalisiert, doch mitunter fehlerhaft; auch Sukûn fehlt fast nie, selbst nicht bei den langen Vokalen z. B. سِوَاْكُمْ أَقِيْمُوْا أَوْلَىْ الطَّرَاْئِدِ, اِلَىْ u. s. w. Auch die diakritischen Punkte fehlen selten ausser beim ة und, wenigstens bei der grossen Schrift, eben so selten die negativen Zeichen, welche andeuten, dass kein diakritischer Punkt statthaft ist (z. B. ein kleines ح unter dem ح im Gegensatz zu خ ج u. s. w.). Leider ist am Rande oben durch das ganze Buch Etwas abgerissen; die dadurch entstehenden Lücken sind von einer späteren Hand schlecht und oft fehlerhaft ergänzt.

Die Sprengersche Handschrift, gleichfalls eine Sammelhandschrift (ausser der Bânat Suʿâd stehn noch einige andere Gedichte darin), aus dem 9ten oder 10ten Jahrhundert d. H., ist sehr fehlerhaft geschrieben, aber durch ihren Kommentar wichtig, der freilich stellenweise ausserordentlich verderbt ist. Nur wenig vokalisiert. Ueberschrift: لامية العرب.

Die Gothaer Handschrift, ebenfalls ein Sammelband (sie enthält z. B. noch die لامية العجم), leidlich geschrieben, aber nicht alt, ist ohne Kommentar. Vokale wenig; die diakritischen Punkte scheinen grösstentheils erst später hinzugesetzt zu sein. Sie fehlen noch oft und sind zum Theil falsch. Ueberschrift هذه لامية العرب للشنفرى بن مالك. الازدى.

Ich bezeichne die *Petermannsche* Handschrift mit *Pet.*, die *Sprengersche* mit *Spr.*, die *Gothaer* mit *G.*, die *Leydener* mit *L.* Von den de Sacyschen Handschriften bezeichne ich die *Pariser* durch *Par.*, die *Vatikanische* durch *V.* Um übersichtlicher zu sein, gebe ich auch die schon von de Sacy angeführten Varianten an, und zwar erwähne ich da, wo sich eine Lesart nicht bloss in einer oder höchstens zwei Handschriften findet, auch die andere. Bei der Anführung von Varianten von Par. und V. verlasse ich mich auf de Sacy's Angaben und bitte etwaige Versehen in dieser Hinsicht nicht mir anzurechnen. Die Lesarten der nur an einzelnen Stellen verglichenen *Oxforder Handschrift* (*B.*) setze ich eben so wie die von Schriftstellern, welche einzelne Verse unseres Liedes gelegentlich citieren, in Klammern. Die abweichenden Lesarten der mir vorliegenden Scholiasten (Schol. von Pet. und von Spr.) füge ich sämmtlich an. Ausgelassen habe ich dagegen die offenbaren, besonders durch falsche diakritische Punkte entstandenen, Verderbnisse sonst bekannter Lesarten durch unwissende Abschreiber, welche namentlich in G. häufig sind (z. B. 4 سوى für سرى, 10 حارنا für جارنا, 19 يحتاز in G. u. s. w.), ausser wo besondere Gründe für ihre Anführung sprachen, z. B. der Umstand, dass die Wiederkehr desselben Fehlers in mehren Handschriften es wahrscheinlich macht, dass er schon in ziemlich früher Zeit eingerissen ist. Varianten, die bloss in der Vokalisierung liegen, bemerke ich nur dann, wenn ein Kommentar sie ausdrücklich erwähnt; von einigen andern dieser Art wird weiter unten die Rede sein. Wir gehn also zur Aufführung der einzelnen Lesarten über.

1. لبنى für أمّى Variante des Schol. v. Spr.[1]).
قوم Par. V. اهل Pet. Spr. G. L (und Ḥâjjî Chalîfa, der s. v. لاميّة العرب den Vers citiert). Am Rande von L steht نسخة حى.

3. متعزل Par. Pet. متحوّل V. Spr. G. L.

4. فى الارض G.

6. الرهط L.
شايع L.
(Attibrîzî zur Ḥamasa 312 führt den Vers an mit مندم مضاع). So hat der Schreiber von Pet. zuerst schreiben wollen, aber er hat مندم ausgestrichen und dafür ذايع geschrieben.

7. أعرضت und عرضت Var. des Schol. von Pet. Erstere Lesart kennt auch der Schol. von Spr., welcher zum Vergleich v. 22 der Muʿallaqa ʿAmr's citiert.
احدى V.
الطريدة Var. des Schol. v. Spr.

8. اشجع Spr., aber von derselben Hand darüber geschrieben ادشع (lies اجشع).

10. لست Nur Par.
بحسنى Par. Pet. بنعمى V. Spr. G. L.

11. واصفر Spr., aber der Schol. kennt nur وصفراء.

12. الجياد für المتون V.
تزينها Spr. G.
عليها Pet. Spr.

13. التّ V.

1) Entstanden aus dem S. 202 (letzte Zeile) angeführten Vers des ʿUrwa.

ثكلى V. Spr. G. L. محلى Par. Pet. und Randlesart von Spr., dessen Schol. die Variante auch erwähnt.

14. Der Schol. von Spr. scheint eine Lesart سقبانها als Variante zu erwähnen (die Vokalzeichen fehlen), und so ist in Pet. punktiert.

15. شانه Par. Pet. Spr. L. امره V. G.

تفعل L.

16. يظلّ فواده كانّ G.

17. ببوم für خالف L.

18. بغل G. (soll vielleicht بقلّ sein, wie B. liest).

19. اناخت Par. Pet. V. Spr. (B). اماخت G. نحت L. Var. des Schol. v. Spr. (und von B).

21. اطيل G. L.

امينه Par.

وصرف (d. i. واصرف) Spr.

واذهل G[1]).

23. تلف مشركًا (d. i. تلف مشربًا) Spr.

24. مرّة Par. Pet. V. L. حرّة Spr. G. Randlesart von neuerer Hand bei Pet.

الصيم Par. V. L. الذام Pet. الذم Spr.

25. الجوع L.

26. الزاد Spr., aber der Schol. kennt auch die Lesart القوت.

27. يستعرض G. und Randlesart von V. مستعرض L.

29. فوه für شيب V. (aus v. 31).

كانّ وجوهها G. Dasselbe soll wohl sein كانّ دموعها V.

30. ارساهنّ Pet. V. Spr. G. L. (Attibrîzî zur Ham. 183). ارداهنّ Par. Var. des Schol. v. Spr.

31. عصىّ (ohne Artikel) L.

33. واغضى Par. Pet. V. L. فاغضى. Spr. G.

وايتسن وايتسا Var. des Schol. von Spr. (sprich aus وأْتَسِى

---

1) Der folgende Vers (v. 22) wird ohne Abweichung citiert in Yâqût's Mus'tarik ed. Wüstenfeld S. 313.

وأتّست, also VIII. Stamm von اسى, ganz wie die gewöhnliche Lesart).

34. الصبر für الشكو (sic!) G. L. الوجد Var. des Schol. v. Spr.

35. بادرات Par. V. Spr. بادراتٌ Var. des Schol. von Spr. باديات Pet. L. من قريب G.
يكابد V.

36. احشاوها Var. des Schol. von Spr., welche dieser für besser erklärt.

37. وابتدرنا Par. Pet. Spr. L. وابتدرت V. G.
وقصْرت Var. des Schol. v. Spr.

38. وأرّجُلُ Pet., aber am Rande وحَوْصَلُ.

39. ال المت محاله L.
سفر Par. Pet. (moderne Ergänzung) Spr. V. سفلى G. L. Schol. von Pet. und gewiss ursprünglich auch der Text; dasselbe soll die Var. des Schol. von Spr. سلفى bedeuten. ركب Var. des Schol. von V.

40. فوافين G.
اليها G.
منزل Var. des Schol. von Spr.

41. فعتّت G.
ثمّ ولّت G.
الصبح Par. V. Spr. G. الفجر Pet. L. (und Albakrí, der diesen Vers s. v. احاطة citiert).
معجل Pet., aber Randlesart مجفل.

42. افتراشه L.
بامعر L.
تنبيه Par. Spr. G. (B). تثنيه Pet. und ausdrückliche Var. des Schol. von Spr. Dieselbe Lesart steckt in يثنيه V. und بثنيه L.

43. وازهر محدول L., aber am Rande ويروى مانحوص (d. i. مانحوص); مانحوص (d. i. مانحوص ohne ا) auch V.

44. فما Pet. L.

45. يُباشِرْنَ Pet.

حَمٌّ V. Spr. (B); dasselbe soll sein جَمٌّ Par. — جَرٌّ Pet., und dasselbe bedeutet حم G. und جرخ (sic.) Var. des Schol. v. Spr.

46. تبيت G.

تعصى V.

حثاثا Par. Pet. Spr. (B). سراعا V. G.

مكروهة Pet. Spr.

47. حليف L.

يزال Pet.

بل (für او) G. L.

Für تعوده muss noch eine andere Lesart vorhanden gewesen sein, denn der Schol. von Pet. sagt: ويروى تعوده, aber im Text hat er ebenso.

48. تثوب Par. Spr. L. تنوب Pet. V. G.

49. تَرْبِنى (wie de Sacy in der ersten Ausgabe hat) Pet. Spr. G. L. und wohl auch de Sacy's Handschriften.

رقبة L. und Pet., dessen Schol. رقبة als Var. aufführt.

اتنعّل Par. Pet. V. Spr. اتسربل L. Var. des Schol. von Spr., und dasselbe bedeutet اتزيّل G.

50. وانّى Pet.

بزّه (wie de Sacy in der ersten Ausgabe hatte) alle bis auf B. und die Glosse von Par.

والجزم Pet.

افعل Pet. (moderne Ergänzung; ursprünglich stand wohl انعل, da der Schol. erklärt اتنعّل) V. Spr. G. اقعل (sic.; lies انعل oder auch افعل, indem der Schol. dann انعل als Textlesart ansah) Var. des Schol. von Spr. انعل Par. L.

51. واملق L.

النعتة V. Nach dem Schol. von Spr. wird البعْدة und البُعْدة gelesen.

المتبدّل nur in Pet. G. المتبذّل Par. V. Spr. L.

52. تخلة Pet.

يتخيّل V.

53. الجهال G. الاطماع V., dessen Schol. aber auch die gewöhnliche Lesart kennt.

باطراف الاحاديث G. باذناب الاحاديث V.

54. اللاى (d. i. wohl اللائى) Pet.

55. دمسث Par. Pet. Spr. (B). دغشت L. G (?). سريت V. وبغش Pet. V. Spr. G.; dasselbe steckt aber unter ويغس L. (ودغش B vrgl. den Schol.) und وبطش Par.

56. وللدة Par. G. L. الدة Pet. V. Spr.

وابت L.

57. مثى V.

59. تك G.

هوموا G.

فقلنا Par. V. Spr. G. فقلت Pet. فقالوا L.

قطاة Par. Pet. Spr. G. قطا قد V. حام L.

او L. Var. des Schol. von Spr.

هبّ اجدل L.

60. فان تك Pet.

فلبرح Pet. لابرحت Spr.

كذا G.

تفعل Pet. Spr. G. L. (auch Par. und V.?)

61. لوابة Par. Spr.

63. يرجّل V.

64. بعيدًا V. بعيد Par. Pet. Spr. G. L. Bei Pet. ist بعيد vokalisiert, welche Aussprache der Schol. von V. ausdrücklich erlaubt. Die Andern haben, so weit sie vokalisiert sind, بعيدٌ.

به L.

غسن Pet., aber der Schol. führt als Var. غبس auf; غبس Spr.

65. رحب Pet.

بطنه Pet. G.

ويروى غير يعمل Schol. von Spr. (sic! lies etwa غير مُعْمَل mit Iqwâ').

66. والحقت Spr.
اخراه باولاه G.

67. الصُخم (mit ح unter dem خ) Pet. السحم G.
ودونى L.

Mit Recht hat de Sacy die Versordnung von Par. vorgezogen. Davon weicht Pet. ab, indem er v. 36 hinter 39 stellt, und dieser Fehler wird auch von dem Scholiasten getheilt, welcher v. 36 noch auf die Wölfe bezieht (وقفت الكلاب). Er findet sich auch in V, wo v. 36 hinter 38 steht, was dessen Kommentar gleichfalls anerkennt. V setzt ausserdem v. 39 hinter 40 (dies könnte zur Noth richtig sein) und v. 45 hinter 50 (falsch). In G steht v. 46 falsch vor 44; sonst Alles wie in Par. In Spr. fehlt v. 9 und steht v. 29 falsch hinter 30. L hat die Verse in folgender Ordnung: 1—13; 19; 15; 17; 20—44; 47—52; 54—56; 58—64; 66—68. Versetzt ist hier also v. 19, und es fehlen v. 14; 16; 18; 45; 46; 53; 57; 65.

Das Verhältniss der einzelnen Handschriften zu einander stellt sich bei näherer Betrachtung der Varianten als ein sehr buntes heraus. Keine von ihnen folgt einer festen Recension, sondern alle vermischen mehr oder weniger ihre Lesarten. Man muss hier freilich von solchen Varianten absehen, welche nur durch diakritische Punkte oder ähnliche Kleinigkeiten (wie و für ف)[1]) oder durch späte Schreibfehler entstanden sind. In wesentlichen Varianten stimmen im Ganzen überein Par. und Pet. (die beiden besten der vollständig verglichenen Handschriften); doch giebt es auch Stellen, wo sich beide gegenüberstehn, indem jede von ihnen durch wenigstens *eine* andere unterstützt wird (z. B. v. 1, 41, 49). Andererseits stimmen L und G öfter selbst gegen alle übrigen überein z. B. v. 21, 47, 49 und v. 34 sogar in einem offen-

1) Dahin gehören auch verschiedene Aussprache desselben Worts, wie in v. 56.

baren Fehler. So berühren sich fast alle Handschriften mehrfach unter einander. Daneben haben aber auch alle einige Lesarten ganz allein für sich; am meisten ist dies der Fall in L, dann in G und V, weniger in den beiden sorgfältig geschriebenen Par. und Pet. und dem durch seinen Kommentar wichtigen Spr.

Noch viel verwickelter wird aber das Verhältniss, wenn wir die in den Scholiasten befolgten oder ausdrücklich als Varianten angegebenen Lesarten, sowie die am Rande oder über dem Text beigeschriebenen Varianten berücksichtigen. Doch führt uns dies auf die Lösung der Schwierigkeit. Die Verwirrung verschiedener Recensionen entstand dadurch, dass die Abschreiber die ihnen vorliegenden Texte nicht rein abschrieben, sondern die dabei oder in den Scholien bemerkten Varianten, wie wir solche ja noch in fast allen verglichenen Handschriften finden, mit berücksichtigten. Wir sind daher zur Restitution des Textes leider auf ein eklektisches Verfahren angewiesen, wie so häufig, wo es uns unmöglich ist, eine Recension rein auszuscheiden.

Bei der Beurtheilung der Lesarten haben wir manche Momente zu berücksichtigen. Ein Theil der Varianten ergiebt sich als aus *alten* Schreibfehlern entstanden, da mehrere Handschriften darin eine auffallende Uebereinstimmung zeigen. Dahin gehört z. B. اقعل v. 50 für انعل, auch wohl تنوب 48 und رِقْبة 49 (so vokalisiert in Pet.). Andere Fehler sind erst später entstanden, indem der Abschreiber seine (vielleicht mit wenigen diakritischen Punkten versehne) Vorlage nicht genau las oder sich mit Unrecht auf sein Gedächtniss verliess. Hierhin möchte ich einen grossen Theil der Lesarten rechnen, welche je nur *eine* Handschrift hat, wobei zu beachten, dass dies gerade bei den am wenigsten sorgfältig geschriebenen Handschriften am häufigsten der Fall ist. Einige Lesarten sind aus erklärenden Glossen[1]) entstanden, welche ein Abschreiber fälschlich für beigeschriebene Varianten hielt. Dahin gehören الجوع für الخمص 25 L, سراعًا für das gleich bedeutende حِثاثًا 46 V. G. Eine Lesart dieser Art scheint ثكلى für مُحِلٍّ v. 13 zu sein (siehe unten S. 217). Einzelne Lesarten mögen endlich selbst absichtliche Verbesserungen Später sein, wie z. B. قطًا قد ريع V und حمام ريع L für das allerdings auffallende قطاةٌ ريع v. 59;[2]) so wohl auch بطانه 65 Pet. G., um nicht zweimal hinter einander das Wort ظهر vorkommen zu lassen.

Aber bei sehr vielen Lesarten wird es uns doch unmöglich sein, das relativ oder absolut beste herauszufinden. Da wir uns, wie gesagt, nicht an eine bestimmte Recension halten können, so müssen wir hier das freilich, streng genommen, principlose Verfahren beobachten, die Lesarten auszuwählen, welche von den meisten resp. den im Allgemeinen besten Handschriften geliefert werden. Auf diese Weise werden wir einen Text erhalten, welcher von dem de Sacy'schen nur sehr wenig abweicht.

Besser wären wir freilich wohl daran, wenn wir einen der alten Kommentare benutzen könnten, da uns diese gewiss auch eine genaue Textrecension geben würden. Der Kommentar Azzamachs'arî's befindet sich im Escurial

---

1) Beiderlei Glossen von erster Hand finden sich selbst in Pet., welcher doch einen eigentlichen Kommentar hat. So steht bei v. 44 الحرب unter أمّ قسطل und من البوس unter تبتئِس. Dieser Vers hat keinen weiteren Kommentar.

2) Die Verbesserungen sind aber schon darum Nichts werth, weil hier ein Kollektiv nicht passt, da der Ton so leise ist, dass er nicht mit dem eines ganzen Schwarmes von Vögeln verglichen werden kann. Könnte قطاةٌ zur Bezeichnung eines männlichen Individuums nicht als Maskulinum gebraucht werden, so läge es noch am nächsten, ريعَتْ أمّ zu lesen, mit Aufhebung des ـٌ.

(Casiri I, 134), und Fresnel hat ihn in Aegypten zu seiner Uebersetzung benutzt. Nach den Angaben des Letzteren (Journ. as. 1834 Sept. S. 253) ist dieser Kommentar besonders ausführlich in Erklärung der grammatischen Beziehungen. Da nun die Auszüge aus dem Kommentar von B (bei de Sacy) solche ausführliche syntaktische Erklärungen haben, so ist es wahrscheinlich, dass diese dem genannten Ausleger entnommen sind. Vielleicht ist der Oxforder Kommentar geradezu der des Azzamachs'arî[1]): dann hat dieser allerdings in der wichtigsten Sache, der Wort- und Sacherklärung, seine Vorgänger sehr mangelhaft excerpiert, und die Reste dieser ältern Kommentare in Pet. und namentlich in Spr. sind an manchen Stellen ausführlicher. Diese 3 Kommentare — immer abgesehen von den syntaktischen Erklärungen in B — berühren sich nämlich vielfach wörtlich, wie die kurzen Auszüge, die ich unten geben werde, zur Genüge beweisen. Im Ganzen ist Spr. am vollständigsten, aber an andern Stellen ist B oder Pet. wieder ausführlicher und ursprünglicher. Sie sind alle drei als Auszüge von einem alten Kommentar anzusehn und zwar dem von *Ta*ʿlab. Da in Spr. mehrfach *Ta*ʿlab erwähnt wird, als hätte der Verfasser die Erklärungen und den Text von diesem unmittelbar empfangen, während er auch zuweilen Varianten und Erklärungen anführt, die er ausdrücklich als von denen jenes Gelehrten verschieden bezeichnet, so haben wir uns zu denken, dass nicht *Ta*ʿlab selbst, sondern ein Schüler von ihm den Kommentar schriftlich niedersetzte. Der, welcher aus diesem den Auszug machte, der uns in Spr. vorliegt, war nachlässig genug, jenen Mann oft noch in der ersten Person sprechen zu lassen. Leider ist der

1) Mag nun Azzamachs'arî oder ein Anderer die beiden Theile, aus denen der Oxforder Kommentar zusammengesetzt ist, verbunden haben: jedenfalls ist der grammatische später entstanden, als der andere.

Kommentar in Spr. ausserordentlich entstellt, ebenso wie der in den meisten andern Handschriften (vrgl. de Sacy). Nur der, freilich kurze, Kommentar in Pet. ist sorgfältig geschrieben. — Die aus älteren Erklärungen ohne Wahl zusammengestellten resp. excerpierten Kommentare und Glossen von Par. und V bieten dagegen zu den drei genannten wenig Berührungspunkte und ebenso wenig unter einander. Ebenso ist es mit den wenig zahlreichen, ganz kurzen und meist unbedeutenden Glossen in L. Vielleicht gehen diese zum Theil auf den Kommentar Almubarrad's zurück, den Fresnel in Aegypten gleichfalls benutzen konnte.

Es wäre seltsam, wenn wir mit unseren reicheren Mitteln zur Erklärung und Textkritik des herrlichen Gedichtes nicht im Stande sein sollten, de Sacy's Text und Uebersetzung in einigen Punkten zu berichtigen. Dennoch ist dies nur an wenigeren Stellen möglich, als man denken sollte, da de Sacy's Takt und Sprachkenntniss fast überall die Entscheidung traf, welche wir auch jetzt als die richtige anerkennen müssen, und seine Auffassung sich zum Theil selbst da bewährt wo der geistreiche und mit den besten exegetischen Hülfsmitteln versehne Fresnel eine andere darbietet. Wir wollen im Folgenden die Stellen besprechen, bei denen uns de Sacy's Lesart oder Erklärung weniger richtig zu sein scheint, dabei jedoch auch einige andere Bemerkungen hinzufügen.

v. 1. lese ich mit den meisten Handschriften اهل („Angehörige" vrgl. v. 5 und 6), welche Lesart auf den ersten Blick befremdete und leicht mit قوم oder حىّ vertauscht werden konnte.

2. Die Schol. von Spr. und Pet. sehen in der Erwähnung des Mondscheines die Andeutung, dass die Sache offenkundig vorgeht. Einen Gegensatz dazu haben wir demnach in ʿAntara's Muʿallaqa v. 10 بليل مظلم „heimlich in der Nacht".

5. konnte bemerkt werden, dass ارقط eigentlich der „gefleckte“ (Leopard) ist; جيْئَل erklärt der Scholiast von Pet. durch „stinkend“ (وجيئل من اسماء الضبع ايضًا سُمّي بذلك جيألًا لِنَتْنه), wozu man جَيْأَلة „Eiter“ vergleichen könnte. Doch liegt es näher, an جَأَل „hinken“ zu denken, da ja vom Hinken mehrere Namen der Hyäne abgeleitet sind. Das Wort findet sich auch in einem Verse ʿAntara's bei Ahlwardt a. a. O. 229.

6. الجانى ist nicht sowohl der „qui a commis une foiblesse“, sondern der, welcher aus Verwegenheit einen bösen Streich begeht, durch welchen er den Seinigen eine Fehde auf den Hals zieht, wenn diese es nicht aus Schwäche vorziehn, ihn preiszugeben (تخذّل). Richtig Fresnel.

9. liesse sich zur Noth auch mit Pet. بسطة aussprechen.

10. Hier ist de Sacy's Lesart لست offenbar falsch. Lies ليس und übersetze: „mir ersetzen den Verlust von Leuten, welche keine (ihnen von mir erwiesene) Wohlthat vergelten, und in deren Nähe etc.“

11 lies اصليت mit i vorne (So Pet.).

13. Vrgl. zu diesem Verse den Dîwân der Hudailiten 124, 16 (S. 268). Nachgeahmt von Abû Nuwâs in Ahlwardt's Chalef Elahmar 415. Obgleich der Schol. von Spr. مُجْلٍ durch مسرعة erklärt, so halte ich es doch für gleichbedeutend mit مُجول „verwaist“ (Ḥamâsa 479. Plur. مُجُل bei Al'aʿšâ in de Sacy's Chrest. II, ١٥٧, v. 59).

14. Der Scholiast von Spr. hat: المهياف الّذي يبعد بابله طلبَ الرعي علي غير علم فيعطشها وينمي (lies ويهنئي) بها [و]الجدّعة السيّئة الغذاء والسُّقبان جمع سقب وهو ولد الناقة الصغيرة (lies الصغير) قال الاصمعيّ [1] . . . . . والّذي قرأنا علي [2] ابي العبّاس احمد بن يحيي

1) Es folgt eine Stelle über die Namen der Kameelfüllen.

2) D. i. Taʿlab.

[1]) سقبانها ولا تمنع والمحفوظ ما بدانٌ (lies بدانًا به) والبهّل جمع باهلة وباهل في الخلاة لا يمفردها (?) راعيها وبه سمّيت باهلةٌ ويقال بهل الرجل اذا مضي لا قيّم عليه وابهلته اذا تركته مخلّي والباهلة ايضًا التي لا ضرار (lies صرار) عليه لرضعها اولادها فيكون اسمن لها (lies عليها).

Das Scholion in Pet. lautet: المهياف الشديد العطش والهيّفاء الريح الحارّة المعطّشة وسوامه ماله مجدّعة مقطوعةٌ اطرافُ آذانها لئلّا تلحقها العينُ بهّل لا صرار عليها الواحد باهل. Ich übersetze: „und ich bin nicht ein Solcher, der (aus Unverstand sich soweit in die dürre Wüste verliert, dass er) gewaltig dursten muss, dem, wenn er Nachts seine Heerde (von Kameelinnen) weiden lässt, ihre Fohlen schlecht genährt werden, wenn jene ihnen auch die Euter frei hinreichen können“ d. h. durch den Unverstand des Hirten gerathen die Kameelstuten in eine solche Einöde, dass ihre Euter nicht voll werden, und die Jungen daher keine Nahrung haben.

18. شرّه دون خيره giebt Fresnel richtig wieder durch: „qui cachent toujours un mal derrière un bien“.

19. Das Schol. von Spr. stimmt in der Erklärung mit dem von B überein; in Pet. fehlt jede Erklärung. Ich fasse هوجل als aus وجل gebildet und urspünglich = أوْجَلُ (wie so oft in Arabischen ein anlautendes, besonders ein zur Bildung grammatischer Formen dienendes, h zu ء wurde, sich aber in einzelnen Spuren noch erhielt); vom Menschen gebraucht ist es „furchtsam“, von der Einöde „furchtbar“ also: „wenn der Richtung der Furchtsamen, sich leicht Verirrenden entgegentritt eine einförmige, furchtbare (Wüste)“; oder „wenn die . . . Wüste erstrebt die Richtung des u. s. w.“ d. h. wenn er die Richtung durch die Wüste sucht (vrgl. das Schol. von B bei de Sacy). Den Gesammtsinn giebt das Schol. von Spr. richtig an: انا كثير الهداية في الارض الّذي (lies الّتي) لا يهتدي غيرها (lies غيري بها).

1) Siehe oben S. 208.

25. Der Schol. von Spr. hat: والماري الفاتل وتغار بحكم فتلها يقال مأرت الشيء اذا الصلحة (lies اصلحته) يصف انه محكم كهذا وماريّ اسم رجلٍ يُغار يفتل (lies تغار تفتل) الحبل und Schol. von Pet.: فتلاً محكمًا يقال اغرّت الحبلَ اذا اَحكمت فتله وحبل مُغار ومشزور مثله ح[1] ماري ضرب من الخيوط ومنه مأرت الشيء اذا اصلحته

Ich möchte ماريّ am liebsten für eine Nisba von einem der Syrischen mit Mâr (= Sankt) anfangenden Orte halten; jedenfalls ist es Name eines Stoffes, wie auch die Glosse in L hat: كساء من اوبار الابل.

30. Lies mit Pet. (und dem Kommentar zur Ḥamâsa a. a. O.) مَحابِيضُ. Dies wird klar durch den Schol. von Spr.: ومحابيض جمع محبض وهو العود (lies عودٌ) يكون مع مشتار العسل يثمر به النحل und den Schol. von Pet.: محابيض جمع محبض[2] وهو قضبان يُستخرج بها العسلُ. Also „dessen Schwarm austrieben Stöcke, welche ein aufsteigender Honigsucher hineingesteckt hat". Der Ausdruck سام wird von dem Schol. von Spr. dadurch erklärt, dass die Bienen ihre Stöcke auf hohen, unzugänglichen Punkten errichten: ومن شان النحل ان يعسل فى الموضع الممتنع الصعب. Derselbe bezieht bei der Lesart اراداهنّ das هنّ nicht auf محابيض, sondern auf دبره: وانّما يرجع الى النحل كانّه حثحث دبره الّتى ارادهن (lies اراداهنّ) سام معسّل فى المعنى ولم يضمر (lies يُظْهِر) الّتى. Dann fährt er fort: (lies ارساهنّ) هكذا قرأناه وروايته من وجه اخر اذاهنّ يعنى العيدان. ارساهنّ hat auch der Text. Bei dieser Lesart bezieht er also هن auf die Stäbe, und danach habe ich übersetzt.

38. Für لَعقره (wie auch Pet. im Text und Kommentar hat) ist nach Freytag لُعقره zu sprechen (so der Schol. von Spr.).

---

1) D. i. حاشية „Glosse", welche aus einem andern Exemplare übernommen und dem Kommentar beigefügt ist.

2) Vrgl. Freytag s. v.

41. Der Name احاظة scheint gewählt, um einen recht entfernt wohnenden Stamm zu bezeichnen, der grosse Eile hat, seine Reise zu vollenden. Wenigstens dient dieser Name so zum Ausdruck wild fremder Leute vrgl. Albakrî in der Einleitung: وفيهم (اى فى احاظة) تقول العرب واللهِ لكأنّما يرانى رجلًا من احاظة مثلًا تضربه فى تباعد الرحم. Nach dem Schol. von Spr. kannte ابو العبّاس احمد بن يزيد diesen Namen gar nicht und hatte ihn nie gehört ausser in diesem Gedicht. Wahrscheinlich ist hier für احمد zu lesen محمّد d. h. Almubarrad (siehe S. 202), denn يزيد kann hier nicht für يحيى stehn, so dass es *Ta*ʿlab wäre, da von diesem gerade vorher die Erklärung abgegeben ist, der Name bedeute einen Stamm von Al'azd.

44. Der Anfang bedeutet: „wenn der Krieg (eigentlich wohl das staubige Schlachtfeld) darüber Leid empfindet, dass ich mich (jetzt, wo ich alt geworden) von ihm zurückziehe" (Schol. v. Spr. تلقى بؤسًا من فراقه). Der Krieg ist nicht als Feind des Dichters gedacht (wie de Sacy die Stelle erklärte), sondern als sein Freund; dafür spricht die 2te Hälfte. آمّ قسطل darf nicht mit الجنايات in den folgenden Versen verwechselt werden. — Fresnel fasst den Vers auf wie ich.

49. Lies تَرِيْنِى; die Anrede ist nach echt Arabischer Dichterweise an eine Frau gerichtet. Mit Unrecht sieht Fresnel hier eine Anrede an die Sorgen (هموم v. 47): „ô soucis dévorants".

50. بِزّه ist vorzuziehen: „ich bin der Mann der Standhaftigkeit, indem ich ihre Rüstung anlege" u. s. w. So Fresnel: „son manteau". —

51. Der Schluss des Verses wird in Fresnel's früherer Uebersetzung: „qui se prostitue à l'étranger" nicht richtig gegeben, während de Sacy (und ähnlich Fresnel in der zweiten Uebersetzung) richtig übersetzt: „qui ne

craint pas l'exil, et qui n'épargne point sa vie". Der Schol. von Spr. sagt: والبعدة يريد البعد فى الهمّة يقول من كان بعيد الهمّة نال ما طلب und der Schol. von Pet.: وذو البعدة البعيد الهمّة والمتبذّل الّذى يبذل نفسه للسفر

52. Lies جَزْعٌ mit Pet. Ebend. ist besser خَلّة zu lesen (vrgl. Attibrîzî zur Ḥamâsa 752), obgleich auch Pet. mit u ausspricht.

55. Lies دعست; vrgl. die Erklärung دعست من الدَّعْس وهو الوطء والدعس ايضاً الطعن (Pet.). — Ebend. liest Pet. وافكل, welche Form von Aljauharî aufgeführt wird. — Zu بَغْش vrgl. Wright, Opusc. arab. 20 Zeile 3 und 12.

57. جالساً erklärt der Schol. von Spr. „nach الجلس = نجد kommend", und so übersetzt Fresnel. Doch glaube ich nicht, dass diese Bedeutung hier richtig ist, schon weil der genannte Ort in der Tihâma liegt (vrgl. Ibn His'âm 830 mit 833). Dass ihn die Glosse von Par. in's Najd verlegt, kommt nur von der falschen Auffassung des Wortes جالساً (welches حل zum Suffix in عنّى ist). De Sacy hat den Vers durchaus richtig übersetzt.

59. De Sacy's Auffassung ist sicher besser, als die Fresnel's, nach welchem sich der Redende wegen seines schnellen Erwachens selbst mit einem Vogel vergleicht.

60. تفعل und يفعل scheinen bei dem Kollektiv انس beide zulässig zu sein.

61. Mit Recht bemerkt Fresnel, dass hier nicht von der fata morgana, sondern von dem Flimmern der erhitzten Luft die Rede ist, das man bei heissem Sonnenschein auch in unseren Ländern bemerkt.

65. Zu der ersten Hälfte vergleiche das schon erwähnte Lied von Al'aʿs'â v. 33.

67. Lies الصُّحْم vrgl. Schol. von Spr.: (lies الصحم) والضخم الحمر الّتى تضرب الى السواد وليست السحم und Schol. von Pet.:

والصحم السود. Eine ähnliche Erklärung, die aber durchaus nicht auf الصخم sondern nur auf الصحم passt, muss de Sacy in einer seiner Handschriften gefunden haben, da er „noirs“ übersetzt. Dieselbe Lesart bezeugt Fresnel's Uebersetzung: „au poil fauve“. Ebend. lies mit Pet. الملاء.

68. الادق erklärt der Schol. von Spr. (wie B): آلذى يميل (lies ناحية ظهره) قرناه ناحيتى ضمره, der Schol. von P. kürzer: الوعل المائل القرن. Beide Scholiasten bestätigen die von de Sacy im Kommentar (und auch von Fresnel) angenommene Erklärung von اعقل „der sich auf die Berghöhen zurückzieht“.

Lightning Source UK Ltd.
Milton Keynes UK
UKHW02f2256230818
327721UK00011B/766/P

9 781332 646128